华南国际知识产权研究文丛

广东涉外知识产权年度报告（2021）

赵盛和　李晓宇　魏远山　常廷彬／编著

知识产权出版社
全国百佳图书出版单位
—北京—

图书在版编目（CIP）数据

广东涉外知识产权年度报告. 2021/赵盛和等编著. —北京：知识产权出版社，2022. 12

ISBN 978 -7 -5130 -8451 -2

Ⅰ. ①广… Ⅱ. ①赵… Ⅲ. ①涉外经济—知识产权—工作—研究报告—广东—2021 Ⅳ. ①D927. 650. 34

中国版本图书馆 CIP 数据核字（2022）第 212819 号

内容提要

本书立足广东省涉外知识产权的司法和行政保护以及省内企业海外布局等情况，从整体上分析我国知识产权的状况，结合广东省知识产权保护司法审判特点和行政制度建设特色，为进一步完善我国的知识产权法律制度，提高行政机构的知识产权管理和服务能力，提升知识产权的司法和行政保护水平，增强企业在国内和国外两个市场进行知识产权创造、应用和防范、应对知识产权风险的能力，进而为推动我国"一带一路"倡议、"走出去"等政策的实施，提供智力支持。

责任编辑：王玉茂　　**责任校对**：潘凤越

执行编辑：章鹿野　　**责任印制**：孙婷婷

封面设计：杨杨工作室·张冀

广东涉外知识产权年度报告（2021）

赵盛和　李晓宇　魏远山　常廷彬　编著

出版发行：知识产权出版社有限责任公司　　**网　　址**：http：//www. ipph. cn

社　　址：北京市海淀区气象路 50 号院　　**邮　　编**：100081

责编电话：010 -82000860 转 8541　　**责编邮箱**：wangyumao@ cnipr. com

发行电话：010 -82000860 转 8101/8102　　**发行传真**：010 -82000893/82005070/82000270

印　　刷：北京九州迅驰传媒文化有限公司　　**经　　销**：新华书店、各大网上书店及相关专业书店

开　　本：720mm×1000mm　1/16　　**印　　张**：13

版　　次：2022 年 12 月第 1 版　　**印　　次**：2022 年 12 月第 1 次印刷

字　　数：198 千字　　**定　　价**：65. 00 元

ISBN 978 -7 -5130 -8451 -2

华南国际知识产权研究文丛

总 序

党的十九大报告明确指出："创新是引领发展的第一动力，是建设现代化经济体系的战略支撑。"知识产权制度通过合理确定人们对于知识及其他信息的权利，调整人们在创造、运用知识和信息过程中产生的利益关系，激励创新，推动经济发展和社会进步。随着知识经济和经济全球化深入发展，知识产权日益成为推动世界各国发展的战略性资源，成为增强各国国际竞争力的核心要素，成为建设创新型国家的重要支撑和掌握发展主动权的关键。

广东外语外贸大学作为一所具有鲜明国际化特色的广东省属重点大学，是华南地区国际化人才培养和外国语言文化、对外经济贸易、国际战略研究的重要基地。为了更好地服务于创新驱动发展战略和"一带一路"倡议的实施及科技创新强省的建设，广东外语外贸大学和广东省知识产权局于2017年3月共同组建了省级科研机构——华南国际知识产权研究院。研究院本着"国际视野、服务实践"的理念，整合运用广东外语外贸大学在法学、经贸、外语等领域中的人才和资源，以全方位视角致力于涉外知识产权领域重大理论和实践问题的综合研究，力争建设成为一个国际化、专业化和高水平的知识产权研究基地和国际知识产权智库。

为了增强研究能力，更好地服务于营造法治化、国际化营商环境，我们决定组织编写"华南国际知识产权研究文丛"。该文丛以9+2城市群这一特定区域内的知识产权情况为研究对象，对区域内具有涉外因素的知识产权创造、保护和运营等情况进行深入研究，为提升 9 +2 城市群乃至全国知识产权创造、保护和运用水平，促进社会经济文化的创新发展，提供智力支持。

该文丛是内容相对集中的开放式书库，包括但不限于以下三个系列。

《广东涉外知识产权年度报告》系列丛书。其以广东省涉外知识产权的司法和行政保护以及广东省企业在国外进行知识产权创造和运用等情况作为研究对象，立足广东，涵盖国内和国际两个市场，从整体上研究我国知识产权的创造、保护和运用情况，为进一步完善我国的知识产权法律制度，提高行政机构的知识产权管理和服务能力，提升知识产权的司法和行政保护水平，增强企业在国内和国外两个市场进行知识产权创造、应用和防范、应对知识产权风险的能力，进而为推动我国“一带一路”倡议、“走出去”等国家政策的实施，提供智力支持。

《9 +2 城市群知识产权研究报告》系列丛书。其以香港、澳门、广州、深圳等 11 个城市的知识产权情况为研究对象，全面深入研究各地的知识产权制度以及知识产权创造、保护和运用等情况，力求推动城市群内部的知识产权交流与合作，增强和提升城市群知识产权创造、保护和运用的能力和水平。

《广东涉外知识产权诉讼典型案例解析》系列丛书。其以研究院每年评选出的“广东十大涉外知识产权诉讼典型案例”为研究对象，深入解读典型案例所确立的裁判规则，分析涉外知识产权司法保护中的经验和不足，以推动我国知识产权司法保护工作的发展，增强我国企业、个人防范和应对知识产权诉讼的能力。

我们期望并且相信，经过各方的共同努力，该文丛必将成为知识产权研究的特色、精品佳作，为知识产权创造、运用、保护、管理提供高质量的智力指导。

是为序。

石佑启

2019 年 7 月 10 日

前言

知识产权作为一种垄断性的权利，其以地域性特征最为重要，在经济全球化竞争中发挥着重要作用。国外的企业可以依法在我国取得相应的知识产权，获得我国法律的保护，从而在国内市场竞争中取得机会和优势。国内企业在“走出去”参与国际竞争时，一方面会面临基于各国知识产权制度而带来的政策和法律风险；另一方面也可以通过在国外依法取得相应的知识产权，在国外市场的竞争中掘取更多的机会和更大的优势。因此，从某种意义上来说，涉外知识产权情况可以作为评估一个国家知识产权创造、保护和运用水平的“试金石”，对于研究我国涉外知识产权整体情况，了解和掌握我国企业知识产权创造和应用能力，评估判断我国知识产权司法和行政保护的水平，推动我国“一带一路”倡议、企业“走出去”等政策的实施，具有重要的理论和现实意义。

华南国际知识产权研究院成立伊始，即将《广东涉外知识产权年度报告》的撰写作为工作的重点之一，深入开展相应的调查研究工作，并形成一个开放性的系列研究报告。《广东涉外知识产权年度报告（2021）》是该系列报告的第五本，本报告是在2020年度报告的基础上撰写而成，包括“2021年广东涉外知识产权司法保护”“2021年广东涉外知识产权行政保护”和“2021年广东海外专利布局报告”三部分，其中，第一部分由赵盛和博士、常廷彬教授撰写，第二部分由李晓宇博士撰写，第三部分由魏远山博士撰写。

本报告的撰写得到广东外语外贸大学、广东省市场监管局（知识产权局）、广东知识产权保护中心等单位和领导的大力支持，在此对各单位、各位领导的关心、指导表示由衷的感谢。

作者

2022年11月8日

CONTENTS 目录

第一章　2021年广东涉外知识产权司法保护

一、引　言

2021年是中国共产党成立100周年，是开启全面建设社会主义现代化国家新征程、实现第二个百年奋斗目标和实施“十四五”规划的开局之年。广东法院在涉外知识产权案件审判中全面强化司法保护力度、提升司法保护水平，坚持平等保护、最严格保护原则，为营造良好的国际营商环境，提供了强有力的司法保障。

二、2021年广东涉外知识产权司法审判的基本情况

（一）广东法院知识产权案件收结整体情况[1]

1. 知识产权案件整体收结情况

2021年，广东全省法院新收各类知识产权案件196796件，同比增长0.37%；审结195055件，同比增长1.06%。其中，新收一审案件173637件，同比减少1.99%；二审案件21123件，同比增长19.21%；申请再审案件1971件，同比增长73.66%；再审案件65件，同比增长20.37%。

2. 知识产权民事案件收结情况

2021年，广东全省法院新收知识产权民事案件194967件，同比增长

[1] 相关数据参见《广东法院知识产权司法保护状况（2021年度）》（广东省高级人民法院2022年4月25日发布）。

0.3%；审结193273件，同比增长1.02%，约占全国总量1/3。在大力推进纠纷源头治理和诉前调解工作背景下，案件增长速度趋缓。新收知识产权民事一审案件172145件，其中，著作权、商标权、专利权、不正当竞争纠纷案件分别为134217件、20457件、9647件、1312件（单独案由）。在审结的一审案件中，有86060件为调撤结案，调撤率为50.30%。

3. 知识产权刑事案件收结情况

2021年，广东全省法院新收知识产权刑事一审案件1449件，同比增长7.17%；审结1427件，同比减少2.74%。同期判处刑事处罚的2615人，其中有期徒刑三年以上的324人。假冒注册商标罪案件655件；销售假冒注册商标的商品罪案件619件；非法制造、销售非法制造的注册商标标识罪案件103件；侵犯著作权罪案件61件；侵犯商业秘密罪案件9件；销售侵权复制品罪案件2件。

4. 知识产权行政案件收结情况

2021年，广东全省法院新收知识产权行政一审案件43件，同比增长207.14%；审结31件，同比增长287.50%。其中，专利行政纠纷案件15件；商标行政纠纷案件20件；著作权行政纠纷案件8件。广东全省法院充分发挥司法审查监督职能，强化对行政执法行为合法性的审查，及时明确法律标准，促进行政机关依法行政执法。

（二）涉外知识产权案件的特点

知识产权发展是促进科技进步与经济发展的核心，知识产权的保护力度与一个国家和地区经济增长水平呈正相关。广东涉外知识产权民事案件的审理情况及其经济增长的速度印证了这一结论。从2021年审理的情况来看，广东法院审理涉外知识产权案件呈现出以下四个特点：

1. 原告主要集中在发达国家和地区

以广州知识产权法院2021年审结的涉外民事一审、二审知识产权案件为例，在广东提起的涉外民事知识产权诉讼中，美国、英国、法国、德国、日本、韩国等经济发达国家和地区的企业（或个人）的数量最多。

2. 原告多为发达国家或地区的知名企业

包括德国的西门子股份公司、法国的香奈儿股份有限公司（CHANEL）、路易·威登·马利蒂（Louis Vuitton Malletier）等诸多世界知名公司。

3. 大规模商业维权诉讼较多

韩国的罗伊视效动漫有限公司在广东乃至全国提起数百件著作权维权诉讼、日本的向阳技研株式会社提起多起发明专利权维权诉讼等。从上诉案件的数量以及维权的方式来看，具有明显的商业维权性质。

4. 多元化维权的现象明显

具体表现在三个方面：一是从维权方式上，采取行政保护和司法救济的双重模式；二是从商标权、著作权等知识产权侵权和不正当竞争多角度寻求救济；三是从民事、行政和刑事不同的角度进行维权，同时追究侵权者的民事责任、行政责任甚至是刑事责任。

（三）涉外知识产权纠纷案件行业、产品和地区分布情况

从近年来已经审结的一审、二审涉外知识产权民事案件来看，广东涉外知识产权诉讼所涉行业、产品和地区呈现以下几个特点：

1. 涉及的行业相对集中

专利权纠纷主要涉及灯饰、家用电器、厨房卫浴、五金电工、玩具、影音娱乐等行业。

2. 涉及的多数是国际上的名牌或奢侈品

例如法国的香奈儿股份有限公司、路易·威登·马利蒂旗下的名牌商品，往往是知识产权侵权和维权的重点。

3. 涉及的地域相对集中，而且往往涉及相应地区的特色产业

从被诉侵权人的分布来看，不仅涉及珠三角等经济发达地区，也包括粤东的一些经济欠发达地区。纠纷所涉及的行业与当地经济发展水平有着密切的联系，珠三角地区涉及的行业往往是五金电工、灯饰、精密仪器、家用电器等科技含量较高的行业，而粤东地区则多是玩具、塑料模具等劳动密集型行业。此外，知识产权纠纷与当地特色产业关系密切。近年来，国外的知识产权权利人将维权重点转移到中山的灯饰、佛山的五金电工与瓷器、东莞的

皮革箱包、深圳的电子产品等当地特色产业，倾向于对当地企业提起大规模的知识产权民事诉讼。

三、2021 年广东涉外知识产权司法保护的特色和亮点

（一）坚持平等保护的原则，依法平等保护国内外权利人的合法权益

知识产权具有地域性特征，因此，在我国审理的涉外知识产权民事诉讼，基本上外国企业、个人作为原告针对我国企业或个人提起侵权之诉。广东法院在审理涉外知识产权案件审理时，始终坚持不偏不倚、平等保护的原则，依法维护各方当事人的合法权益。坚持平等保护的原则，不仅是吸引国外资金和先进技术的现实需要，也是我国履行国际条约、树立良好国际形象的客观要求。深入贯彻落实法律面前人人平等原则，为广东深化改革开放提供司法保护的保障。

1. 对国外的知识产权权利人的相应诉请依法予以支持，充分保护其依法享有的知识产权

在西门子股份公司、西门子（中国）有限公司（以下简称“西门子中国公司”）诉佛山世纪西门子科技有限公司（以下简称“佛山世纪西门子公司”）擅自使用他人有一定影响的企业名称纠纷案[1]中，西门子股份公司、西门子中国公司认为佛山世纪西门子公司在企业名称中使用“西门子”作为字号构成不正当竞争，遂向一审法院提出诉讼请求：①佛山世纪西门子公司限期向企业登记机关变更“西门子”字号，并不得在变更后的字号中使用与“西门子”字号相同的企业名称；②佛山世纪西门子公司赔偿西门子股份公司、西门子中国公司经济损失 56 万元（含律师费支出）；③佛山世纪西门子公司承担该案的诉讼费用。一审法院认为，西门子股份公司、西门子中国公司的举证仅能证明佛山世纪西门子公司将“世纪西门子”作为字号进行企业名称注册登记，未能举证证明该公司有实际使用该企业名称进入市场进行生

[1] 参见广东省佛山市禅城区人民法院（2019）粤 0604 民初 21627 号民事判决书、广东省佛山市中级人民法院（2021）粤 06 民终 2172 号民事判决书。

产经营，而仅凭佛山世纪西门子公司将“世纪西门子”登记为企业字号的行为尚不足以造成市场混淆，亦无法认定该行为已损害西门子公司、西门子中国公司的合法权益，故该案情形不属于《中华人民共和国反不正当竞争法》（以下简称《反不正当竞争法》）第六条第二项规定的情形，进而判决驳回了两原告的诉讼请求。西门子股份公司、西门子中国公司不服一审判决提起上诉。二审法院审理后认为，佛山世纪西门子公司成立于2016年，远远晚于西门子股份公司、西门子中国公司的成立时间，且彼时“西门子”字号在中国境内已经具有较高知名度。综合相关证据表明，佛山世纪西门子公司不仅将“西门子”文字作为其企业名称进行登记，并且将该企业名称在商业经营中使用，包括将其企业名称印刷在燃气灶产品包装以及说明书上，属于擅自使用行为。该行为主观上具有攀附西门子股份公司、西门子中国公司声誉的故意，客观上容易造成相关公众误认为佛山世纪西门子公司与西门子股份公司、西门子中国公司存在特定联系，违反了《反不正当竞争法》第六条第二项的规定，构成不正当竞争。最终判决佛山世纪西门子公司立即停止在其企业名称中使用“西门子”字样，并于该判决发生法律效力之日起30日内到工商登记部门办理名称变更登记，赔偿西门子股份公司、西门子中国公司经济损失及维权合理开支共10万元。

2. 依法驳回国外企业的不合法、不合理诉求，依法维护国内企业、个人的合法权益

（1）依法运用证据规则，对未尽到举证责任的国外企业的诉请予以驳回，依法维护了国内企业、个人的合法权益

例如，在数字控制公司诉广州探霸仪器有限公司（以下简称“探霸公司”）等侵害计算机软件著作权纠纷案[1]中，数字控制公司作为一家在美国设立的企业，专业从事电子定位系统设计、制造和销售。其认为探霸公司、广州探霸管道工程技术有限公司（以下简称“探霸管道公司”）侵害了其计算

[1] 参见广州知识产权法院（2017）粤73民初522号民事判决书、最高人民法院（2021）最高法知民终1295号民事判决书。

机软件著作权，遂向广州知识产权法院提起诉讼，请求判令两公司停止侵权并连带赔偿数字控制公司人民币300万元以及其为该案支付的案件受理费、证据保全费、鉴定费、律师费和差旅费等共计50万元。广州知识产权法院经审理后认为，数字控制公司负有举证责任，但其举证不足以证实被诉侵权产品中载录的软件与涉案月蚀软件、F5软件具有同一性，故其关于探霸公司、探霸管道公司侵犯其对涉案月蚀软件享有的著作权的主张，缺乏依据，故判决驳回了数字控制公司的全部诉讼请求。数字控制公司不服提起上诉后，最高人民法院亦认为："因现有证据尚不足以认定探霸公司、探霸管道公司制造、销售了侵害数字控制公司涉案月蚀软件著作权的产品，故数字控制公司关于探霸公司、探霸管道公司应当赔偿其经济损失及合理开支的主张不能成立。"最终判决驳回数字控制公司的上诉，维持了广州知识产权法院的一审判决。

（2）合理确定权利保护边界，依法保障国内市场主体的创新创造空间

在国际市场竞争激烈的大环境下，公正合理明确创新创造的权利边界，维护我国企业平等参与国际竞争的正当权利。在美国美利肯公司诉徐州海天石化公司发明专利权纠纷案中，涉化学材料聚合物专利权，美国美利肯公司在全球私人化学品生产供应商中处于领先地位，其主张徐州海天石化公司生产的聚丙烯产品侵害其发明专利，要求立即停止侵权并赔偿损失850万元。广州知识产权法院通过深入分析被诉侵权产品的技术特征和涉案专利的发明贡献，认定被诉产品不具备涉案专利关于"着色剂用量"的技术特征，驳回美国美利肯公司诉请，规制优势市场主体滥用权利，依法维护了我国企业应有的创新权益。

（二）助力中国知识产权严保护格局的构建，对国际知名品牌给予充分保护

基于知识产权的无形性等特性，知识产权损害赔偿数额往往难以确定，故"赔偿难"成为知识产权诉讼中的世界性难题，我国司法实践也长期深受知识产权损害赔偿计算难、判赔数额低的困扰。为了进一步遏制恶意侵权的现象，提高我国知识产权保护的国际形象，广东法院在赔偿领域进行了大量有益的尝试，比如积极运用文书提出命令，责令侵权人提交会计账簿等经营

信息，再如在对方拒不提交时，法院结合具体案情，根据诚实信用原则推定当事人的保守利润等。在乐高博士有限公司（以下简称“乐高公司”）诉广东美致智教科技有限公司（以下简称“美致公司”）等侵害商标权及不正当竞争纠纷案[1]中，广东省高级人民法院认为，该案虽因不需要给予跨类保护而无需司法认定涉案商标为驰名商标，但在乐高公司事实上已提供了大量证据证明涉案“LEGO”“乐高”商标为相关公众所熟知的情况下，应给予与涉案商标知名度相匹配的司法保护力度，及时制止使用“乐拼”中英文系列被诉标识的侵权行为。此外，尽管该案中各方当事人均未提供涉案商业标识在产品获利中的贡献率，无法进一步精确计算出被诉侵权人因本案侵权行为所获利益的具体数据，但结合关联刑事案件等证据可合理推算出该案所涉侵权产品的整体获利远超 1.6 亿元。乐高公司在该案中仅诉请赔偿经济损失与合理维权费用共计 3000 万元，占前述 1.6 亿元的百分比不到 19%，乐高公司的侵权赔偿主张理据充分、合理，法院予以全额支持。在该案中，法院正确判断被诉行为可能引发的混淆后果，全面及时制止侵权行为；巧妙运用关联刑事案件查明的相关事实，尽力查明被诉侵权行为获利，通过严保护、高赔偿的司法救济，对全方位、大规模、链条长的恶意知识产权侵权行为给予严惩，使知名商业标识的保护及救济与其知名度相匹配，侵权人的侵权代价与其主观恶意、行为危害性相适应，彰显在市场竞争中尊重知识产权、倡导诚信经营的司法导向。

（三）审判质效不断提升，受理和审结大批有重大影响的涉外案件

随着审判质效和司法保护力度的不断加强，越来越多的国外企业、个人选择在广东法院寻求知识产权司法保护。2021 年，广东法院审理了多个有重大影响的案件。例如，广州知识产权法院审理了 OPPO 广东移动通信有限公司（以下简称“OPPO 公司”）和 OPPO 广东移动通信有限公司深圳分公司（以下简称“OPPO 深圳分公司”）诉西斯威尔国际有限公司和西斯威尔香港有限公司标准必要专利许可使用费纠纷案，以及华为技术有限公司（以下简

---

[1] 参见广东省高级人民法院（2020）粤民终 1642 号民事判决书。

称“华为公司”）诉捷普电子（广州）有限公司（以下简称“捷普公司”）、所乐太阳能科技（上海）有限公司、广州所乐机械技术咨询有限公司侵害发明专利权纠纷案等涉及高新科技的涉外知识产权案件。深圳法院妥善审理涉及通信、生物医药、高端装备制造、新材料新能源等一批高新技术案件，加大对创新成果知识产权保护力度，激励科技创新，促进技术产业升级。

四、2021 年广东涉外知识产权司法保护典型案例及裁判规则

（一）专利权纠纷典型案例及其确立的裁判规则

1. 技术特征的解释以及发明专利侵权的对比规则

典型案例一：艾弗芮丹尼逊有限公司诉保士特（东莞）塑胶制品有限公司侵害发明专利权纠纷案。[1]

基本案情：艾弗芮丹尼逊有限公司（以下简称“艾弗芮丹尼逊公司”）是一家美国公司，其系名称为“塑料紧固件分发系统”、专利号为 ZL02814812.6 的发明专利的专利权人，该专利申请日为 2002 年 5 月 29 日，优先权日为 2001 年 5 月 29 日，授权公告日为 2007 年 2 月 14 日。艾弗芮丹尼逊公司以保士特（东莞）塑胶制品有限公司（以下简称“保士特公司”）为被告提起诉讼，请求判令保士特公司：①停止制造、销售、许诺销售侵害艾弗芮丹尼逊公司专利号为 ZL02814812.6 产品的行为；②赔偿艾弗芮丹尼逊公司经济损失 100 万元；③销毁生产被诉侵权产品的专用设备及库存侵权产品；④赔偿艾弗芮丹尼逊公司为制止侵权行为所支出的合理费用 158252.52 元。艾弗芮丹尼逊公司在该案中请求保护的权利范围包括涉案专利的权利要求 1、4、5。涉案专利的权利要求 1、4、5 如下：

1. 一种从紧固件备料卷盘当中分发塑料紧固件以便将两个或两个以上物件结合在一起的系统，其特征在于，所述系统包括：(a) 从紧固件备料盘当中分发塑料紧固件以便将两个或两个以上物件结合在一起的模块；以及 (b) 用于支持所述模块的平衡体。

---

[1] 参见广州知识产权法院（2019）粤 73 知民初 1656 号民事判决书。

4. 如权利要求1所述的系统，其特征在于，还包括一用于支持所述平衡体的安装架。

5. 如权利要求4所述的系统，其特征在于，还包括一与所述安装架结合用于支承该紧固件备料卷盘的卷盘架。

涉案专利说明书技术背景部分载明："通过引用并在此一并考虑的共同受让的美国专利US5615816中，披露了一种用于分发连续连接的梯队备料当中固定件的装置，这种梯队备料包括靠多个塑料十字链接件连在一起的一对塑料边组件……美国专利US5615816中所披露的装置在本技术领域内是众所周知的，并通常简称为可调节缝针系统（VNS）。"

法院裁判：关于被诉侵权产品的技术特征是否落入涉案专利权保护范围的问题，广州知识产权法院认为，发明或者实用新型专利权的保护范围以其权利要求的内容为准，说明书及附图可以用于解释权利要求。人民法院判定被诉侵权技术方案是否落入专利权的保护范围，应当审查权利人主张的权利要求所记载的全部技术特征。被诉侵权技术方案包含与权利要求记载的全部技术特征相同或者等同的技术特征的，人民法院应当认定其落入专利权的保护范围；被诉侵权技术方案的技术特征与权利要求记载的全部技术特征相比，缺少权利要求记载的一个以上的技术特征，或者有一个以上技术特征不相同也不等同的，人民法院应当认定其没有落入专利权的保护范围。《最高人民法院关于审理侵犯专利权纠纷案件应用法律若干问题的解释》第1条第2款规定，权利人主张以从属权利要求确定专利权保护范围的，人民法院应当以该从属权利要求记载的附加技术特征及其引用的权利要求记载的技术特征，确定专利权的保护范围。该案中，艾弗芮丹尼逊公司请求保护的权利范围是涉案专利权利要求1、4、5。将被诉侵权产品的技术特征与涉案专利权利要求1、4、5记载的技术特征进行比对，双方当事人均确认被诉侵权技术方案包含涉案专利权利要求4、5的附加技术特征，经核，法院予以确认。双方的争议在于被诉侵权技术方案是落入涉案专利权利要求1的保护范围。

对此，广州知识产权法院认为：第一，关于涉案专利权利要求1记载的"模块"技术特征是否明确的问题。虽然涉案专利权利要求1未对"模块"的具体技术方案作明确限定，但是结合涉案专利说明书技术背景中“美国专利US5615816 中所披露的装置在本技术领域内是众所周知的，并通常简称为可调节缝针系统”的内容可知，美国专利 US5615816 已将可调节缝针系统，即涉案专利权利要求 1 中“从紧固件备料卷盘当中分发塑料紧固件以便将两个或两个以上物件结合在一起的模块”的技术特征予以披露，故对本领域技术人员而言，涉案专利权利要求 1 记载的“模块”是清晰明确的。因为保士特公司主张涉案专利权利要求 1 记载的“模块”不明确及应以从属权利要求 6 解释权利要求 1 的意见，缺乏事实依据且与法律规定不符，所以法院不予采纳。关于被诉侵权产品是否具备权利要求 1 所述“模块”技术特征的问题。该案中，被诉侵权胶钉机的模块具有缝针、供给结构、切断装置等结构，可将紧固件备用料供给至针状组件，从紧固件备用料切割紧固件，并且将紧固件插入物品中。可见被诉侵权产品技术方案对应的“模块”结构可以实现“从紧固件备料卷盘当中分发塑料紧固件以便将两个或两个以上物件结合在一起”的效果。故艾弗芮丹尼逊公司关于被诉侵权产品具备“模块”技术特征的主张于理有据，法院予以采纳。

第二，关于被诉侵权产品是否具备权利要求 1 所述“平衡体”技术特征的问题。首先，关于涉案专利权利要求 1 记载的“平衡体”是否明确的问题。涉案专利权利要求 1 所涉“平衡体”并非本领域通用技术语，根据法律规定，对该技术术语的解释应当以说明书和权利要求书的定义或说明为准。涉案专利权利要求 1 及说明书中均载明，平衡体是用于支持所述模块的，涉案专利说明书中记载有使用绳链卷绕结构的平衡体，说明书所记载的仅是涉案专利“平衡体”的一种实施例。可见，说明书记载的具有绳链卷绕结构的平衡体是权利要求 1 所限定的“平衡体”的一种实施例，即权利要求 1 限定的“平衡体”是说明书记载的绳链卷绕结构的上位概念，能够支持模块、能够复位的“平衡体”均在权利要求 1 的保护范围之内，不应当根据说明书记载的“平衡体”具体实施例来否定其他具有同样功能但结构不同的部件不能充当“平衡体”，上述关于“平衡体”的限定是清楚的。法院认为，能够支持模块、能够复位的“平衡体”均在权利要求 1 的保护范围之内，保士特公司主张涉案专利权利要求 1 对“平衡体”表述不明确的意见，依据不足，法院不予采纳。其次，关于被诉侵权产品是否具有“平衡体”技术特征。该案中，被诉侵权产品具有一弹簧，弹簧的一端连接安装架，另一端连接模块，该弹簧能够起到支持模块和复位的功能，被诉侵权产品的弹簧属平衡体。故艾弗芮丹尼逊公司关于被诉侵权产品具有“平衡体”技术特征的主张合理，法院予以支持。涉案专利权利要求 4 直接引用权利要求 1，应以权利要求 1 和权利要求 4 的技术特征确定权利要求 5 的保护范围。涉案专利权利要求 5 直接引用权利要求 4，并因此间接引用权利要求 1，应以权利要求 1、4、5 的技术特征确定权利要求 5 的保护范围。因为双方当事人对被诉侵权技术方案具有涉案专利权利要求 4 和权利要求 5 的附加技术特征无异议，且被诉侵权技术方案落入涉案专利权利要求 1 的保护范围，所以应认定被诉侵权技术方案落入涉案专利权利要求 1、4、5 的保护范围。

典型案例二：普凡嫩贝格股份有限公司诉广州市雷子克电气机械有限公司等侵害发明专利权纠纷案。❶

基本案情：普凡嫩贝格股份有限公司（以下简称“普凡嫩贝格公司”）是一家德国公司。2007 年 6 月 12 日，普凡嫩贝格公司向国家知识产权局申请名称为“具有一快速固定装置的过滤通风器”的发明专利，并于 2011 年 5 月 25 日获得授权，专利权人为普凡嫩贝格公司，专利号为 ZL200710110032.7，涉案专利至今合法有效。普凡嫩贝格公司认为广州市雷子克电气机械有限公司（以下简称“雷子克公司”）、天宏博源（北京）科技有限公司（以下简称“天宏博源公司”）侵害了其发明专利权，向法院提起诉讼，请求：①判令雷子克公司立即停止制造、销售、许诺销售侵犯普凡嫩贝格公司发明专利权的侵权产品的行为，销毁生产侵权商品的模具、图纸、宣传图册，删除侵权产品的网络宣传或销售链接等；判令天宏博源公司立即停止销售、许诺销售侵犯普凡嫩贝格公司发明专利权的侵权产品的行为，删除侵权产品的网络宣传或销售链接。②判令雷子克公司、天宏博源公司赔偿普凡嫩贝格公司经济损

❶ 参见广州知识产权法院（2020）粤 73 知民初 229 号民事判决书。

失及制止侵权所支付的合理费用共计人民币 100 万元。③判令雷子克公司、天宏博源公司承担该案诉讼费用。雷子克公司辩称被诉侵权产品不具备涉案专利权利要求 1 的全部技术特征，不落入涉案专利保护范围，未侵犯涉案专利权。

法院裁判：关于被诉侵权技术方案是否具备“各接片不由框架的壁材料成型出来”技术特征的问题。广州知识产权法院认为，确定发明专利权保护范围应以权利要求内容为准，当本领域普通技术人员对权利要求相关表述的含义可以清楚确定，且说明书并未对权利要求的术语含义作特别界定，应当以本领域普通技术人员对权利要求自身内容的理解为准，不应当以说明书记载内容否定权利要求的记载。该案中，涉案专利权利要求关于“接片成型方式”明确记载为“各接片不由框架的壁材料成型出来”。虽然说明书记载优选方案“优选过滤通风器或其主壳体由一塑料注塑成型件构成，从而在制造框架时就可以将多个附加的接片与框架成一件地在其上成型或构成”，但权利要求相关表述含义清楚确定，争议点技术特征明确排除了接片由框架的壁材料成型而来的实施方式，因此通过说明书所载内容否定权利要求技术特征固然不妥。经勘验，被诉侵权产品的主壳体由一塑料注塑成型件构成，四个附加的接片在框架外侧与框架一体成型，且明显可见接片是由壁材料成型出来，故被诉侵权技术方案缺少权利要求 1 “各接片不由框架的壁材料成型出来”的技术特征。综上，被诉侵权技术方案缺少涉案专利权利要求 1 记载的全部技术特征，不落入涉案专利权利要求 1 的保护范围。

2. 外观设计专利侵权的对比规则

典型案例：宁波玛拉工艺品有限公司诉广州沃宇五金制品有限公司侵害外观设计专利权纠纷案。❶

基本案情：原告宁波玛拉工艺品有限公司（以下简称“玛拉公司”）是专利号为 ZL201930495903.5、名称为“水烟壶（迷你风暴）”的外观设计专利权人。玛拉公司以广州沃宇五金制品有限公司（以下简称“沃宇公司”）

---

❶ 参见广州知识产权法院（2020）粤 73 知民初 3760 号民事判决书。

为被告提出诉讼，请求：①沃宇公司停止制造、销售、许诺销售侵害涉案专利权的产品，并销毁库存侵权产品及专用模具；②沃宇公司赔偿玛拉公司经济损失 50 万元；③沃宇公司支付玛拉公司为维权所支付的合理开支共计 66138.17 元（美元对人民币折算按 2020 年 6 月 23 日外汇管理局公布的美元对人民币汇率中间价 7.0671 计算）；④沃宇公司承担本案诉讼费。沃宇公司辩称：确认销售、许诺销售行为，没有实施制造被诉产品的行为，没有被诉产品库存及专用模具。被诉产品具有合法来源，沃宇公司对于侵权不知情，不应当承担赔偿责任。玛拉公司主张维权费用没有事实依据。据此，请求驳回玛拉公司的全部诉讼请求。

3. 合法来源抗辩的审查规则

典型案例：艾弗芮丹尼逊公司诉保士特公司侵害发明专利权纠纷案。[1]

基本案情：原告艾弗芮丹尼逊公司作为专利 ZL02814812.6 的专利权人，起诉请求判令保士特公司：①停止制造、销售、许诺销售侵害艾弗芮丹尼逊公司专利 ZL02814812.6 产品的行为；②赔偿艾弗芮丹尼逊公司经济损失 100 万元；③销毁生产被诉侵权产品的专用设备及库存侵权产品；④赔偿艾弗芮丹尼逊公司为制止侵权行为所支出的合理费用 158252.52 元。保士特公司书面答辩称，第一，被诉侵权产品并未全部落入涉案专利权的保护范围；第二，保士特公司并未给艾弗芮丹尼逊公司造成严重损失，即使构成侵权，应当调低赔偿金额。①保士特公司已停止制造、销售、许诺销售被诉侵权产品的行为，制造被诉产品用于学习研究，后因自有专利技术成熟，自 2018 年起不再制造被诉侵权产品；②被诉侵权产品的销量仅为 1 台，所获利润仅为 4276 元，且涉案专利权保护期即将届满，价值较低，艾弗芮丹尼逊公司主张 100 万元赔偿数额缺乏依据，应以侵权人因侵权所获利益确定损害赔偿额，具体计算方式为被诉产品的销售总数乘以每台被诉产品的合理利润（1 台 ×4276 元）；③保士特公司无生产涉案胶钉机的专用设备，亦无库存被诉产品；④艾弗芮丹尼逊公司无证据证实其主张的律师费、侵权调查费等其他合理开支。

[1] 参见广州知识产权法院（2019）粤 73 知民初 1656 号民事判决书。

保士特公司在庭审中称，其仅实施销售、许诺销售被诉侵权产品的行为，没有制造行为，被诉产品系采购自案外人。

法院裁判：关于合法来源抗辩是否成立的问题，广州知识产权法院认为，根据《专利法》及其相关司法解释的规定，为生产经营目的使用、许诺销售或者销售不知道是未经专利权人许可而制造并售出的专利侵权产品，能证明该产品合法来源的，不承担赔偿责任；上述所称不知道，是指实际不知道且不应当知道；上述所称合法来源，是指通过合法的销售渠道、通常的买卖合同等正常商业方式取得产品；对于合法来源，使用者、许诺销售者或者销售者应当提供符合交易习惯的相关证据。据此，合法来源抗辩首先属于侵权抗辩，被诉产品构成专利侵权系前提。其次，合法来源抗辩还应符合主体要求，即该抗辩仅适用于专利侵权产品的使用者、许诺销售者或者销售者，而不适用于专利侵权产品的制造者。最后，合法来源抗辩成立应满足主客观两个要件，即主观上不知道是未经专利权人许可而制造并售出的专利侵权产品，且客观上能证明该产品具有合法来源。

从举证责任的分配看，客观来源系合法来源抗辩者所主张，且为肯定性事实，依“谁主张，谁举证”的原则应由合法来源抗辩者承担举证责任，而主观“不知道”为否定性事实，依法理则不宜简单、笼统地将举证责任分配给合法来源抗辩者一方。依上述规定，“不知道”的事实包括三个层次：涉案专利的存在、被诉产品系未经专利权人许可而制造并售出的以及被诉产品系侵害涉案专利权的产品。对于第一个层次，虽然专利授权经公示并可公开查询，但仍不宜由此而推定一般的使用者、许诺销售者或者销售者知道或应当知道专利的存在，否则将不利于市场的交易安全和稳定预期，有损公众的利益。因此，应由权利人对合法来源抗辩者知道或应当知道涉案专利的存在承担举证责任。对于第二个层次，“不知道”和“未”为双重否定即为肯定，应由合法来源抗辩者承担举证责任，即其应举证证明其有理由相信被诉产品系经专利权人许可而制造并售出的。对于第三个层次，即便一般的使用者、许诺销售者或者销售者知道或应当知道专利的存在，但仍可能难以完成相对专业的侵权比对，故对于专利侵权案件的合法来源抗辩者，一般应推定其不知道，而由专利权人对合法来源抗辩者知道或应当知道被诉产品系侵害专利权的产品承担举证责任。需要指出，只有合法来源抗辩者知道或应当知道上述三个层次的全部事实，才能认定其不满足主观要件。

下例被诉产品属于专利侵权产品。沃宇公司系该产品的销售、许诺销售者，符合合法来源抗辩的前提和主体要求。关于客观要件，沃宇公司提交了微信聊天记录、送货单、快递单及物流信息等符合交易习惯的相关证据，结合其于庭审后补充提交的凯远公司所作的情况说明，上述证据之间可以相互印证，形成比较完整的证据链条，可以证明被诉产品系通过合法的销售渠道来源于凯远公司。关于主观要件，玛拉公司首先需要证明沃宇公司知道或应当知道涉案专利的存在。在该案起诉状及证据材料送达沃宇公司之前，玛拉公司难以证明该事实。玛拉公司认为沃宇公司是专业水烟壶从业者，QQ 空间又明确载明“SHISHABUCKS”商标，并以此为由主张沃宇公司应当知道涉案专利，依据并不充分。但在该案起诉状及证据材料送达沃宇公司之后，沃宇公司显然已经知道涉案专利的存在，其仍然在各网络平台许诺销售被诉产品。沃宇公司无证据证明被诉产品系经专利权人许可而制造并售出的，且被诉产品外观与涉案专利具有极高的相似度，沃宇公司的主要业务是销售各种类水烟壶，其完全有能力判断被诉产品系侵害涉案专利权的产品，故其应当知道被诉产品系未经专利权人许可而制造并售出的专利侵权产品。因此，对于发生在该案起诉状及证据材料送达沃宇公司之前的侵权行为，主观要件满足，沃宇公司的合法来源抗辩成立；对于发生在该案起诉状及证据材料送达沃宇公司之后的侵权行为，由于不满足主观要件，沃宇公司的合法来源抗辩不成立。

4. 制造行为的认定规定

典型案例：艾利丹尼森有限公司诉保士特公司侵害发明专利权纠纷案。[1]

基本案情：艾利丹尼森有限公司（以下简称“艾利丹尼森公司”）是一家美国公司，其是名称为“有凹槽的紧固件备用料”、专利号为 ZL201180067103. 4

---

[1] 参见广州知识产权法院（2019）粤 73 知民初 1657 号民事判决书。

的发明专利的专利权人，该专利申请日为2011年11月28日，授权公告日为2018年4月3日。艾利丹尼森公司认为保士特公司未经许可，为生产经营目的实施，制造、销售及许诺销售侵害涉案专利权的胶针产品，给艾利丹尼森公司造成了经济损失，遂向法院提起诉讼，请求判令保士特公司：①停止制造、销售、许诺销售侵犯艾利丹尼森公司专利号为ZL201180067103.4、名称为“有凹槽的紧固件备用料”的发明专利产品；②赔偿艾利丹尼森公司经济损失100万元；③销毁生产被诉侵权产品的专用设备及库存侵权产品；④赔偿艾利丹尼森公司为制止侵权行为所支出的合理费用148836元。

法院裁判：关于保士特公司有无实施制造被诉侵权产品的行为问题。广州知识产权法院认为，首先，被诉侵权产品上载明“booster保士特系列产品”的信息，在无相反证据的情况下，艾利丹尼森公司主张被诉侵权产品来源于保士特公司意见合理；其次，保士特公司的经营范围包括产销塑料制品，保士特公司具备制造被诉侵权产品的资质；再次，（2019）粤广南粤第3772号公证书载明，保士特公司在阿里巴巴网站上自称其经营模式为生产厂家，且涉案网店公司简介处载明保士特公司集研发、生产、销售一体化，并打造自主品牌“BOOSTER”，可见，保士特公司在涉案网店对外宣传其具有生产被诉产品的能力；最后，保士特公司答辩自认其曾实施制造被诉侵权产品的行为，虽其在庭审中否认前述陈述，但其未能对此合理解释，且其未能举证证实其关于被诉产品购买自案外人的主张。综上，艾利丹尼森公司主张保士特公司实施了制造被诉侵权产品行为，意见合理，予以采纳。

（二）商标权及不正当竞争纠纷裁判规则

1. 商标是否相似的判断规则

典型案例一：希杰欧利芙洋网聚株式会社诉广州奥希尼化妆品有限公司等侵害商标权纠纷案。[1]

基本案情：希杰欧利芙洋网聚株式会社（以下简称“希杰欧利芙洋”）

[1] 参见广东省广州市白云区人民法院（2020）粤0111民初4489号民事判决书、广州知识产权法院（2021）粤73民终2979号民事判决书。

是一家韩国公司，希杰欧利芙洋以广州奥希尼化妆品有限公司（以下简称“奥希尼公司”）、杭州金真贸易有限公司（以下简称“金真公司”）、广州歌帝化妆品有限公司（以下简称“歌帝公司”）侵犯其注册商标专用权为由，向一审法院起诉请求判令：①认定奥希尼公司、歌帝公司生产的化妆品等产品使用文字的行为侵犯其第 16889397 号及第 20732767 号注册商标专用权；②认定金真公司销售的化妆品等产品使用文字的行为侵犯希杰欧利芙洋第 16889397 号及第 20732767 号注册商标专用权；③希尼公司、歌帝公司立即停止侵害希杰欧利芙洋商标专用权的行为，包括停止生产、销售侵权产品；④金真公司立即停止销售侵害希杰欧利芙洋商标专用权的产品；⑤奥希尼公司、歌帝公司、金真公司销毁库存侵权产品，并销毁侵权产品宣传资料和产品外包装；⑥奥希尼公司、歌帝公司、金真公司共同赔偿希杰欧利芙洋经济损失及合理费用共计人民币 1087839.6 元（其中包括经济损失 100 万元及希杰欧利芙洋为调查和制止侵权所支出的合理费用共计 87839.6 元）；⑦奥希尼公司、歌帝公司、金真公司承担该案诉讼费用。

法院裁判：关于被诉侵权标识与第 16889397 号及第 20732767 号注册商标是否近似并容易导致相关公众混淆的问题。广州知识产权法院认为，首先，第 16889397 号注册商标为英文字母商标，其由“W”“A”“K”“E”“M”五个英文字母组合而成。被诉侵权标识由两部分组成，其上部为“VVAKEVVAKE”，下部为“HOLDLIVE”，但其上部的“VVAKEVVAKE”字体小，下部的“HOLDLIVE”字体粗，即其“VVAKEVVAKE”为该标识的主要部分。经对比，被诉侵权标识与第 16889397 号注册商标的区别点有二：一是前者使用的是“VV”字母组合，后者使用的是“W”“M”；二是前者下部有“HOLDLIVE”字母，而后者无。但被诉侵权标识包含有与第 16889397 号注册商标相同的“A”“K”“E”字母，且该三个字母在整个标识中的排列顺序亦基本相同。其所使用的虽然为“VV”字母组合，但该字母组合与字母“W”构成近似，亦与字母“M”的倒写近似，且该“VV”组合在标识中的顺序亦与第 16889397 号注册商标相同，这使得二者在整体外形上近似，被诉侵权标识的下部虽然有“HOLDLIVE”字母，但该字母较小，识别功能较弱，因此，在隔离的状态下对两者进行比对，难以认为两者之间存在明显的区别。

其次，第20732767号注册商标为英文字母商标，其由“W”“A”“K”“F”“M”五个英文字母组合而成，其中的第二个字母“A”为倒写。经对比，被诉侵权标识与第20732767号商标的区别点有三：一是前者使用的是“VV”字母组合，后者使用的是“W”“M”；二是前者第二个字母“A”为正写，后者中的第二个字母“A”为倒写；三是前者下部有“HOLDLIVE”字母，而后者无。但被诉侵权标识包含有与第20732767号注册商标相同的“A”“K”字母，且该两字母在整个标识中的排列顺序亦基本相同，其所使用的“VV”字母组合与字母“W”构成近似，亦与字母“M”的倒写近似，且该“VV”组合在标识中的顺序亦与第20732767号注册商标相同，这使得二者在整体外形上近似，被诉侵权标识的下部虽然有“HOLDLIVE”字母，但该字母较小，识别功能较弱，因此，在隔离的状态下对两者进行比对，难以认为两者之间存在明显的区别。

最后，奥希尼公司主张其使用的是其合法注册的商标及合法著作权的问题。法院分析论述如下：①奥希尼公司的第27129193号注册商标，核定使用在第35类服务项目上，与该案被诉侵权产品不相同且不相类似，其并不能对抗希杰欧利芙洋的涉案商标权；②奥希尼公司的第20999503号注册商标因与希杰欧利芙洋的第17483890号“WAKEMAKE”商标构成近似，使用在同一种或类似商品上，构成近似，已被国家知识产权局裁定宣告无效，即便在该商标被宣告无效前，奥希尼公司在被诉侵权商品上使用的商标标识在排列组合方式、字形、字体和大小等方面均与其核准注册的商标样式不一致，即被诉侵权商品上对该商标的使用并不规范，其改变了商标中字母的排列方式，使得其商标在整体上与希杰欧利芙洋注册商标相似，其攀附希杰欧利芙洋商标的意图较为明显；③奥希尼公司提交的国作登字-2017-F-00463241作品登记证书记载其作品于2017年6月26日登记，我国实行作品自愿登记原则，取得作品登记证书并不代表该作品就属于著作权法意义上的“作品”，奥希尼公司的前述作品仅为几个英文字母的简单组合，并不具备独创性，其并不属于著作权法意义上的“作品”，故其该项抗辩亦不能成立。

综上，被诉侵权商品上使用的标识与希杰欧利芙洋第 16889397 号及第 20732767 号注册商标在外形上相似，且容易导致相关公众混淆，故该被诉侵权商品侵犯了希杰欧利芙洋前述注册商标专用权。

典型案例二：利惠公司诉周某某侵害商标权纠纷案[1]。

基本案情：利惠公司是一家美国公司，其系第 2023725 号商标的商标权利人，该商标于 2005 年 5 月 14 日注册，核定使用商品类别为第 25 类，核定使用商品为服装、牛仔裤、裤子、裙子、衬衫、T 恤衫、夹克（服装）、童装、婴儿全套衣、游泳衣、雨衣（包括雨帽、披肩、斗篷）、戏装、爬山鞋、鞋（脚上的穿着物）、帽、袜、手套（服装）、领巾、皮带（服饰用）（商品截止），续展注册有效期限自 2005 年 5 月 14 日至 2025 年 5 月 13 日止。利惠公司向一审法院提出诉讼请求：①周某某立即停止销售侵犯利惠公司第 2023725 号注册商标权的行为，销毁所有库存侵权商品；②周某某赔偿利惠公司经济损失 6 万元（包含利惠公司调查取证、制止侵权、聘请律师所支出的合理费用）；③周某某在《中国知识产权报》上刊登道歉声明以消除影响。

法院裁判：广东省佛山市禅城区人民法院认为，该案中，利惠公司请求保护的第 2023725 号商标处于有效期内，应受法律保护。被控侵权商品与该商标核定使用的牛仔裤为同一种商品。被控侵权商品在两侧五边形裤后袋上使用了该标识，周某某辩称该标识通用性较大，只是一种花纹图案，主要起到美观和装饰作用，不是商标性使用，对此，法院认为，周某某未能举证证明被诉标识为通用图形，利惠公司将双弧线图形注册成商标并长期使用在其生产的牛仔裤的后裤袋上，已起到识别商品来源的作用，被诉标识被以相同的方式使用在同一种商品上，同样起到识别商品来源的作用，构成商标性使用。将其与第 2023725 号商标进行比对，二者均是上下排列的燕形双弧线，双弧线中间部分均有交叉，交叉点的菱形框中均有一条横向分割线，以相关公众的一般注意力为标准，对二者进行整体观察和隔离比对，二者视觉上基

---

[1] 参见广东省佛山市禅城区人民法院（2018）粤 0604 民初 29297 号民事判决书、广东省佛山市中级人民法院（2020）粤 06 民终 9771 号民事判决书。

本无差别，构成商标相同。在案证据未能证明被控侵权商品的生产商使用被诉标识已获得利惠公司的许可，故根据上述法律规定，被控侵权商品为侵犯利惠公司第2023725号注册商标专用权的商品，周某某销售该商品，亦构成对利惠公司该注册商标专用权的侵犯。

广东省佛山市中级人民法院认为，首先，被诉侵权商品上双弧线图形的使用方式与利惠公司注册商标的使用方式相同。虽然该双弧线图形具有装饰功能，但并不能因此否认其可以作为识别商品来源的商标进行使用。被诉侵权商品上使用的双弧线标识能够起到区分商品来源的作用，该使用行为属于商标性使用。其次，《中华人民共和国商标法》（以下简称《商标法》）（2013年修正）第57条第1项规定，未经注册商标人的许可，在同一种商品上使用与注册商标相同的商标，属于侵犯注册商标专用权。被诉侵权的双弧线标识与第2023725号注册商标均在牛仔裤上使用，二者在弧线的构成、走向、交叉方式以及交叉形成的菱形框等方面基本相同，在视觉上基本无差别，故涉案被诉侵权牛仔裤之上的双弧线标识与第2023725号注册商标构成相同。周某某销售侵犯注册商标专用权的商品，构成商标侵权。在此情况下，周某某上诉主张涉案商标的知名度和显著性不强，不影响该案商标侵权的认定。周某某上诉主张被诉侵权商品上标注了“AULWUS”标识，其不具有侵权的主观故意，但是否存在主观故意仅是应否免除周某某赔偿责任的考量因素之一，并非判断销售侵犯注册商标专用权商品行为是否构成侵权的考量因素。周某某以其不存在主观故意为由主张其行为不构成侵权缺乏理据，法院不予支持，由上，一审法院认定周某某的行为构成商标侵权正确，法院予以维持，周某某的相关上诉主张理据不足，法院不予支持。

2. 商标未使用抗辩以及合法来源的判断标准

典型案例一：凯莫股份公司诉深圳市创遥科技有限公司等侵害商标权纠纷案。[1]

---

[1] 参见广东省深圳市龙岗区人民法院（2020）粤0307民初12292号民事判决书、深圳市中级人民法院（2020）粤03民终29489号民事判决书。

基本案情：凯莫股份公司（CAMES. P. A.）是一家意大利公司。凯莫股份公司一审诉讼请求：①判令深圳市创遥科技有限公司（以下简称“创遥公司”）、遥尔泰公司立即停止对凯莫股份公司第 10268664 号、第 8034859 号、第 5490850 号及第 G1036432 号注册商标的侵权行为；②判令创遥公司、遥尔泰公司立即停止虚假宣传等不正当竞争行为；③判令创遥公司、遥尔泰公司赔偿凯莫股份公司包括制止侵权合理支出在内的经济损失 30 万元；④收缴创遥公司、遥尔泰公司专门用于生产侵权商品的材料、工具、设备；⑤判令创遥公司、遥尔泰公司承担该案全部诉讼费用。一审判决：①创遥公司、遥尔泰公司立即停止侵犯凯莫股份公司第 10268664 号、第 8034859 号、第 5490850 号及第 G1036432 号注册商标专用权的行为，并销毁专门用于生产涉案侵权产品的材料、工具和设备；②创遥公司、遥尔泰公司立即停止虚假宣传的不正当竞争行为；③创遥公司、遥尔泰公司于判决生效之日起十日内连带赔偿凯莫股份公司经济损失及合理维权费用共计 20 万元；④驳回凯莫股份公司的其他诉讼请求。

法院裁判：深圳市中级人民法院认为：①创遥公司、遥尔泰公司关于涉案注册商标未使用的抗辩是否成立；②创遥公司、遥尔泰公司的合法来源抗辩是否成立；③一审判赔金额是否合理。

关于裁判①，《商标法》（2019 年修正）第 48 条规定，“本法所称商标的使用，是指将商标用于商品、商品包装或者容器以及商品交易文书上，或者将商标用于广告宣传、展览以及其他商业活动中，用于识别商品来源的行为”。该案中，凯莫股份公司在官网上展示、销售带有涉案商标的遥控器产品，并在领英官网上对公司和产品进行了宣传。早在 2010 年，凯莫股份公司已通过其关联公司将涉案商品出口至中国并形成一定影响，相关消费者已将 CAME 品牌遥控器与凯莫股份公司联系起来。创遥公司、遥尔泰公司关于凯莫股份公司未在中国使用涉案商标，不应承担赔偿责任的上诉主张，缺乏事实和法律依据，法院不予采信。

关于裁判②，创遥公司、遥尔泰公司主张被诉侵权商品来源于 Biesse 公司。法院认为：其一，商标法中的“合法来源”是指销售商所售侵权商品系通过正当、合法的商业渠道获取，并支付了合理对价；且主观上没有过错。该案中，创遥公司、遥尔泰公司并非销售商，而是侵权商品的制造者。其二，创遥公司、遥尔泰公司在接受订单的过程中，对委托方的商标权利状况没有进行审查，未尽到审慎注意义务。其三，创遥公司、遥尔泰公司辩称 Biesse 公司系凯莫股份公司的关联公司，创遥公司、遥尔泰公司受 Biesse 公司的指示生产被诉侵权商品，但相关证据不足以证明其主张。综上，创遥公司、遥尔泰公司的该项抗辩不能成立，法院不予支持。

典型案例二：株式会社纳益其尔诉顺德区大良知妆客化妆品店侵害商标权纠纷案。[1]

基本案情：株式会社纳益其尔（以下简称“纳益其尔”）是一家韩国公司，其有第 10494197 号“NATUREREPUBLIC”注册商标，该商标核定使用商品为第 3 类化妆品、润肤液、美容面膜、滋养霜（化妆品）等，注册有效期自 2013 年 5 月 7 日至 2023 年 5 月 6 日。纳益其尔认为顺德区大良知妆客化妆品店（以下简称“知妆客化妆品店”）侵犯其商标权，向一审法院提出诉讼请求：①判令知妆客化妆品店立即停止侵犯纳益其尔第 10494197 号“NATUREREPUBLIC”注册商标专用权的行为；②判令知妆客化妆品店赔偿纳益其尔经济损失（包括为制止侵权支出的合理开支）共计 4 万元；③判令知妆客化妆品店承担本案诉讼费用。

法院裁判：关于被控侵权商品是否具有合法来源的问题。知妆客化妆品店上诉主张其已提交合法的采购渠道证明。《商标法》（2019 年修正）第 64 条第 2 款规定：“销售不知道是侵犯注册商标专用权的商品，能证明该商品是自己合法取得并说明提供者的，不承担赔偿责任。”《中华人民共和国商标法实施条例》第 79 条规定，“下列情形属于商标法第六十条规定的能证明该商品是自己合法取得的情形：（一）有供货单位合法签章的供货清单和货款收据且经查证属实或者供货单位认可的；（二）有供销双方签订的进货合同且经查

---

[1] 参见广东省佛山市禅城区人民法院（2020）粤 0604 民初 8916 号民事判决书、广东省佛山市中级人民法院（2021）粤 06 民终 4304 号民事判决书。

证已真实履行的；（三）有合法进货发票且发票记载事项与涉案商品对应的；（四）其他能够证明合法取得涉案商品的情形。”该案中，知妆客化妆品店提供的证据不能形成完整的证据链条以证明知妆客化妆品店销售的被控侵权商品具有合法来源。并且，涉案产品系纳益其尔在韩国生产后进口到我国国内销售，依照《中华人民共和国产品质量法》第 27 条规定，进口产品在国内销售，必须有中文标明的产品名称、生产厂商和厂址。进口产品是否有中文标签，属于销售者进货时应尽的基本审查义务，也是其判断产品来源及相关信息的前提依据。该案知妆客化妆品店作为化妆品销售者，进货时应对产品进行检查验收，验明产品合格证明和其他标识，保证销售产品的质量。其销售的被控侵权芦荟胶产品缺乏中文标签，属于其在进货时能够审查出的纰漏，知妆客化妆品店对此疏于审查而购进销售，主观上具有明显过错，不符合《商标法》（2019 年修正）第 64 条规定的不知道销售的是侵犯注册商标专用权产品的情形，其主张免除赔偿责任依据不足，法院不予支持。

3. 使用他人企业名称的不正当竞争

典型案例：佛山美家西门子科技有限公司、西门子股份公司等不正当竞争纠纷。[1]

基本案情：西门子股份公司是一家德国公司，西门子中国公司是西门子股份公司于 1994 年 10 月 6 日在中国境内设立全资子公司。两公司认为佛山美家西门子科技有限公司（以下简称“美家西门子公司”）将西门子作为企业名称，构成不正当竞争，遂向一审法院起诉请求：①美家西门子公司立即停止侵害西门子股份公司、西门子中国公司企业名称权的不正当竞争行为；②美家西门子公司限期向企业登记机关变更“西门子”字号，并不得在变更后的字号中使用与“西门子”字号相同或近似的企业名称；③美家西门子公司赔偿西门子股份公司、西门子中国公司经济损失 56 万元（含律师费支出）；④美家西门子公司承担该案的诉讼费用。美家西门子公司辩称，其名称由

---

[1] 参见广东省佛山市禅城区人民法院（2019）粤 0604 民初 24223 号民事判决书、广东省佛山市中级人民法院（2021）粤 06 民终 8240 号民事判决书。

“美家”和“西门子”构成，其中“美家”代表企业文化内涵，“西门子”则来源于其法定代表人名下注册商标“SISEMAOZI”的音译，合情合理，并无搭便车的主观故意。一审法院经审理后判决：①美家西门子公司于判决发生法律效力之日起，立即停止侵害西门子股份公司、西门子中国公司的不正当竞争行为，即在其产品及经营活动中停止使用含有“西门子”文字的企业名称；②美家西门子公司于判决发生法律效力之日起30日内变更登记企业名称，变更后的企业名称不得含有“西门子”字样；③美家西门子公司于判决发生法律效力之日起十日内，赔偿西门子股份公司、西门子中国公司经济损失及合理费用合共15万元；④驳回西门子股份公司、西门子中国公司的其他诉讼请求。

法院裁判：佛山市中级人民法院认为，《反不正当竞争法》第6条规定，“经营者不得实施下列混淆行为，引人误认为是他人商品或者与他人存在特定联系：……（二）擅自使用他人有一定影响的企业名称（包括简称、字号等）、社会组织名称（包括简称等）、姓名（包括笔名、艺名、译名等）”。根据《最高人民法院关于审理不正当竞争民事案件应用法律若干问题的解释》[1]第6条的规定，企业登记主管机关依法登记注册的企业名称，以及在中国境内进行商业使用的外国（地区）企业名称，应当认定为反不正当竞争法规定的“企业名称”。具有一定的市场知名度、为相关公众所知悉的企业名称中的字号，可以认定为反不正当竞争法规定的“企业名称”。根据该案查明的事实，西门子股份公司、西门子中国公司自1994年起在中国境内投资设立了多家以“西门子”为字号的企业从事经营活动，西门子公司自1995年起在中国多个商品类别上注册了“西门子”商标，经过多年持续宣传推广及使用，“西门子”商标及其产品获得了多项荣誉称号，西门子公司、西门子中国公司的“西门子”字号已在全国家用电器行业内具有较高影响力和知名度、为相关公众所知悉，应认定为前述法律规定的有一定影响的企业名称。美家西门子公司成立时间晚于西门子股份公司、西门子中国公司，经营范围包括研发、销

[1] 该解释已于2022年3月20日废止。

售电器开关、灯饰等。美家西门子公司作为电器开关的同业竞争者，理应知晓西门子股份公司、西门子中国公司的“西门子”字号及其商标的知名度，但仍然将“西门子”注册为企业名称，主观上具有攀附西门子股份公司、西门子中国公司商誉的故意，客观上容易造成相关公众的混淆和误认，该行为构成不正当竞争。美家西门子公司上诉主张，其名称与西门子股份公司、西门子中国公司的企业名称具有可区分性，其使用“西门子”作为字号系对其注册商标“SISEMAOZI”音译的合理使用，不存在攀附西门子股份公司、西门子中国公司商誉的故意，均缺乏理据，法院不予支持。

4. 帮助侵权的认定标准

典型案例：博柏利有限公司诉珠海市拱北乐永旺商行等侵害商标权纠纷案。[1]

基本案情：博柏利有限公司（以下简称“博柏利公司”）是一家英国公司，其是第G733385号“BURBERRY”、第18236257号“BURBERRY”等商标的注册人，商品分类均为第18类，核定使用商品包括包、皮垫、皮质系带、钱包、手提包等；上述注册商标均处于有效期内。其认为珠海市拱北乐永旺商行（以下简称“乐永旺商行”）、珠海市商汇投资有限公司（以下简称“商汇公司”）、珠海口岸广场发展有限公司（以下简称“口岸公司”）侵害其注册商标权，遂提起诉讼，请求：①乐永旺商行、商汇公司、口岸公司停止侵犯博柏利公司注册商标专用权的行为；②乐永旺商行、商汇公司、口岸公司连带赔偿博柏利公司经济损失及合理支出共计人民币20万元。博柏利公司主张乐永旺商行销售涉案商品系直接侵权，商汇公司、口岸公司在明确知晓乐永旺商行存在侵权行为后主观上放任乐永旺商行继续销售侵权商品，未尽到市场开办方和管理方的审查义务，在收到律师函后也没有采取必要措施制止乐永旺商行继续侵权，客观上为乐永旺商行提供经营场所导致第二次侵权行为的发生，属于商标法规定的帮助侵权行为，故商汇公司、口岸公司应承

---

[1] 参见广东省珠海市香洲区人民法院（2020）粤0402民初3020号民事判决书、广东省珠海市中级人民法院（2021）粤04民终1330号民事判决书。

担连带责任。商汇公司抗辩称其仅为场地转租方，且其在收到口岸公司转发的律师函之前对乐永旺商行所谓的侵权行为毫不知情，其已收到函件后即时通知乐永旺商行进行整改，并且乐永旺商行也出具保证书承诺不再销售。商汇公司从未放任乐永旺商行继续销售所谓的侵权产品，对第二次销售侵权产品不存在主观故意，也没有共同侵权的意思联络，不构成共同侵权，不应承担连带责任。口岸公司抗辩称其仅系物业业主，涉案商铺由乐永旺商行向商汇公司承租，其并不能获取乐永旺商行的经营资料。乐永旺商行取得营业执照独立经营，口岸公司不曾参与涉案商铺的经营管理，其在出租场地时已在合同中明确要求商汇公司承租后需合法经营，商汇公司与乐永旺商行订立的租赁合同也有相关的约定，其尽到了必要的注意义务，此外，其已在接收到律师函后立即采取包括转发律师函、督促自查自纠、专项检查、要求出具保证书及承诺书等措施，博柏利公司提供的证据不能证实其故意为乐永旺商行的侵权行为提供了仓储、运输、经营场所等条件，不能证明其与乐永旺商行实施有共同侵权的故意或者意思联络，因此，其对精珑商铺涉嫌销售侵权商品不具有主观过错，不构成共同侵权，不应承担连带责任。该案的争议焦点之一在于：商汇公司、口岸公司是否应当承担连带赔偿责任。

法院裁判：珠海市中级人民法院认为，口岸公司是珠海口岸广场的开办者和物业的业主，商汇公司是珠海口岸广场E区日常的经营和管理方，其二者与乐永旺商行之间为出租与转租的关系。依照《商标法》（2013年修正）第57条规定，故意为侵犯他人商标专用权行为提供便利条件，帮助他人实施侵犯商标专用权行为的，属侵犯注册商标专用权。该案中，直接实施商标侵权行为的主体是乐永旺商行，商汇公司和口岸公司须承担连带赔偿责任的前提是存在提供便利条件和帮助实施侵权行为的故意。该要件是否构成，一审判决进行了详细分析，二审法院予以认同，在此不再赘述。该案现有证据不能证明商汇公司、口岸公司明知乐永旺商行存在商标侵权行为视而不见，任由侵权活动在自己提供的场地内继续发生。故博柏利公司要求商汇公司、口岸公司对乐永旺商行的侵权行为承担连带赔偿责任的请求，缺乏事实和法律依据，法院不予支持。

5. 惩罚性赔偿的适用条件

典型案例： 阿尔塞拉公司诉广州市柯派实业有限责任公司侵害商标权纠纷案。[1]

基本案情： 阿尔塞拉公司系一家美国公司，是第 7083456 号“ULTHERA”注册商标的注册人，核定使用商品为第 10 类超声成像治疗仪器，注册有效期限自 2010 年 6 月 21 日至 2020 年 6 月 20 日。第 17876530A 号“ULTHERA”注册商标注册人为阿尔塞拉公司，核定使用商品类别为第 10 类，包括牙科设备和仪器，医疗用超声器械，理疗设备，医用 X 光装置，医用放射设备，医用超声成像仪等，注册有效期限自 2016 年 11 月 28 日至 2026 年 11 月 27 日。阿尔塞拉公司认为广州市柯派实业有限责任公司（以下简称“柯派公司”）侵害了其商标权，向法院提起诉讼请求：①柯派公司立即停止生产、销售侵犯阿尔塞拉公司第 7083456 号和第 17876530A 号注册商标的侵权行为，并销毁库存侵权商品；②柯派公司赔偿阿尔塞拉公司经济损失 95 万元及合理费用 5 万元，共计 100 万元。阿尔塞拉公司主张柯派公司主观恶意明显，属于恶意情况，应当在按照《商标法》（2013 年修正）第 63 条的方式确定的数额一倍以上三倍以下确定赔偿数额。

法院裁判： 第一，关于被诉侵权商品与涉案注册商标核定使用商品是否相同或类似的问题。

广州知识产权法院认为，《最高人民法院关于审理商标民事纠纷案件适用法律若干问题的解释》第 11 条第 1 款规定，“商标法第五十七条第（二）项规定的类似商品，是指在功能、用途、生产部门、销售渠道、消费对象等方面相同，或者相关公众一般认为其存在特定联系、容易造成混淆的商品。”第 3 款规定，“商品和服务类似，是指商品和服务之间存在特定联系，容易使相关公众混淆。”第 12 条规定，“人民法院依据商标法第五十七条第（二）项的规定，认定商品或者服务类似，应当以相关公众对商品或服务的一般认识综

---

[1] 参见广东省广州市白云区人民法院（2019）粤 0111 民初 23340 号民事判决书、广州知识产权法院（2020）粤 73 民终 2442 号民事判决书。

合判断；《商标注册用商品和服务国际分类表》《类似商品和服务区分表》可以作为判断类似商品或者服务的参考。”可见，在商标侵权判定过程中，进行商标法意义上相关商品是否类似的判断，避免来源混淆是商品类似关系判断时要坚持的一项基本原则，因此，人民法院在审理商标侵权案件时，审查判断相关商品是否类似，应当考虑商品的功能、用途、生产部门、销售渠道、消费群体等是否相同或者具有较大的关联性，两个商标是否容易使相关公众认为商品或者服务是同一主体提供的，或者其提供者之间存在特定联系。

该案中，涉案第 7083456 号“ULTHERA”注册商标核定使用商品为第 10 类超声成像治疗仪器，第 17876530A 号“ULTHERA”注册商标核定使用商品包括第 10 类“医用超声器械、医用超声成像仪”。被诉侵权商品为超声刀。首先，第 865 号刑事判决书认定根据 2002 年发布的《医疗器械分类目录》界定该案产品聚焦超声治疗仪（俗称超声刀）在案发期间未纳入医疗器械管理，故不构成非法经营罪。可见，在被诉侵权行为发生时，被诉侵权商品未列入《医疗器械分类目录》。由国家食品药品监督管理局北京医疗器械质量监督检查中心于 2015 年 5 月出具的清关说明、2015 年 11 月出具的检验报告以及上海市食品药品监督管理局于 2017 年 1 月医疗器械临床试验备案表所涉商品均包括“超声治疗仪 Ulthera ® System”。可见，虽然超声治疗仪未被纳入《医疗器械分类目录》，但在该案侵权行为发生时相关行政管理部门实际已经将超声刀等商品作为医疗器械进行管理。其次，涉案注册商标核定使用商品是第 10 类商品，而区分表第 10 类商品除包括外科、医疗、牙科和兽医用仪器及器械等，还包括整形用品等。同时，由于区分表的商品分类原则上按照功能、用途、原材料、成分等作为一般原则进行归类，同一群组下，各部分商品或服务未必类似，而不同群组之间未必一定不类似。根据《最高人民法院关于审理商标民事纠纷案件适用法律若干问题的解释》第 12 条的规定，区分表仅仅是判断商品或服务是否类似的参考。因此，即使被诉侵权商品超声刀不属于区分表第 10 类所列商品，亦不能仅以此认定其与涉案注册商标核定使用商品不类似。最后，从商品功能、用途、销售渠道和消费群体分析，阿尔塞拉公司的 Ulthera 超声刀是用于局部皮肤紧致的超声治疗仪，主要是用于治疗面部皱纹，产品主要销售渠道和消费群体是医疗美容行业；被诉侵权产品超声刀为美容仪器，其销售渠道主要是美容行业的从业者，柯派公司亦在广州、上海举办的中国美容博览会上宣传推介被诉侵权商品。可见，被诉侵权商品与涉案注册商标核定使用的商品，二者在消费和服务对象上亦存在重合之处，容易使相关公众认为商品和服务系同一主体提供，或者提供者之间存在特定联系。综上，一审法院认定柯派公司生产、销售的超声刀与涉案第7083456号“ULTHERA”及第17876530A号“ULTHERA”注册商标核定使用商品属于相同商品依据充分，广州知识产权法院予以维持；柯派公司仅以被诉侵权产品超声刀在侵权行为发生时未列入《医疗器械分类目录》管理为由主张其与涉案注册商标核定使用商品不属于相同商品，依据不足，法院不予支持。至于被诉侵权标识与涉案注册商标是否构成近似，一审法院论述充分，且柯派公司并未就此提出上诉，故广州知识产权法院对此不再赘述。

第二，关于涉案注册商标是否实际使用的问题。

《商标法》于2019年4月23日修正，被诉侵权行为在修正前发生，故该案应当适用2013年的商标法。《商标法》（2013年修正）第48条规定：“本法所称商标的使用，是指将商标用于商品、商品包装或者容器以及商品交易文书上，或者将商标用于广告宣传、展览以及其他商业活动中，用于识别商品来源的行为。”该条规定的“用于识别商品来源”指的是商标使用人的目的在于识别商品来源，包括可能起到识别商品来源的作用和实际起到识别商品来源的作用。该案中，阿尔塞拉公司提交了百度词条、百度搜索、相关媒体报道、学术文章、医疗宣传、商标撤三决定书、清关说明、检验报告、研讨会等相关证据拟证明其已经实际使用了涉案注册商标，对此，法院具体分析如下：

首先，阿尔塞拉公司提交相关百度词条、媒体报道、学术文章等拟证实其对涉案注册商标进行了实际使用，但上述文章或报道的主体均不是阿尔塞拉公司，阿尔塞拉公司亦未举证证明系其自身或其代理人对涉案注册商标进行的广告宣传，故上述商标系相关消费者的被动使用行为，并非阿尔塞拉公司的主动使用行为，不属于商标法意义上的使用。

其次，《最高人民法院关于审理商标民事纠纷案件适用法律若干问题的解释》第 8 条规定："商标法所称相关公众，是指与商标所标识的某类商品或者服务有关的消费者和与前述商品或者服务的营销有密切关系的其他经营者。"该案中相关公众除被诉侵权商品的消费者外，还应该包括与被诉侵权商品的营销密切相关的经营者。阿尔塞拉公司提交的研讨会资料显示其关联公司 Merz 公司于 2016 年在上海、厦门等地举办 Ulthera 系统研讨会，参与研讨会的包括多个医院的专家，其中包括皮肤科、整形外科的医生。可见，参与研讨会的专家包括涉案注册商标所标识的 Ulthera 超声治疗仪潜在的使用者，故上述使用属于阿尔塞拉公司主动宣传、推广涉案注册商标的行为，属于商标法意义上的使用。

最后，在国家知识产权局商标局作出的关于第 7083456 号第 10 类"ULTHERA"注册商标连续三年不使用撤销申请的决定中，已认定阿尔塞拉公司提供的 2015 年 8 月 16 日至 2018 年 8 月 15 日商标使用证据有效，案外人以无正当理由连续三年不使用为由申请撤销第 7083456 号第 10 类"ULTHERA"注册商标的理由不成立，驳回了案外人的撤销申请。

综上，阿尔塞拉公司提交的现有证据足以证实其在被诉侵权行为发生前三年内实际使用了涉案注册商标。柯派公司以涉案注册商标核定使用的 Ulthera 超声治疗仪在中国并未上市销售主张阿尔塞拉公司未实际使用涉案注册商标缺乏依据，法院不予支持。

第三，关于一审判赔数额是否适当的问题。

《商标法》（2013 年修正）第 63 条第 1 款规定："侵犯商标专用权的赔偿数额，按照权利人因被侵权所受到的实际损失确定；实际损失难以确定的，可以按照侵权人因侵权所获得的利益确定；权利人的损失或者侵权人获得的利益难以确定的，参照该商标许可使用费的倍数合理确定。对恶意侵犯商标专用权，情节严重的，可以在按照上述方法确定数额的一倍以上三倍以下确定赔偿数额。赔偿数额应当包括权利人为制止侵权行为所支付的合理开支。"《最高人民法院关于审理侵害知识产权民事案件适用惩罚性赔偿的解释》第 1 条第 1 款规定："原告主张被告故意侵害其依法享有的知识产权且情节严重，请求判令被告承担惩罚性赔偿责任的，人民法院应当依法审查处理。”阿尔塞拉公司提起该案诉讼时即主张按照前述法律规定对柯派公司适用惩罚性赔偿，根据上述法律及相关司法解释的规定，该案依法可以适用惩罚性赔偿，具体理由如下：

首先，柯派公司具有侵权故意。《最高人民法院关于审理侵害知识产权民事案件适用惩罚性赔偿的解释》第 3 条第 1 项规定，被告经原告或者利害关系人通知、警告后，仍继续实施侵权行为的，人民法院可以初步认定被告具有侵害知识产权的故意。2016 年 10 月 17 日，柯派公司因销售侵犯涉案“ULTHERA”注册商标专用权的超声成像治疗仪被工商部门作出罚款等行政处罚；2017 年 8 月 8 日，阿尔塞拉公司与柯派公司就柯派公司侵犯含涉案“ULTHERA”注册商标在内的侵权行为达成和解；第 856 号刑事判决书查明，柯派公司在 2017 年 8 月 8 日后仍在销售侵害涉案注册商标专用权的商品。和解协议签订后，销毁库存侵权商品等行为需要一定的合理时间，但柯派公司可以立即履行停止销售的侵权行为。而柯派公司在与阿尔塞拉公司达成和解后并未全面、如实履行协议，在 2017 年 8 月 9 日至 2017 年 11 月 6 日仍继续实施该案侵权行为。柯派公司不履行和解协议、无视他人知识产权的行为，是对诚实信用原则的违背，侵权恶意极其严重。

其次，《最高人民法院关于审理侵害知识产权民事案件适用惩罚性赔偿的解释》第 4 条规定：“对于侵害知识产权情节严重的认定，人民法院应当综合考虑侵权手段、次数，侵权行为的持续时间、地域范围、规模、后果，侵权人在诉讼中的行为等因素。被告有下列情形的，人民法院可以认定为情节严重：（一）因侵权被行政处罚或者法院裁判承担责任后，再次实施相同或者类似侵权行为；（二）以侵害知识产权为业；（三）伪造、毁坏或者隐匿侵权证据；（四）拒不履行保全裁定；（五）侵权获利或者权利人受损巨大；（六）侵权行为可能危害国家安全、公共利益或者人身健康；（七）其他可以认定为情节严重的情形。”该案中，柯派公司在 2016 年 10 月即因侵权而被行政处罚，时隔一年后再次实施相同的侵权行为；第 856 号刑事判决书查明，柯派公司 2016 年 11 月 28 日至 2017 年 11 月 6 日生产、销售侵权商品数额高达 2290410

元，现场缴获的侵权商品价值到193100元；涉案侵权商品为超声治疗仪，是用于医疗美容行业的产品且直接用于人体面部，即侵权行为可能危及人体健康。根据上述司法解释的规定，柯派公司侵权情节严重。

再次，关于赔偿数额。《最高人民法院关于审理侵害知识产权民事案件适用惩罚性赔偿的解释》第2条规定："原告请求惩罚性赔偿的，应当在起诉时明确赔偿数额、计算方式以及所依据的事实和理由。"该案中，阿尔塞拉公司明确主张以"侵权人因侵权所获得的利益"来计算赔偿数额，具体公式为"侵权获利=产品销售量×侵权产品单位利润"，柯派公司对此不予认可，但并未就赔偿数额的计算提出自己的依据及方法。《最高人民法院关于审理商标民事纠纷案件适用法律若干问题的解释》第14条的规定，"商标法第六十三条第一款规定的侵权所获得的利益，可以根据侵权商品销售量与该商品单位利润乘积计算；该商品单位利润无法查明的，按照注册商标商品的单位利润计算。"法院认可阿尔塞拉公司所主张的计算公式，并根据已查明之事实逐一确定上述公式中各项参数的具体数值，最终确定侵权获利数额。具体理由如下：①关于侵权产品销售量的确定。第856号刑事判决书查明柯派公司生产、销售的含"6S"的商品均为标有"ULTHERA"注册商标的商品，上述商品销售数量为2355台、销售总价为2480610元，据此计算商品单价为1053元（2480610元除以2355台），第856号刑事判决书最终认定构成侵犯涉案注册商标专用权的商品总销售额为2290410元，据此计算，柯派公司实际销售侵权商品数量达2175台（2290410元除以1053元）。②关于侵权商品的单位利润。第856号刑事判决书查明时任柯派公司法定代表人卢某某供述"每卖出一台假冒ULTHERA超声刀大约能有三四百元钱的利润"，可见，侵权商品单位利润为300—400元。③侵权获利=产品销售量×侵权产品单位利润，据此计算，柯派公司侵权获利在652500—870000元。

最后，柯派公司辩称其柯派公司主要负责人卢某某等已因涉案同一侵权行为被判处罚金，故不应再适用惩罚性赔偿。《最高人民法院关于审理侵害知识产权民事案件适用惩罚性赔偿的解释》第6条规定，"人民法院依法确定惩罚性赔偿的倍数时，应当综合考虑被告主观过错程度、侵权行为的情节严重程度等因素。因同一侵权行为已经被处以行政罚款或者刑事罚金且执行完毕，被告主张减免惩罚性赔偿责任的，人民法院不予支持，但在确定前款所称倍数时可以综合考虑。”即使柯派公司主要负责人卢某某等已执行了刑事罚金，亦不能作为减免惩罚性赔偿的抗辩理由，仅能作为确定惩罚性赔偿倍数的考虑因素。

考虑到柯派公司主观恶意明显、侵权情节严重，应加大对柯派公司的惩罚力度，故在该案中确定两倍的惩罚性赔偿比例。根据第 856 号刑事判决书查明的事实，柯派公司生产、销售的侵权商品中“6S”的商品均为侵权商品外，含“HF6”的商品中亦包含部分侵权商品，即该案侵权获利的计算基数已经排除了上述含“HF6”的侵权商品。在此情况下，根据含“6S”的侵权商品确定的侵权获利金额的两倍已超过 100 万元，鉴于阿尔塞拉公司在该案中主张包含合理支出在内总计 100 万元的损害赔偿金额，故对其主张，法院予以全额支持。遂判决：柯派公司于该判决发生法律效力之日起十日内赔偿阿尔塞拉公司经济损失（包含合理费用）100 万元。

6. 是否属于“有一定影响的商品名称”以及是否构成虚假宣传的认定标准

典型案例：保健然有限公司、爱德维斯公司等不正当竞争纠纷案。[1]

基本案情：保健然有限公司（以下简称“保健然公司”）是于 1973 年在法国登记成立的股份有限公司，爱德维斯公司是于 2003 年在德国登记成立的有限责任合伙公司，邦士（天津）食品有限公司（以下简称“邦士公司”）是于 2005 年在中国登记成立的有限责任公司（外商合资），注册资本 3670 万欧元，股东为 SB 国际公司（S. B. International）和保健然公司。保健然公司、爱德维斯公司、邦士公司于 2019 年 5 月 27 日向一审法院起诉，请求判令汕头市华乐福食品有限公司（以下简称“华乐福公司”）：①立即停止侵犯其“棒棒奶酪”有一定影响的商品名称的不正当竞争行为，包括停止制造、销售带

---

[1] 参见广东省汕头市中级人民法院（2019）粤 05 民初 206 号民事判决书、广东省高级人民法院（2020）粤民终 890 号民事判决书。

有“棒棒奶酪”字样的侵权奶酪产品，停止在其产品、网站、交易文书、经营场所及广告宣传中使用与保健然公司、爱德维斯公司、邦士公司有一定影响的商品名称相同或近似的商品名称等；②立即停止虚假宣传其奶酪产品“源自英国”“100%进口奶源”和“采用欧洲工艺”的不正当竞争行为；③赔偿其经济损失包括为制止华乐福公司侵权行为支出的合理费用共计50万元；④承担该案诉讼费。

法院裁判：广东省高级人民法院认为，第一，关于“棒棒奶酪”是否为保健然公司、爱德维斯公司和邦士公司有一定影响的商品名称的问题。

《反不正当竞争法》所称的擅自使用他人有一定影响的商品名称，是指为相关公众所知悉的商品名称。该案中，保健然公司、爱德维斯公司和邦士公司主张其在奶酪商品上使用的“棒棒奶酪”字样为具有一定影响的商品名称。对此法院认为，有一定影响的商品名称之所以受到反不正当竞争法保护，是因为其作为商业标识已经在市场中起到了识别作用，相关消费者能够通过该商品名称将其与其他相同或者类似商品区分开来，即见到相关商品名称时，即可识别该商品的来源和出处。而该案“棒棒奶酪”的名称恰恰缺乏识别性，不构成保健然公司、爱德维斯公司和邦士公司具有一定影响的商品名称，理由如下：首先，“棒棒奶酪”一词中，“奶酪”是一类奶制品的称谓，“棒棒”的含义是指在该类奶制品中含扁棒，将“奶酪”和表明奶酪带扁棒状态的“棒棒”结合在一起，用于形容该类奶酪商品。在日常生活中，将商品名称与表明商品带手柄的方式“棒棒”组合起来作为特定商品的通用名称使用亦为常见，如“棒棒糖”“棒棒冰”等。其次，当前市场上存在多种儿童奶酪棒产品使用“棒棒”的称谓，例如“夏洛克”牌的“棒棒奶酪”；“光明”牌的“棒棒成长奶酪棒”；“妙可蓝多”牌的“奶酪棒”；“蒙牛”牌的“未来星儿童成长奶酪”；“伊利”牌的“儿童奶酪棒”等。而且现有证据表明，在2011年保健然公司、爱德维斯公司和邦士公司在中国市场将“棒棒奶酪”名称使用在奶酪商品之前，已有多个主体将与之相同的“棒棒”注册为商标或使用在相同或者类似的奶酪产品上。综上，相关公众看到奶酪商品上“棒棒奶酪”的名称时，不易将之识别为保健然公司、爱德维斯公司和邦士公司的奶酪商品或认为与其存在特定联系，亦不会造成相关消费者混淆误认。故此，一审法院认定“棒棒奶酪”并非系保健然公司、爱德维斯公司和邦士公司所主张的具有一定影响的商品名称，并无不妥，法院予以维持。保健然公司、爱德维斯公司和邦士公司的该项上诉理由不能成立，法院予以驳回。

第二，关于华乐福公司是否构成虚假宣传的问题。

保健然公司、爱德维斯公司和邦士公司上诉明确主张与虚假宣传相关的被诉侵权行为指的是使用“100%进口奶源”“欧洲工艺”及“先进的全套自动化生产设备（全球只有十套设备）十万级的高洁净生产车间，达到医药生产同等水平”作为宣传用语。

该案中，为证明“100%进口奶源”的宣传语，华乐福公司提交了其与华丰泰公司签订的购销合同及所附货物交接单、发票、入境货物检验检疫证明等证据，上述证据可以证明其生产被诉产品的奶粉系华丰泰公司从新西兰进口的恒天然脱脂奶粉；为证明“欧洲工艺”“全套欧洲设备十万级净化车间”及“先进的全套自动化生产设备（全球只有十套设备）十万级的高洁净生产车间，达到医药生产同等水平”的宣传用语，华乐福公司提交了与英国杰瑞德公司签订的配方授权协议、商标许可使用合同及海关进口货物报关单，据此可知，华乐福公司奶酪产品配方和“JARED 及图”商标均来自英国杰瑞德公司的授权，上述产品生产线分别从德国、意大利等欧洲国家进口。法院认为，现有证据可以证明，华乐福公司的“100%进口奶源”“欧洲工艺”及“全套欧洲设备十万级净化车间”的宣传，均是对其实际经营产品原料来源和产品生产相关情况的客观表述，不会引人误解，不存在虚假内容；至于“先进的全套自动化生产设备（全球只有十套设备）十万级的高洁净生产车间，达到医药生产同等水平”的表述，华乐福公司客观上难以举证证明，保健然公司、爱德维斯公司和邦士公司也未提交证据予以否定，前述尚不足以造成相关公众的误解，并非明显虚构。综上，华乐福公司的上述宣传行为不构成反不正当竞争法意义上的虚假宣传行为，不构成对保健然公司、爱德维斯公司和邦士公司的不正当竞争。一审法院关于华乐福公司被诉行为不构成虚假宣传的认定，理据充分，法院予以维持。综上所述，判决驳回上诉，维持原判。

（三）著作权纠纷典型案例及其确立的裁判规则

1. 著作权共同侵权的构成条件

典型案例：艾斯利贝克戴维斯有限公司诉深圳市梦之舵信息技术有限公司等侵害作品信息网络传播权纠纷案。[1]

基本案情：艾斯利贝克戴维斯有限公司（以下简称“艾斯利公司”）、娱乐壹英国有限公司（以下简称“娱乐壹公司”）是两家英国公司。2019 年 10 月 23 日，艾斯利公司、娱乐壹公司向广东省深圳市南山区人民法院提起诉讼，请求判令：①深圳市梦之舵信息技术有限公司（以下简称“梦之舵公司”）、似颜绘公司立即停止提供涉案美术作品的信息网络传播行为；②梦之舵公司、似颜绘公司赔偿艾斯利公司、娱乐壹公司经济损失以及为调查梦之舵公司、似颜绘公司侵权行为和起诉梦之舵公司、似颜绘公司所支出的合理费用共计 448000 元；③梦之舵公司、似颜绘公司承担该案全部诉讼费用。一审法院经审理后认为两被告构成共同侵权，遂判决：①梦之舵公司、似颜绘公司应于判决生效之日起十日内连带赔偿艾斯利公司、娱乐壹公司经济损失及维权合理支出共计 6 万元；②驳回艾斯利公司、娱乐壹公司的其他诉讼请求。

法院裁判：关于梦之舵公司与似颜绘公司是否存在共同侵权行为的问题。深圳市中级人民法院认为，根据查明的事实：其一，小恩爱 App 系上诉人梦之舵公司运营，该 App 中蜜语场景下提供的图形交换格式（GIF）动图表情未经许可使用了涉案四只小猪的美术作品，前述 GIF 动图表情来自似颜绘公司的服务器。其二，上诉人梦之舵公司与似颜绘公司确认双方之间存在事实上的合作关系，至少从 2019 年年初开始合作，合作内容为似颜绘公司为上诉人梦之舵公司提供 GIF 动图表情的接入服务。上诉人梦之舵公司一方面可为其运营的小恩爱 App 吸引更多的流量或用户，另一方面可分享 GIF 动图表情广告业务带来的相关收益。其三，似颜绘公司主办的表情云 S 某某官网显示，似颜绘公司系专业提供表情的内容提供商，且与使用其表情云服务的商家具

[1] 参见广东省深圳市南山区人民法院（2019）粤 0305 民初 26709 号民事判决书、广东省深圳市中级人民法院（2020）粤 03 民终 27075 号民事判决书。

有合作分成关系。该网站的营销案例展示页面中，上诉人梦之舵公司运营的小恩爱App的图标在主要合作伙伴一栏中。其四，涉案美术作品具有较高的知名度，上诉人梦之舵公司运营的小恩爱App中蜜语场景下共计87个小猪GIF动图表情未经许可使用了涉案四只小猪的美术作品，上诉人梦之舵公司显然未尽到合理注意义务。综上，上诉人梦之舵公司与似颜绘公司未经许可向用户提供涉案美术作品，使公众可以在其个人选定的时间和地点获得该美术作品行为，侵犯了艾斯利公司、娱乐壹公司享有的信息网络传播权，依法应当承担相应的停止侵权和赔偿损失的法律责任。

2. 著作权侵权的对比规则

典型案例：揭阳市创优电子商务有限公司、罗威欧娱乐有限公司侵害作品复制权纠纷案。[1]

基本案情：罗威欧娱乐有限公司（以下简称“罗威欧公司”）系在芬兰设立的一家公司。2011年10月21日我国国家版权局向罗威欧公司颁发登记号为2011－F－047998的著作权登记证书，载明：Rovio Entertainment Ltd（芬兰）对其于2009年11月10日创作完成，并于2009年12月10日在芬兰埃斯波（Espoo）首次发表的美术作品《REDBIRD》，以法人作品著作权人身份依法享有著作权。其认为揭阳市创优电子商务有限公司（以下简称“创优公司”）侵害了其作品复制权，向一审法院起诉请求：①创优公司立即停止侵犯罗威欧公司名称为REDBIRD（登记号：2011－F－047998）美术作品著作权的行为；②创优公司赔偿罗威欧公司经济损失及合理费用共20万元；③创优公司承担该案诉讼费用。

法院裁判：广东省佛山市禅城区人民法院，经比对，被诉侵权产品使用的被诉侵权图案与案涉作品《REDBIRD》在视觉呈现上趋向一致，两者构成实质性相似。根据《著作权法》（2010年修正）第10条规定，“著作权包括下列人身权和财产权……复制权，即以印刷、复印、拓印、录音、录像、翻

---

[1] 参加广东省佛山市禅城区人民法院（2020）粤0604民初14520号民事判决书、广东省佛山市中级人民法院（2021）粤06民终4804号民事判决书。

录、翻拍、数字化等方式将作品制作一份或者多份的权利；发行权，即以出售或者赠予方式向公众提供作品的原件或复制件的权利。”创优公司未经权利人授权或许可，生产销售的涉案侵权产品的行为侵害罗威欧公司基于上述法律规定对涉案作品所享有的复制权及发行权。

佛山市中级人民法院认为，创优公司确认其存在销售侵权被诉侵权产品的行为，但主张其不存在生产行为，被诉侵权产品是其从网上购买的。对此，法院认为，首先，创优公司未提供任何证据证明被诉侵权产品的来源；其次，《最高人民法院关于产品侵权案件的受害人能否以产品的商标所有人为被告提起民事诉讼的批复》（法释〔2002〕22 号）规定，任何将自己的名称、商标或者可资识别的其他标识体现在产品上，表示其为产品制造者的企业或个人，均属于《中华人民共和国民法通则》第 122 条规定的“产品制造者”和《中华人民共和国产品质量法》规定的“生产者”。该案被诉侵权产品的外包装和吊牌上标注有创优公司的名称、商标等信息，一审据此认定被诉侵权产品是创优公司生产的，符合上述司法解释规定的情形，认定正确，法院予以确认。

3. 计算机软件侵权的对比规则

典型案例：数字控制公司诉广州探霸仪器有限公司等侵害计算机软件著作权纠纷案。❶

基本案情：数字控制公司作为一家在美国设立的企业，专业从事电子定位系统设计、制造和销售。该公司以“DigiTrak”品牌发布了多个型号的定向钻进定位系统，包括月蚀地下定位系统、F5 定向钻进定位系统。其认为广州探霸仪器有限公司（以下简称“探霸公司”）、广州探霸管道工程技术有限公司（以下简称“探霸管道公司”）侵害了其计算机软件著作权，遂向广州知识产权法院提起诉讼，请求判令两公司停止侵权并连带赔偿数字控制公司人民币 300 万元以及其为该案支付的案件受理费、证据保全费、鉴定费、律师费和差旅费等共计 50 万元。

---

❶ 参见广州知识产权法院（2017）粤 73 民初 522 号民事判决书、最高人民法院（2021）最高法知民终 1295 号民事判决书。

法院裁判：广州知识产权法院经审理后认为，关于计算机软件的相同或实质性相似的比对问题，需要通过软件源代码比对后才能确定，或者在目标代码比对的基础上予以推断。同时，代码比对结果需以其载体的可采性为前提。具体到该案而言，原审法院分别对F5软件和涉案月蚀软件的比对分析认定如下：第一，在案证据不足以证实被诉侵权软件与F5软件是否相同或实质性相似，对数字控制公司关于被诉侵权产品侵犯了F5软件复制权、发行权、署名权、修改权的主张不予支持。第二，关于涉案月蚀软件的比对问题，数字控制公司明确表示其不提交涉案月蚀软件的源代码进行比对，探霸公司、探霸管道公司同样无法提供被诉侵权软件的源代码。数字控制公司提交了软件与集成电路司法鉴定所出具的司法鉴定意见书，用以证实探霸公司产品芯片中的目标代码与数字控制公司月蚀传感器芯片中的目标代码具有同一性。但该次鉴定的检材来源为数字控制公司主张从被诉侵权产品中提取出的芯片两块以及主张包含涉案月蚀软件目标代码的光盘一张。探霸公司、探霸管道公司对该检材中的芯片来源提出异议，认为没有证据证实上述芯片来源于探霸公司、探霸管道公司；同时也对该检材中的涉案月蚀软件目标代码提出异议，认为无法确认该版本为数字控制公司生产的产品中载录的涉案月蚀软件，且软件的形成时间也无法确定。对此，原审法院认为：首先，数字控制公司主张其提供给鉴定机构的芯片是其2015年4月21日向探霸管道公司购买所得的一件产品中拆解出来的，但该购买过程、拆解过程均由数字控制公司单方进行，未经第三方见证，且该芯片本身并无标识显示出与探霸公司、探霸管道公司具有关联。其次，数字控制公司主张该次购买时通过收取快递方式收到两个产品，但数字控制公司提交的证据显示，该快递在收件时即已进行了拆封、拍照。虽然随后将其中一件产品进行了再次封存，但该封存过程亦由数字控制公司单方进行。最后，数字控制公司提交给鉴定机构的涉案月蚀软件的目标程序亦是由其自行提取并存储在光盘中，而非从其产品中直接由鉴定机构提取。综上，该鉴定所采用的权利软件和被诉侵权软件目标程序的检材来源均为数字控制公司单方提供，缺乏与之相印证的其他证据佐证，探霸公司、探霸管道公司对此亦提出异议，故即使司法鉴定意见书认为被诉侵权软件、权利软件具有同一性，被诉侵权软件具有权利软件的特定序列号，但在检材来源存疑的情况下，难以据此认定探霸公司、探霸管道公司生产、销售的被诉侵权产品中载录的软件与数字控制公司主张权利的涉案月蚀软件具有同一性。至于数字控制公司主张探霸公司、探霸管道公司在网站上宣称其产品与数字控制公司的产品适配并提供其用户手册的行为，亦不足以证实二者软件具有同一性。

对于侵害计算机软件著作权纠纷而言，不同的源代码可能实现相同的功能，故一般需要对被诉侵权软件的代码与权利人软件代码进行同一性比对。同一性比对的前提是需要对检材进行固定，确保被诉侵权产品系来源于被告生产或者销售的产品（即当事人所称“清洁度”），保证检材从取得至保存、传输、送检、检测的全过程不被替代，不被全部或者部分更改，同时还需由权利人提供真实的涉案软件代码。

最高人民法院亦认为，数字控制公司应当证明该被诉侵权产品来源于探霸公司、探霸管道公司，并保证送检的被诉侵权产品可以作为鉴定软件代码同一性的有效检材。因被诉侵权产品系数字控制公司单方购买，且在采购后数字控制公司已单方面拆解包装，故在案的被诉侵权产品在取得至送检过程中存在被替换或者更改（即当事人所称“清洁度被污染”）的可能。探霸公司、探霸管道公司在该案中明确否认上述被诉侵权产品系其制造并销售。故在案证据尚难以认定被诉侵权产品来源于探霸公司、探霸管道公司。而数字控制公司在该案中提交的司法鉴定意见书是以前述拆解后的被诉侵权产品作为检材进行比对的结果，故原审法院未采信该意见书中的结论，并无不当。

4. 著作权侵权法定赔偿金额的考量因素

典型案例：SINGSUNG PTE. LTD. 诉佛山市奥凌电器有限公司侵害其他著作财产权纠纷案。[1]

基本案情：SINGSUNG PTE. LTD.（以下简称“SINGSUNG 公司”）系于

[1] 参见广东省佛山市禅城区人民法院（2019）粤 0604 民初 625 号民事判决书、广东省佛山市中级人民法院（2020）粤 06 民终 6641 号民事判决书。

新加坡成立的一家公司。2016年6月15日，其以作者及著作权人的身份就作品在我国国家版权局进行版权登记，并取得作品登记证书（登记号：国作登字－2016－F－00282815）。其中作品登记证书载明：作品名称SINGSUNG电视机外包装盒设计图，创作完成时间和首次发表时间均为2013年3月26日。后以佛山市奥凌电器有限公司（以下简称“奥凌公司”）侵害作品复制权、发行权及不正当竞争为由，提起诉讼请求：①奥凌公司立即停止对SINGSUNG公司著作权的侵权行为；②奥凌公司向SINGSUNG公司支付侵权赔偿金人民币50万元；③奥凌公司向SINGSUNG公司支付因制止侵权行为而产生的合理开支人民币10万元；④该案诉讼费由奥凌公司承担。诉讼中，SINGSUNG公司增加诉请，要求奥凌公司停止不正当竞争行为，具体内容为奥凌公司在生产销售电视机包装上使用了SINGSUNG公司的装潢设计，仅稍作修改后投入市场，违反了《反不正当竞争法》（2019年修正）第5条第2项的规定。该案的争议焦点之一在于赔偿数额如何确定。

法院裁判：广东省佛山市禅城区人民法院认为，因SINGSUNG公司提供的证据未能准确具体反映SINGSUNG公司因奥凌公司的侵权行为所遭受的实际损失或侵权人违法所得，根据《著作权法》（2010年修正）第49条第2款规定，“权利人的实际损失或者侵权人的违法所得不能确定的，由人民法院根据侵权行为的情节，判决给予五十万元以下的赔偿。”《最高人民法院关于审理著作权民事纠纷案件适用法律若干问题的解释》（2002年通过）第25条第2款规定，“人民法院在确定赔偿数额时，应当考虑作品类型、合理使用费、侵权行为性质、后果等情节综合确定。”第26条规定，“著作权法第四十八条第一款规定的制止侵权行为所支付的合理开支，包括权利人或者委托代理人对侵权行为进行调查、取证的合理费用。人民法院根据当事人的诉讼请求和具体案情，可以将符合国家有关部门规定的律师费用计算在赔偿范围内。”结合一审法院在该案中注意到：①涉案作品系电视机外包装盒的装潢设计图，兼具产品信息介绍、美化促销等作用，SINGSUNG公司所主张的涉案作品中受著作权法保护并被奥凌公司使用在电视机外包装箱中的部分的独创性不高，案中证据亦不能反映涉案作品在我国已经具有一定的商业价值和市场影响力；

②奥凌公司在电视机外包装箱设计中所使用的 SINGSUNG 公司作品受著作权法保护的部分，对商品正常销售利润影响微小；③SINGSUNG 公司所主张的律师费系合同双方协商自愿协商结果，结合该案的维权难易程度、SINGSUNG 公司诉请的支持度及相关律师费收费标准等情况，一审法院酌定奥凌公司赔偿 SINGSUNG 公司经济损失及合理费用合共 2 万元，SINGSUNG 公司主张超出该数额的诉请缺乏事实和法律依据，一审法院不予支持。一审法院判决奥凌公司于判决发生法律效力之日起十日内，向 SINGSUNG 公司赔偿经济损失及合理费用合共 2 万元。

佛山市中级人民法院认为，关于一审判赔金额是否合理的问题。SINGSUNG 公司上诉主张一审判赔金额过低，应予调整。因该案现有证据无法准确反映 SINGSUNG 公司的实际损失或奥凌公司的违法所得，法院综合考虑以下因素：①SINGSUNG 公司登记作品中受著作权法保护部分主要为对设计元素、图案的简单编排、布局，未体现出较高的独创性，且没有证据表明该作品及包装已具有一定影响或知名度；②涉案作品在被诉侵权包装上的占比较小，在没有证据证明该作品及包装的知名度的情形下，涉案作品对产品销售利润贡献率不高；③根据海关提供的出口报关单显示，奥凌公司 2016—2018 年均有出口与被诉侵权包装上显示的品牌“ouling”一致的“OULING”牌液晶电视机，价值总额超过 200 万美元，在奥凌公司未提供证据证明其存在其他包装的情形下，奥凌公司上述产品使用被诉侵权包装存在高度盖然性，可以反映奥凌公司的生产规模大；④SINGSUNG 公司为维权委托律师进行诉讼并已支付律师费 10 万元。法院酌定奥凌公司向 SINGSUNG 公司赔偿经济损失及合理开支 15 万元。SINGSUNG 公司诉请超出前述数额部分，缺乏证据支持，法院不予采纳。综上，改判奥凌公司向 SINGSUNG 公司赔偿经济损失及合理开支合计 15 万元。

（四）涉外知识产权程序规则

1. 中国法院对标准必要专利许可纠纷诉讼是否具有管辖权以及管辖法院的确定问题

典型案例： OPPO 广东移动通信有限公司等诉夏普株式会社等标准必要专

利许可纠纷管辖权异议纠纷案。[1]

基本案情：夏普株式会社、赛恩倍吉日本株式会社均是在日本成立的公司。2020 年 3 月 25 日，OPPO 广东移动通信有限公司（以下简称“OPPO 公司”）、OPPO 广东移动通信有限公司深圳分公司（以下简称“OPPO 深圳公司”）以夏普株式会社、赛恩倍吉日本株式会社为共同被告，提起标准必要专利许可纠纷诉讼。OPPO 公司、OPPO 深圳公司起诉请求为：①确认夏普株式会社、赛恩倍吉日本株式会社在许可谈判中的相关行为违反 FRAND 义务或者违反诚实信用原则，包括但不限于不合理拖延谈判进程，拖延保密协议的签署，未按交易习惯向 OPPO 公司、OPPO 深圳公司提供权利要求对照表，隐瞒其曾经作过 FRAND 声明，未经充分协商单方面发起诉讼，以侵权诉讼禁令威胁逼迫 OPPO 公司、OPPO 深圳公司接受其单方面制定的许可条件，过高定价等行为，OPPO 公司、OPPO 深圳公司保留在诉讼过程中针对夏普株式会社、赛恩倍吉日本株式会社其他 FRAND 义务或者诚信原则的行为进行追诉的权利；②就夏普株式会社拥有并有权作出许可的 Wi－Fi 标准、3G 标准以及 4G 标准相关标准必要专利在全球范围内针对 OPPO 公司、OPPO 深圳公司的智能终端产品的许可条件作出判决，包括但不限于许可使用费率；③判令夏普株式会社、赛恩倍吉日本株式会社赔偿 OPPO 公司、OPPO 深圳公司因违反 FRAND 义务给 OPPO 公司、OPPO 深圳公司造成的经济损失共计人民币 300 万元。夏普株式会社在提交答辩状期间，对案件提出管辖权异议，请求：①驳回起诉；②如果上述请求不能全部满足，则依法裁定驳回该案中侵权纠纷起诉，裁定将涉及中国专利在中国范围的许可条件纠纷移送广州知识产权法院管辖，驳回涉及其他国家或地区的专利许可条件的起诉。赛恩倍吉日本株式会社亦提出管辖权异议，同意夏普株式会社意见，并认为其与该案侵权纠纷及专利许可纠纷均无关系，不应成为该案被告。深圳市中级人民法院裁定驳回了被告夏普株式会社、赛恩倍吉日本株式会社提出的管辖权异议。两

[1] 参见广东省深圳市中级人民法院（2020）粤 03 民初 689 号民事裁定书、最高人民法院（2020）最高法知民辖终 517 号民事裁定书。

被告不服一审裁定，向最高人民法院提起上诉。

法院裁判：第一，关于中国法院对该案是否具有管辖权的问题。最高人民法院认为，夏普株式会社、赛恩倍吉日本株式会社系外国企业，且在中国境内没有住所和代表机构。针对在中国境内没有住所和代表机构的被告提起的涉外民事纠纷案件，中国法院是否具有管辖权，取决于该纠纷与中国是否存在适当联系。判断标准必要专利许可纠纷与中国是否存在适当联系，应结合该类纠纷的特点予以考虑。从司法实践来看，该类纠纷具有合同纠纷的某些特点，例如可能需要根据磋商过程确定各方关于包括许可费率在内的许可条件存在的分歧或已达成的部分合意等。从专利侵权纠纷的某些特点来看，可能需要判断作为许可标的的专利是否属于标准必要专利或者标准实施者是否实施了该专利以及该专利的有效性如何。但是，标准必要专利许可纠纷的核心是诉请法院确定特定许可条件或者内容，促使各方最终达成许可协议或者履行许可协议，因此，可以视为一种相对更具有合同性质的特殊类型纠纷。综合考虑该类纠纷的上述特点，在被告系外国企业且其在中国境内没有住所和代表机构的情况下，该纠纷与中国是否存在适当联系的判断标准，可以考虑专利权授予地、专利实施地、专利许可合同签订地或专利许可磋商地、专利许可合同履行地、可供扣押或可供执行财产所在地等是否在中国境内。只要前述地点之一在中国境内，则应认为该案件与中国存在适当联系，中国法院对该案件具有管辖权。该案中，作为许可标的的标准必要专利组合涉及多项中国专利，OPPO公司、OPPO深圳公司实施涉案标准必要专利的制造行为发生在中国，当事人曾就涉案标准必要专利许可问题在中国深圳进行过磋商，故中国法院无论是作为专利权授予地法院，还是涉案标准必要专利实施地法院，抑或是涉案标准必要专利许可磋商地法院，均对该案依法具有管辖权。夏普株式会社、赛恩倍吉日本株式会社上诉主张该案不属于中国法院管辖范围，理据不足，法院不予支持。

第二，关于原审法院对该案行使管辖权是否适当的问题。最高人民法院认为，如前所述，标准必要专利许可纠纷是兼具合同纠纷和专利侵权纠纷特点的特殊类型纠纷。标准必要专利纠纷应由哪个中国法院管辖，可以根据具体情况考虑专利权授予地、专利实施地、专利许可合同签订地或专利许可磋商地、专利许可合同履行地、可供扣押或可供执行财产所在地等管辖连接点。该案中，当事人尚未达成许可协议，无法以专利许可合同签订地或履行地作为案件管辖连接点。OPPO深圳公司作为OPPO公司的全资子公司，其经营项目包括从事移动通信终端设备软、硬件的开发及相关配套服务，从事手机及其周边产品、配件的技术开发服务，属于涉案标准必要专利的实施主体之一。OPPO深圳公司位于广东省深圳市，其在该地实施该案所涉标准必要专利，故原审法院作为涉案标准必要专利实施地法院，可以对该案行使管辖权。同时，当事人曾就涉案标准必要专利许可问题在中国深圳进行过磋商，故原审法院作为专利许可磋商地法院，亦可以据此对该案行使管辖权。夏普株式会社、赛恩倍吉日本株式会社关于OPPO深圳公司并非该案纠纷主体，不能根据OPPO深圳公司的住所地确定管辖，该案标准必要专利在中国境内的许可纠纷应移送广州知识产权法院管辖的主张，理据不足，法院不予支持。

2. 中国法院对标准必要专利在全球范围内的许可条件作出裁决的问题

典型案例：OPPO公司等诉夏普株式会社等标准必要专利许可纠纷管辖权异议纠纷案。[1]

法院裁判：关于原审法院在该案中是否适宜对涉案标准必要专利在全球范围内的许可条件作出裁决的问题。最高人民法院认为，该案中，OPPO公司和OPPO深圳公司向原审法院起诉，请求就夏普株式会社拥有并有权作出许可的Wi-Fi标准、3G标准、4G标准相关标准必要专利在全球范围内针对其智能终端产品的许可条件作出判决，包括但不限于许可使用费率。经审查，该诉讼请求符合民事诉讼法关于起诉条件的规定，并非《民事诉讼法》规定的人民法院不予受理的情形。

夏普株式会社、赛恩倍吉日本株式会社上诉提出，在其驳回OPPO公司、OPPO深圳公司起诉的上诉主张不能全部满足的前提下，则请求依法裁定驳回

[1] 参见广东省深圳市中级人民法院（2020）粤03民初689号民事裁定书、最高人民法院（2020）最高法知民辖终517号民事裁定书。

OPPO 公司、OPPO 深圳公司关于侵权损害赔偿、裁决 Wi－Fi 标准相关标准必要专利全球许可条件及裁决 3G 标准、4G 标准相关标准必要专利在中国境外的许可条件的起诉。原审法院在该案中是否适宜对涉案标准必要专利在全球范围内的许可条件作出裁决，应在查明该案有关管辖争议的基本事实基础之上，结合标准必要专利许可纠纷的特殊性，予以综合考量。具体而言，该案已查明与上述管辖争议相关的事实如下。

（1）当事人就涉案标准必要专利许可磋商时的意愿范围。在该案所涉标准必要专利许可谈判过程中，夏普株式会社、赛恩倍吉日本株式会社提议许可的整体首选结构为：期间为 5 年，许可专利（许可标准）为期限内拥有的 3G、4G、Wi－Fi、HEVC 标准必要专利，许可范围为全球非独占许可，没有分许可权，仅限于许可标准的实施使用领域。可见，当事人的谈判内容包含了涉案标准必要专利在全球范围内的许可条件。

（2）许可磋商所涉及的标准必要专利权利授予国及分布比例。根据各方当事人提供的初步证据，该案涉及的标准必要专利较多，大部分是中国专利，也有美国、日本等国家的专利。

（3）涉案标准必要专利实施者的主要实施地、主要营业地或者主要营收来源地。OPPO 公司、OPPO 深圳公司的主要营业地在中国，其涉案智能终端产品的制造地和主要销售区域在中国。截至 2019 年 12 月 31 日，OPPO 公司在中国的销售占比为 71.08%，在欧洲的销售占比为 0.21%，在日本的销售占比为 0.07%。从以上数据来分析，OPPO 公司智能终端产品在中国的销售比例远高于其在德国、日本等其他国家的销售比例。

（4）当事人专利许可磋商地或专利许可合同签订地。该案 OPPO 公司、OPPO 深圳公司与夏普株式会社、赛恩倍吉日本株式会社在 OPPO 深圳公司所在地广东省深圳市进行过许可谈判，广东省深圳市可视为当事人专利许可磋商地。

（5）当事人可供扣押或可供执行财产所在地。作为专利许可请求方的 OPPO 公司、OPPO 深圳公司，其在中国境内有可供扣押或可供执行的财产。

基于以上事实可知，其一，该案当事人均有就涉案标准必要专利达成全球范围内许可条件的意愿，且对此进行过许可磋商。当事人协商谈判的意愿范围构成该案具备确定涉案标准必要专利全球范围内许可条件的事实基础。其二，该案标准必要专利许可纠纷显然与中国具有更密切的联系。具体表现为：①该案中，当事人许可磋商所涉及的标准必要专利大部分是中国专利；②中国是涉案标准必要专利实施者的主要实施地、主要营业地或主要营收来源地；③中国是当事人专利许可磋商地；④中国也是专利许可请求方可供扣押或可供执行财产所在地。由中国法院对涉案标准必要专利在全球范围内的许可条件进行裁决，不仅有利于查明 OPPO 公司和 OPPO 深圳公司实施涉案标准必要专利的情况，更便利案件裁判的执行。需要说明的是，如果当事人对于由一国法院裁判标准必要专利全球许可条件能够达成合意，则该国法院当然可以对当事人之间的标准必要专利全球许可条件进行管辖和裁判。但是，管辖合意并非特定法院就标准必要专利全球许可条件进行管辖和处理的必要条件。在当事人具有达成全球许可的意愿且案件与中国法院具有更密切联系的情况下，原审法院在对该案具有管辖权的基础上，认定其适宜对涉案标准必要专利在全球范围内的许可条件作出裁决，并无不当。因此，夏普株式会社、赛恩倍吉日本株式会社前述关于许可费率应分开裁判的上诉理由，理据不足，法院不予支持。

夏普株式会社、赛恩倍吉日本株式会社上诉认为，夏普株式会社已先行在日本、德国等国家和地区针对 OPPO 公司提起了专利侵权损害赔偿诉讼，在计算损害赔偿数额时极可能涉及许可费率问题，该案的受理将与上述在先诉讼形成冲突。法院认为，其一，从已查明的事实来看，上述诉讼所涉及的专利均为其主张的专利侵权行为地所在法域专利，且纠纷的核心问题为是否构成专利侵权，系典型的专利侵权诉讼，该案标准必要专利组合涉及中国、美国、日本等同族专利，且纠纷实质主要是所涉标准必要专利全球许可条件的确定，该案诉讼与上述域外诉讼在核心诉争问题上有明显不同，如域外法院在相关专利侵权诉讼中认定构成侵权，一般也只能就已发生的侵权行为作出赔偿判决，而该案需要确定的是专利许可条件，与侵权损害赔偿在性质上明显不同。其二，《最高人民法院关于适用〈中华人民共和国民事诉讼法〉的解释》（2014 年通过）第 533 条第 1 款规定，“中华人民共和国法院和外国法院都有管辖权的案件，一方当事人向外国法院起诉，而另一方当事人向中华人民共和国法院起诉的，人民法院可予受理。判决后，外国法院申请或者当事人请求人民法院承认和执行外国法院对本案作出的判决、裁定的，不予准许；但双方共同缔结或者参加的国际条约另有规定的除外。”根据上述规定，即便某个案件的平行诉讼正在外国法院审理，只要中国法院对该案件依法具有管辖权，外国法院的平行诉讼原则上也不影响中国法院对该案行使管辖权。因此，夏普株式会社、赛恩倍吉日本株式会社的该项上诉理由亦无事实和法律依据，法院不予支持。

3. 标准必要专利纠纷诉讼中被告适格的确定标准问题

典型案例：OPPO 公司等诉夏普株式会社等标准必要专利许可纠纷管辖权异议纠纷案。[1]

法院裁判：关于赛恩倍吉日本株式会社是否可以作为该案被告。最高人民法院认为，根据《民事诉讼法》（2017 年修正）第 119 条的规定，原告只要能够提供明确的被告，在符合其他受理条件的情况下，人民法院便应当立案受理。该案中，OPPO 公司和 OPPO 深圳公司主张，赛恩倍吉日本株式会社与夏普株式会社在谈判过程中违反 FRAND 义务的行为直接导致 OPPO 深圳公司产生经济损失，构成侵权。根据初步查明的事实，赛恩倍吉日本株式会社与夏普株式会社共同参与了涉案标准必要专利许可的谈判过程，该事实足以证成赛恩倍吉日本株式会社与该案有关的可争辩的管辖连接点。原审法院裁定赛恩倍吉日本株式会社可以作为该案被告，并无不当。至于赛恩倍吉日本株式会社主张的其并非专利权人，与该案纠纷无关等问题，可留待该案实体审理阶段予以认定。

---

[1] 参见广东省深圳市中级人民法院（2020）粤 03 民初 689 号民事裁定书、最高人民法院（2020）最高法知民辖终 517 号民事裁定书。

4. 知识产权级别管辖的确定标准

典型案例： 章节四公司诉广东美联雅服饰股份有限公司侵害商标权纠纷案。[1]

基本案情： 章节四公司是一家美国公司。章节四公司于2019年2月21日以广东美联雅服饰股份有限公司（以下简称“美联雅公司”）、东莞优盟服饰有限公司（以下简称“优盟公司”）为共同被告提起侵害商标权及不正当竞争诉讼。美联雅公司在提交答辩状期间对管辖权提出异议认为，广东省高级人民法院对该案没有管辖权，该案应移送广东省东莞市中级人民法院审理。事实和理由如下：根据《民事诉讼法》（2017年修正）第18条、《最高人民法院关于调整高级人民法院和中级人民法院管辖第一审民商事案件标准的通知》（法发〔2015〕7号）第2条的规定，广东省高级人民法院管辖诉讼标的额3亿元以上的一审民商事案件，所辖中级人民法院管辖诉讼标的额5000万以上的一审民商事案件。该案起诉标的金额为1.01亿元，广东省东莞市中级人民法院作为美联雅公司住所地的中级人民法院，对该案享有管辖权。

法院裁判： 广东省高级人民法院经审查认为，该案系侵害商标权及不正当竞争纠纷。《民事诉讼法》（2017年修正）第19条规定，“高级人民法院管辖在本辖区有重大影响的第一审民事案件。”第28条规定，“因侵权行为提起的诉讼，由侵权行为地或者被告住所地人民法院管辖。”一审法院认为，该案章节四公司以其注册商标专用权以及相关权益受到侵害为由提起诉讼，该纠纷的性质为侵权之诉，根据上述地域管辖的规定，由侵权行为地或被告住所地人民法院管辖。从被告住所地来看，美联雅公司、优盟公司的住所地均在广东省东莞市。从侵权行为地来看，章节四公司主张美联雅公司、优盟公司共同侵权，并提交初步证据显示其生产、销售等经营活动地点包括广东省境内，在广州市、汕头市开设联名店，亦在网站和微信公众号进行宣传活动。再根据上述级别管辖的规定分析，该案原告章节四公司为美国公司，主体具

---

[1] 参见广东省高级人民法院（2019）粤民初32号之二号民事裁定书、最高人民法院（2021）最高法民辖终1号民事裁定书。

有涉外因素，诉讼请求的标的为1.01亿元，金额较大，章节四公司主张其请求保护的商标和商品名称知名度高，因此该纠纷在广东省辖区具有重大影响。按照地域管辖和级别管辖的规定，一审法院对该案具有管辖权。依照《民事诉讼法》（2017年修正）第19条、第28条、第127条第1款的规定，一审法院裁定驳回美联雅公司对该案管辖权提出的异议。

最高人民法院认为，根据被上诉人章节四公司一审的诉讼请求，该案系商标侵权及不正当竞争纠纷。《民事诉讼法》（2017年修正）第28条规定，“因侵权行为提起的诉讼，由侵权行为地或者被告住所地人民法院管辖。”《最高人民法院关于适用〈中华人民共和国民事诉讼法〉的解释》（2014年通过）第24条规定，“民事诉讼法第二十八条规定的侵权行为地，包括侵权行为实施地、侵权结果发生地”。根据前述法律和司法解释规定，被诉侵权行为实施地、侵权结果发生地、被告住所地人民法院均有权管辖。根据章节四公司提交的初步证据显示，该案中被诉的生产、销售等经营活动地点包括广东省境内，在广州市、汕头市开设联名店等。

《民事诉讼法》（2017年修正）第19条规定，“高级人民法院管辖在本辖区有重大影响的第一审民事案件。”《最高人民法院关于调整地方各级人民法院管辖第一审知识产权民事案件标准的通知》（法发〔2010〕5号）第1条规定，“高级人民法院管辖诉讼标的额在2亿元以上的第一审知识产权民事案件，以及诉讼标的额在1亿元以上且当事人一方住所地不在其辖区或者涉外、涉港澳台的第一审知识产权民事案件。”该案被上诉人章节四公司为美国公司，诉讼请求标的额为1.01亿元，已超过1亿元，属于诉讼标的额在1亿元以上且涉外的第一审知识产权民事案件。《最高人民法院关于调整高级人民法院和中级人民法院管辖第一审民商事案件标准的通知》（法发〔2015〕7号）第6条规定，“本通知调整的级别管辖标准不涉及知识产权案件、海事海商案件和涉外涉港澳台民商事案件。”故美联雅公司管辖异议依据不足，不能成立。广东省高级人民法院对该案实行级别管辖符合相关规定，对该案具有管辖权，一审认定并无不当。综上，裁定驳回上诉，维持原裁定。

5. 转委托的合法性问题

典型案例：纳益其尔诉知妆客化妆品店侵害商标权纠纷案。[1]

基本案情：2019年9月1日，纳益其尔出具授权委托书，内容为：现纳益其尔授权广东卓建律师事务所律师陈某、广东圣方律师事务所律师邹某作为纳益其尔的委托代理人，代表纳益其尔在中国范围内就任何侵害纳益其尔商标权及不正当竞争等侵犯纳益其尔知识产权的行为产生的维权行动，在法院、工商部门、版权局、市场监督管理局、专利部门等行政机关，公安、检察院等司法机关，各公证处及各电商平台等面前，行使包括但不限于以下权限：代为调查取证、申请证据保全公证，代为制作、签署及发送律师函、警告函、起诉状、投诉书、鉴定书等任何与知识产权维权相关的法律文书；代为提起行政投诉、刑事控告、民事诉讼等，代为承认、变更或放弃诉讼请求，代为撤诉、和解、调解，代为提起上诉、申请执行及接收赔偿款等，并有权在上述代理权限内转委托第三方行使前述任何行为，委托期限自2019年9月15日至2020年8月14日。2020年3月9日，邹某依据上述授权，以纳益其尔名义提起该案诉讼，并在起诉状具状人纳益其尔处作为特别授权代理人签名并捺手印。2020年7月，邹某将其代理权限转委托给广东端庆律师事务所律师佘某某、林某某作为该案纳益其尔委托代理人行使。

法院裁判：关于一审代理律师是否具有代理资格的问题。佛山市中级人民法院认为，知妆客化妆品店上诉主张一审代理律师佘某某、林某某不具有代理资格。法院经核查，2019年9月1日，纳益其尔向广东圣方律师事务所律师邹某出具授权委托书，委托权限包括在中国范围内对涉嫌侵害纳益其尔知识产权的行为进行调查取证、申请保全公证、提起民事诉讼、转授权等，该授权委托经过韩国的公证事务所公证，中国驻韩国大使馆领事部和韩国外交部认证。2020年3月和7月，邹某律师就该案纠纷向广东端庆律师事务所律师佘某某、林某某出具授权委托书，委托佘某某、林某某律师为该案一审、

[1] 参见广东省佛山市禅城区人民法院（2020）粤0604民初8916号民事判决书、广东省佛山市中级人民法院（2021）粤06民终4304号民事判决书。

二审阶段的诉讼代理人，代理权限为特别授权。上述授权合法有效，佘某某、林某某有权作为纳益其尔的委托诉讼代理人参加诉讼，具有代理资格。

五、2021 年广东涉外知识产权纠纷案件的启示和建议

（一）知识产权保护力度不断加强，企业面临的知识产权侵权风险和成本不断加大

知识产权制度是创新发展的基本保障，保护知识产权就是保护创新。2021 年 10 月 9 日，国务院印发《“十四五”国家知识产权保护和运用规划》，规划强调要“坚持强化知识产权保护”，明确提出要“加强知识产权全链条保护，统筹推进知识产权审查授权、行政执法、司法保护、仲裁调解、行业自律、公民诚信等工作，构建严保护、大保护、快保护、同保护的工作格局，全面提升保护能力，着力营造公平竞争的市场环境”。

随着知识产权保护力度的不断加强、保护水平的不断提升，企业在生产经营中面临的知识产权侵权风险越来越高。在乐高公司诉美致公司等侵害商标权及不正当竞争纠纷案[1]中，广东省高级人民法院认为，该案虽因不需要给予跨类保护而无需司法认定涉案商标为驰名商标，但在乐高公司事实上已提供了大量证据证明涉案“LEGO”“乐高”商标为相关公众所熟知的情况下，应给予与涉案商标知名度相匹配的司法保护力度，及时制止使用“乐拼”中英文系列被诉标识的侵权行为，考虑该案所涉侵权产品的整体获利远超 1.6 亿元，该院对乐高公司要求赔偿经济损失与合理维权费用共计 3 亿元的诉讼请求，予以全额支持。广州知识产法院审理的华为公司诉捷普电子公司侵害发明专利权纠纷案涉及光伏产业核心技术，广州知识产权法院一审判赔 5 亿元，创下广州知识产权法院建院以来专利类案件中判赔最高数额。

（二）重视知识产权侵权风险的防控，已经成为企业经营者的必修课

随着司法保护力度的不断提升、侵权赔偿金额的不断增加，侵权者不仅难以通过知识产权侵权获利，反而可能被判决承担巨额的赔偿费用，导致身

[1] 参见广东省高级人民法院（2020）粤民终 1642 号民事判决书。

败名裂、倾家荡产。这就要求企业在生产经营过程中，更加重视知识产权的风险防控工作。具体而言，应当做好以下几个方面的工作。

首先，坚决不“火中取栗”，故意侵犯其他的知识产权。一些企业和个人在生产经营过程中，有意甚至恶意抄袭他人的技术方案、设计方案和作品，有意甚至恶意“傍名牌”“搭便车”，通过侵犯他人的知识产权谋求不当甚至非法利益。实际上，这些貌似普通的牟利行为，存在非常大的法律风险，行为人不仅会因此承担一定的民事责任，还可能因此而受到行政处罚，甚至可能因此而构成刑事犯罪，承担刑事责任。

其次，努力避免“无心之失”，无意间侵犯他人的知识产权。企业在生产经营的过程中，不仅要杜绝恶意侵权的行为，也要加强对知识产权保护制度的了解，增强法律意识，防止企业因认识性错误而侵犯他人的知识产权。为避免侵犯他人知识产权，降低或者消除知识产权侵权风险，企业要加强企业内部的知识产权人才队伍建设，要定期组织对企业研发人员知识产权知识的培训，提高企业内部人员的法治意识和法律水平，形成保护知识产权的企业文化。企业管理者也要提高知识产权保护意识，增强对知识产权侵权的风险控制和风险管理的能力，在企业日常经营管理决策中要充分考虑知识产权问题，将知识产权风险防范作为一项常规的管理工作，进而提高企业对知识产权风险的整体防控能力。企业应当合法、诚信经营，力争将知识产权侵权风险降到最低水平。在罗伊视效动漫有限公司诉佛山市好万家商业有限公司等著作权权属、侵权纠纷案[1]中，佛山市中级人民法院明确指出：合法经营、诚实经营是市场主体应当遵循的基本原则和要求。合法经营自然应当包含依照法律规定的形式和要求开展经营活动。而在经营过程中，对于以保护经营者合法权益为目的的法律规定，经营者应当通过不断学习法律知识，提高自己合法经营的能力和水平，防止出现因疏忽落入侵害他人知识产权的境地。唯有如此，方能确保自己的合法经营得到法律的保护。

[1] 参见广东省佛山市禅城区人民法院（2020）粤0604民初29566号民事判决书、广东省佛山市中级人民法院（2021）粤06民终10988号民事判决书。

第二章　2021年广东涉外知识产权行政保护

一、引　言

2021年，广东省涉外知识产权行政执法为健全知识产权治理体系、强化知识产权保护作出了巨大贡献。党的十九大提出要“推动有效市场和有为政府更好结合”，广东涉外知识产权行政执法契合国家治理现代化改革的大方向，是确保知识产权领域中“私法自治”原则实现的重要保障。《“十四五”国家知识产权保护和运用规划》（以下简称“十四五”知识产权规划），对“十四五”时期知识产权保护和运用作出全面部署，明确了知识产权执法的重点任务。《知识产权强国建设纲要（2021—2035年）》（以下简称《纲要》）描绘了我国加快建设知识产权强国的宏伟蓝图。针对知识产权行政保护的特点，《纲要》在总体上对知识产权行政保护体系提出了“便捷高效、严格公正、公开透明”三方面要求，并从健全知识产权行政执法体制机制、健全知识产权行政司法体制机制及建立、完善知识产权行政保护的跨区域、跨部门和跨境机制三个方面进行了具体部署。

鉴于此，为进一步优化与完善广东涉外知识产权行政执法，完善知识产权行政执法相关法律法规，准确界定知识产权行政执法与司法保护的关系，破解知识产权行政执法体制机制障碍。在数字化时代，广东要从技术层面与制度层面提升涉外知识产权数字行政执法能力，以应对网络技术、数据技术等新业态、新模式对涉外知识产权行政执法提出的挑战。

（一）涉外知识产权行政执法符合现代国家治理效率的基本理念

涉外知识产权行政执法符合现代治理效率的基本理念。现代国家治理基本原则之一是治理效率，即公正、正确地管理公共开支，以最小的公共开支与管理活动成本获得最大的收益。广东涉外知识产权行政执法就是基于这样一种理念设计的，即创新生活中的知识产权纠纷众多，如不分级别、不分类型地全数涌入司法途径，既给权利人带来极大不便，又给社会资源带来极大浪费，不符合治理效率的基本原则。而国家将不同知识产权纠纷按事态缓急、复杂程度进行分类、分级，提供一张由司法、行政执法、调解、仲裁等不同保护手段编织起来的保护网，更符合现代国家治理效率的基本理念。

（二）涉外知识产权行政执法符合国际知识产权治理的发展趋势

涉外知识产权行政执法符合国际条约的相关规定。例如，TRIPS 第三部分“知识产权的实施”即对知识产权行政程序及补救的规则进行了规定。另外，域外也多有知识产权行政执法的立法例和实践。例如，日本知识产权行政执法由海关与警视厅负责，其中，海关是知识产权侵权认定的机构，警视厅则负责调查知识产权犯罪行为。美国负责知识产权保护的部门较多，如根据美国1930年关税法中“337条款”的规定，国际贸易委员会（ITC）负责对侵犯知识产权的进出口商品案件调查并发布禁令，海关则负责执行落实。在立法例上，美国2008年颁布了优化知识产权资源与组织法案；2010年颁布了知识产权执法联合战略计划，对散布在各部门中的知识产权执法职能进行优化与协调。这些都表明涉外知识产权司法诉讼与行政执法并行是当今世界多数国家和地区保护知识产权的通行做法。

（三）依法科学配置和行使有关知识产权行政部门的调查权、处罚权和强制权

科学行使执法权包括个案和整体两个层面。就个案而言，行政行为要有合法性和合理性。首先，执法权必须依法行使，包括程序合法和实体合法两个方面。其次，一切行政执法活动中必然涉及自由裁量，其目的是达致实质正义，即“合理性”，而非一刀切的形式正义。因此，行政执法权的行使一方面要因地、因时、因事、因人制宜；另一方面要以法的精神、原理、原则行使裁量权。

（四）建立统一协调的执法标准、证据规则和案例指导制度

执法标准和规则实际上是对行政执法合法性、合理性的进一步细化。一方面，立法者应尽可能在法律法规层面完善行政执法标准和规则，为执法者提供明确的指引；另一方面，执法者在法律法规之下拥有相对的自由裁量权，但必须在自由裁量中体现公平、公正，不能滥用裁量权。这就需要执法者在具体案件的自由裁量中遵循相对一致的规则，将裁量权限制到为达致实质正义所需的最小限度。

（五）大力提升知识产权行政执法人员专业化、职业化水平，探索建立知识产权行政保护技术调查官制度

行政执法的重要功能和作用之一是建构和维护秩序。这种对秩序的构建和维护与执法人员的素质密切相关，包括政治思想品质素质、文化知识和业务能力素质，以及法律知识、法律意识和法治观念方面的素质。鉴于知识产权之高度专业性，执法者业务能力素质尤其重要，广东省各行政管理部门进行了大量培训，并实施了人才提升计划，不断提高执法队伍的专业化、信息化和规范化水平。

（六）建设知识产权行政执法监管平台，提升执法监管现代化、智能化水平

新业态、新技术的出现使得行政执法面临更严峻的挑战，但信息网络也构成辅助执法的有效工具。可整合构建各知识产权门类和执法信息的共享平台，利用信息化手段加强违法监管工作，如将故意侵犯知识产权的行为纳入企业和个人信用记录。在执法信息共享平台基础上，可利用移动终端等工具辅助执法。可充分利用网络技术手段，包括大数据分析、人工智能识别等，对侵权行为进行自动化监控和取证，并常态化保存权利证据及可能存在的侵权活动证据。

（七）建立完善知识产权侵权纠纷检验鉴定工作体系

与其他领域相比，知识产权侵权纠纷的事实问题更为复杂，技术事实既包括客观事实部分，又涉及对客观事实的主观理解。后者正是技术调查官或咨询专家所能辅助的工作，前者则属检验鉴定工作。在人工智能技术日益发达的背景下，有可能以之代替人工作业，可以在过去人力所不能及之处进行

分析和对比，同时避免检验鉴定工作受人的主观性和第三方影响。但同时也要警惕“算法歧视”——任何算法都由人来设计，有可能存在系统性偏差。推而广之，任何技术均系如此。因此，在整体上，当涉及检验鉴定工作体系所使用的技术时，要先对技术进行充分审计，以确保其中立性。

（八）发挥专利侵权纠纷行政裁决制度作用，加大行政裁决执行力度

知识产权行政裁决制度限于对涉案行为是否构成侵权进行认定，并不涉及对侵权赔偿额的确定。对于行政裁决认定侵权并责令停止侵权的案件，若侵权人期满不起诉又不停止侵权，行政机关可申请人民法院强制执行。与司法诉讼相比，行政裁决制度能发挥及时、高效的优势，快速解决侵权纠纷，及时恢复健康的市场秩序。其与司法保护构成互为补充、相互支援的体系。例如，对成本敏感、市场时效性强的中小微企业，行政裁决可发挥效率优势，及时定纷止争。这不仅有利于权利人及时维权，也有助于侵权人及时调整正确经营方向，有利于社会经济发展和社会稳定。

（九）完善跨区域、跨部门执法保护协作机制

知识产权行政保护往往具有鲜明的地方性特征，行政机关一般对辖区内的违法、侵权活动进行处理。这与形成国内统一大市场的要求存在一定矛盾。因此，对知识产权的行政保护，一方面要强调破除地方保护主义；另一方面要强调跨区域协作，例如案件信息的共享，便利取证的合作，重大案件、跨区域案件的协作调查（包括取证、检验、鉴定等），行政强制手段的相互配合等。

（十）建立对外贸易知识产权保护调查机制和自由贸易试验区知识产权保护专门机制

对外贸易是我国国民经济重要组成部分，与国内投资、消费一起构成我国经济增长的三大引擎。近年来，我国对外贸易结构正在经历从劳动密集型产品为主向技术密集型产品为主的转变，对外贸易中知识产权保护因此愈显重要。我国企业在海外有可能遇到复杂多样的挑战：既有产品、服务和技术输出遭遇的以知识产权为名的恶意打压，也有我国企业之不正当行为的境外外溢，还有我国企业之知识产权在海外受到侵害。

二、2021 年广东涉外知识产权行政执法保护制度建设

（一）全国涉外知识产权行政执法保护制度建设

1. 法律法规

2020 年修正的《专利法》自 2021 年 6 月 1 日起实施。其中，涉及专利行政执法相关条款修订。具体包括：①加强对专利权人合法权益的保护，包括加大对侵犯专利权的赔偿力度、引入最高五倍的惩罚性赔偿、法定赔偿上限提高到 500 万元。完善举证责任，完善诉前行为保全措施，完善专利行政保护，新增诚实信用原则、专利权期限补偿制度、药品专利期限补偿和纠纷早期解决机制等；②促进专利实施和运用，包括完善职务发明制度、新增专利开放许可制度、加强专利转化服务等；③完善专利审查制度，包括进一步完善外观设计保护相关制度、增加对局部外观设计的保护和外观设计国内优先权制度等。

2020 年修正的《著作权法》自 2021 年 6 月 1 日起实施。其中，涉及著作权行政执法相关条款修订。具体包括：①增加作品登记制度；②加强对著作权人合法权益的保护，包括加大对侵犯著作权的赔偿力度、增加权利许可使用费的背书作为赔偿金额的计算参照等。

2. 司法解释

《最高人民法院关于知识产权侵权诉讼中被告以原告滥用权利为由请求赔偿合理开支问题的批复》（法释〔2021〕11 号）于 2021 年 5 月 31 日由最高人民法院审判委员会第 1840 次会议通过，自 2021 年 6 月 3 日起施行。最高人民法院指出，在知识产权侵权诉讼中，被告提交证据证明原告的起诉构成法律规定的滥用权利损害其合法权益，依法请求原告赔偿其因该诉讼所支付的合理的律师费、交通费、食宿费等开支的，人民法院依法予以支持。被告也可以另行起诉请求原告赔偿上述合理开支。

《最高人民法院关于审理侵害知识产权民事案件适用惩罚性赔偿的解释》（法释〔2021〕4 号）于 2021 年 2 月 7 日由最高人民法院审判委员会第 1831 次会议通过，自 2021 年 3 月 3 日起施行。其中，第 4 条规定，对于侵害知识

产权情节严重的认定，人民法院应当综合考虑侵权手段、次数，侵权行为的持续时间、地域范围、规模、后果，侵权人在诉讼中的行为等因素。被告有因侵权被行政处罚或者法院裁判承担责任后，再次实施相同或者类似侵权行为的情形，人民法院可以认定为情节严重。第6条规定，人民法院依法确定惩罚性赔偿的倍数时，应当综合考虑被告主观过错程度、侵权行为的情节严重程度等因素。因同一侵权行为已经被处以行政罚款或者刑事罚金且执行完毕，被告主张减免惩罚性赔偿责任的，人民法院不予支持，但在确定前款所称倍数时可以综合考虑。

3. 国家政策

（1）《2021年全国知识产权行政保护工作方案》

2021年3月3日，国家知识产权局印发《2021年全国知识产权行政保护工作方案》，要求坚持以习近平新时代中国特色社会主义思想为指导，按照《关于强化知识产权保护的意见》要求，强化问题意识、坚持问题导向，对群众反映强烈、社会舆论关注、侵权假冒多发的重点领域和区域，要重拳出击、整治到底、震慑到位。持续营造良好创新环境和营商环境，为贯彻新发展理念、构建新发展格局、推动高质量发展提供有力保障。

（2）《关于技术调查官参与专利、集成电路布图设计侵权纠纷行政裁决办案的若干规定（暂行）》

为深入贯彻习近平总书记在中央政治局第二十五次集体学习时的重要讲话精神，落实中共中央办公厅、国务院办公厅发布的《关于强化知识产权保护的意见》中关于在知识产权行政执法案件处理中引入技术调查官制度的要求，2021年5月7日，国家知识产权局印发《关于技术调查官参与专利、集成电路布图设计侵权纠纷行政裁决办案的若干规定（暂行）》。

（3）《重大专利侵权纠纷行政裁决办法》

为认真贯彻落实党中央、国务院关于全面加强知识产权保护的决策部署，切实维护公平竞争的市场秩序，保障专利权人和社会公众的合法权益，依法依规办理在全国有重大影响的专利纠纷行政裁决案件，根据《专利法》和有关法律、法规、规章，国家知识产权局制定并发布《重大专利侵权纠纷行政裁决办法》，自2021年6月1日起施行。

（4）《药品专利纠纷早期解决机制行政裁决办法》

为认真贯彻落实党中央、国务院关于全面加强知识产权保护的决策部署，切实维护专利权人合法权益，鼓励药物研发创新，依法依规办理涉药品上市审评审批过程中的专利纠纷行政裁决案件，根据《专利法》和有关法律、法规、规章，按照《药品专利纠纷早期解决机制实施办法（试行）》有关规定，国家知识产权局制定《药品专利纠纷早期解决机制行政裁决办法》，并于2021年7月5日发布，自发布之日起施行。

（二）广东省涉外知识产权行政执法保护制度建设

1.《广东省知识产权保护条例》

2022年3月29日，广东省十三届人大常委会第四十一次会议表决通过了《广东省知识产权保护条例》（以下简称《条例》）。该《条例》于2022年5月1日起施行，以知识产权"严保护、大保护、快保护、同保护"为原则，为广东统筹推进知识产权的各项工作提供法律依据和制度保障，助力广东打造知识产权保护新高地。

（1）知识产权"严保护"

知识产权"严保护"是《条例》中一个明确的政策导向。《条例》围绕知识产权保护工作的重点难点，构建了严格的知识产权保护体系。创新是引领发展的第一动力，保护知识产权就是保护创新。在广东省人大代表、广东省人大常委会委员、广东省律师协会副会长刘涛看来，《条例》明确了知识产权"严保护"的立法导向，明确了相关知识产权侵权行为的从重处罚，并设立了知识产权失信惩戒制度和知识产权行政保护专项行动等，为知识产权保护提供了有利的法律保障。[1]

《条例》指出了应当予以从重处罚和可以予以从重处罚的情形。该情形具体包括对知识产权侵权行为作出的行政处罚决定或者知识产权侵权纠纷行政

---

[1] 省人大常委会会议审议通过《广东省知识产权保护条例》将加强对"老字号"企业知识产权的保护［EB/OL］.（2022－03－30）［2022－05－15］. https：//mp. weixin. qq. com/s/_ZwfUZ0yqVJcl6QVnc3OcA.

裁决、司法判决生效后，自然人、法人和非法人组织以相同行为再次侵犯同一知识产权的，负责知识产权保护的主管部门应当对其从重处罚；负责知识产权保护的主管部门在查处知识产权违法行为过程中，要求当事人提供相关证据材料，当事人无正当理由拒不提供或者伪造、销毁、隐匿有关证据材料的，负责知识产权保护的主管部门根据查明的违法事实实施行政处罚时，可以对其从重处罚。

同时，《条例》还分别对商标保护、作品著作权保护、商业秘密保护、老字号知识产权保护以及新领域新业态等保护进行了有效规制，要求相关部门引导老字号商事主体通过申请专利、注册商标、登记著作权、申请地理标志产品保护以及商业秘密保护等方式维护自身合法权益。

对此，广东省人大常委会立法咨询专家、广东外语外贸大学法治研究中心副主任朱最新教授认为，广东拥有众多“老字号”企业，这些企业蕴含广东传统文化的内涵，凝聚独特的历史价值，承载百姓的情感和记忆。而知识产权保护不够则是造成“老字号”企业生存困难的重要原因之一，因而有必要在法规上强化政府相关部门对老字号知识产权保护的指导和引领。

（2）健全知识产权鉴定结果互认制度

近年来，广东知识产权保护工作水平不断提升，知识产权综合发展指数连续8年位居全国第一。但同时，在知识产权保护的统筹协调机制、多方协同保护与纠纷解决机制、市场主体应对海外知识产权纠纷等方面仍存在一些问题。

具体来讲，知识产权行政执法是知识产权保护的重要环节，知识产权领域重大案件执法涉及多个部门协作，且侵犯知识产权和制假售假案件常常呈现“跨领域、跨区域”等特点。对此，《条例》明确规定：广东省人民政府应当建立和完善知识产权执法协作机制，建立统一协调的执法标准、证据规则和案例指导制度，健全知识产权违法线索通报、案件流转、执法联动、检验鉴定结果互认等制度，加强跨部门、跨地区知识产权案件的办案协作。

同时，为了解决知识产权案件专业性较强、调查取证较难的问题，《条例》规定广东省人民政府应当建立知识产权行政保护技术调查官制度，为调查专业技术性较强的知识产权案件提供技术支持。

（3）设立快速确权维权纠纷处理机制

强化知识产权保护，一个很重要的维度就是"快保护"。一直以来，权利人维护自身合法权益时均面临着"周期长、取证难、成本高、赔偿低"的问题。

对此，《条例》要求建立专利侵权纠纷等快速处理机制，规定负责知识产权保护的主管部门可以委托下级部门或者知识产权领域管理公共事务的组织处理专利侵权纠纷；可以委托下级部门对专利代理违法行为实施行政处罚。

广东省人大代表、广东百科律师事务所主任黄建水认为，"条例关于知识产权保护中建立'快速通道'的规定，切实回应了社会对知识产权'加速保护'的关切。"同时，这些条款的规定在快速保护知识产权的基础上也作出一定的限制，并非一味求"快"。

（4）引导建立知识产权海外维权联盟

推动广东更快地融入世界经济发展，不仅需要更高水平的"引进来"，还需要更大力度的"走出去"。《条例》创新提出营造知识产权"同保护"的重要举措，以营造良好的市场竞争环境。

《条例》明确规定，广东省人民政府应当强化粤港澳大湾区知识产权合作机制建设，并依托粤港、粤澳及泛珠三角区域知识产权合作机制，推动知识产权保护协作、纠纷解决、信息共享、学术研究、人才培养等工作。

同时，《条例》规定，有关部门对具有重大影响的国际知识产权事件、国外知识产权法律修改变化情况进行分析、研究，并提供知识产权领域风险预警等服务，引导重点产业的企业、行业协会、商会等建立知识产权海外维权联盟，设立海外维权援助服务基金等内容，将不断提高海外知识产权纠纷应对能力。

（5）《条例》知识产权行政执法保护具体条款

其中，关于知识产权行政执法保护的条款如下。①第 22 条规定了司法保护与行政执法衔接。负责知识产权保护的主管部门、相关部门和司法机关建立和完善知识产权保护行政执法和司法衔接机制，推动知识产权领域行政执法标准和司法立案追诉、裁判标准协调衔接。负责知识产权保护的主管部门和相关部门在处理知识产权案件中发现犯罪线索的，应当及时向司法机关移送。②第 23 条规定了信息通报和共享。负责知识产权保护的主管部门、相关部门和司法机关应当加强知识产权行政执法和司法信息共享，定期通报和共享知识产权工作信息，在知识产权案件违法线索、监测数据、典型案例等方面加强信息互通。③第 24 条规定，负责知识产权保护的主管部门在处理知识产权纠纷案件时，可以依法先行调解。负责知识产权保护的主管部门、司法行政部门应当与人民法院开展诉调对接工作，探索依当事人申请的知识产权纠纷行政调解协议司法确认制度，畅通线上线下调解与诉讼对接渠道。负责知识产权保护的主管部门、司法行政部门应当加强知识产权纠纷调解机制建设，支持和指导知识产权保护中心、快速维权中心以及相关社会组织建立调解组织，开展知识产权纠纷调解，公平、高效处理知识产权纠纷。④第 28 条规定，企业、高等学校、科研机构以及其他从事知识产权相关活动的单位和个人应当增强知识产权保护意识和能力，履行知识产权保护义务，接受负责知识产权保护的主管部门和相关部门的指导、监督和管理，配合行政机关的执法活动。⑤第 32 条规定，负责知识产权保护的主管部门和有关行政管理部门应当指导专业市场开办者建立健全专业市场知识产权保护机制，引导专业市场建立知识产权纠纷快速处理机制。⑥第 40 条规定，负责知识产权保护的主管部门、司法行政部门建立健全知识产权维权援助工作体系，推动有条件的地区和行业成立知识产权维权援助组织，支持知识产权服务行业协会组织开展公益代理和维权援助。⑦第 42 条规定，司法行政部门应当会同负责知识产权保护的主管部门加强公证电子存证技术的推广应用，指导公证机构优化服务知识产权保护的公证流程，创新公证证明和公证服务方式，依托电子签名、数据加密、区块链等技术，为知识产权维权取证等提供公证服务。

2. 广东省发布《高价值专利布局工作指南》地方标准

2021 年 11 月 26 日，广东省市场监督管理局（知识产权局）发布了关于征求广东省地方标准《高价值专利培育布局工作指南（征求意见稿）》意见的公告。广东省市场监督管理局（知识产权局）批准发布《高价值专利培育布局工作指南》地方标准，自 2022 年 7 月 20 日实施。《高价值专利培育布局指南》在总结梳理企业、高等学校、科研机构等创新主体开展高价值专利培育布局工作的现状和存在问题的基础上，充分吸收粤港澳大湾区高价值专利培育布局大赛优秀项目的经验及广东省高价值专利培育布局中心建设的经验，围绕目标、导向、工具、流程等维度，提出了贯穿创新主体研发全过程的高价值专利培育布局的工作目标和程序，具体包括商业化技术需求分析、技术研发、专利挖掘、专利布局、专利申请前评估、高质量专利申请文件形成、专利申请文件质量检查、专利申请管理、专利授权后管理、专利导航、专利分级分类等，为企业、高等学校、科研机构等创新主体的高价值专利培育布局工作提供指导性建议，提升高价值专利培育布局工作的质量和效能，助推经济社会高质量发展。

近年来，广东省知识产权局通过打造一批高价值专利培育布局中心，引导创新主体建设以专利为核心的“产学研 + 知识产权服务”协同创新机制，着力培养了一批创新度高、市场前景好、竞争力强的高价值专利。在高价值专利培育布局中心的示范引领下，广东省专利质量显著提升。截至 2021 年底，全省有效发明专利量 43.96 万件，居全国首位；累计 PCT 专利申请量 23.33 万件，连续 20 年保持全国第一；全省知识产权综合发展指数连续 9 年位列全国首位，为全省高质量发展提供了有力支撑。

近年来，广东省知识产权局围绕高价值专利培育布局工作，主要开展以下工作：一是建设广东省高价值专利培育布局中心。围绕广东省重点培育发展的战略性产业集群，累计建设省市两级高价值专利培育布局中心 273 个，分布在广东省 21 个地市。据统计，2018—2021 年，各中心发明专利授权 5.9 万件，占全省发明专利授权量比重达 20.6%。在专利运营方面，各中心共许可专利 678 件，质押专利 561 件，彰显了专利的高价值属性。二是深入开展专利导航构筑产业专利池。截至 2021 年底，共完成 38 个战略性新兴产业领域的专利导航，形成专利分析及预警报告 180 余份，召开系列报告会 120 余场，向政府部门和逾 1.3 万家企事业单位发布成果，建立 38 个战略性新兴产业专利信息专题数据库，促进重点产业提质增效和企业创新发展。三是举办粤港澳大湾区高价值专利培育布局大赛。2018—2021 年，联合香港特别行政区政府知识产权署、澳门特别行政区政府经济及科技发展局、广东省内地级市人民政府连续举办三届粤港澳大湾区高价值专利培育布局大赛，倡导高价值专利培育布局理念，展现高价值专利培育布局成果，树立高价值专利培育布局标杆，引导带动一批省内的创新主体积极开展高价值专利培育布局工作。

《中华人民共和国国民经济和社会发展第十四个五年规划和 2035 年远景目标纲要》首次将“每万人口高价值发明专利拥有量”纳入经济社会发展主要指标，并明确到 2025 年达到 12 件的预期目标。推动经济社会高质量发展，离不开高价值专利的支撑。在此背景下，广东省知识产权局组织团队，在全面总结高价值专利培育布局中心工作经验的基础上，编制形成《高价值专利培育布局工作指南》广东省地方标准，提出贯穿创新主体研发全过程的高价值专利培育布局工作程序，为企业、高等学校、科研机构等创新主体开展高价值专利培育布局工作提供了标准路径，有效提升高价值专利培育布局工作的质量和效能，助推经济社会高质量发展。

3. 广东省发布《企业知识产权国际合规管理规范》

2021 年 12 月 19 日，广东省知识产权局发布关于征求广东省地方标准《企业知识产权国际合规管理规范（征求意见稿）》意见的公告。该征求意见稿指出，企业应结合实际，采取恰当措施，以尽早发现不合规事件。编制程序，针对潜在或现实的不合规行为建立举报机制，包括但不限于：一是设立专门的举报渠道，可选择电话、信件、电子邮件、网站等渠道；二是面向企业全体员工以及利益相关方；三是对举报人的保护、奖励和免责制度；四是对举报对象和举报内容的调查以及结果反馈制度。

广东省市场监督管理局（知识产权局）批准发布《企业知识产权国际合规管理规范》地方标准，自 2022 年 7 月 20 日实施。《企业知识产权国际合规管理规范》以企业知识产权国际合规管理体系为标准化对象，旨在建立科学、系统、规范的知识产权国际合规管理体系，加强企业知识产权海外风险防控能力，引导企业实现国际化经营和合规管理，帮助企业全面落实知识产权强国建设纲要，积极应对当前全球范围内日益激烈的知识产权竞争态势，有效发挥知识产权合规对企业经营发展、自主创新发展的促进、护航作用。《企业知识产权国际合规管理规范》地方标准对知识产权国际合规管理方法、流程提供技术支撑，在实施过程中具有可操作性，能有效地指导企业建立和实施知识产权国际合规管理体系，加强海外知识产权合规风险管控。规定了企业建立知识产权国际合规管理体系的总体要求，包括理解组织及内外环境、确立企业自身适用的体系范围、遵循相应的基本原则以及做好文件控制等。界定了最高管理者、管理者代表及管理机构的职责权限，提出了识别、评估知识产权国际合规风险的要求，对合规风险应对及其措施的预期效果提出了基本要求，分别针对合规风险事件的预防、发现和处理，指导企业结合实际，采取恰当措施予以控制。

4. 广东省发布《知识产权维权援助工作规范》地方标准

2021 年 12 月 29 日，广东省知识产权局关于征求广东省地方标准《知识产权维权援助工作规范（征求意见稿）》意见的公告。经广东省市场监督管理局批准，《知识产权维权援助工作规范》（DB44/T 2362—2022）于 2022 年 4 月 20 日正式发布。

《知识产权维权援助工作规范》是全国首个知识产权维权援助地方标准，对构建统一、高效、科学的企业海外知识产权保护工作机制及维权援助工作体系提供支撑。《知识产权维权援助工作规范》地方标准由广东省知识产权保护中心编制，涵盖咨询指导、侵权判定、纠纷调解、展会维权、电商维权、海外维权和专业市场维权等七大业务模块，对知识产权维权援助工作的原则、内容、流程、评价与改进要求等提出了明确规定。紧密贴合广东省内维权援助机构的实际情况、与现阶段服务水平相适应，操作性强，适用于各层次的维权援助机构。

三、2021 年广东涉外知识产权行政执法保护机制建设

（一）国家知识产权局印发《2022 年全国知识产权行政保护工作方案》

国家知识产权局印发《2022 年全国知识产权行政保护工作方案》，就全年知识产权行政保护工作作出部署安排。《2022 年全国知识产权行政保护工作

方案》要求，要坚持以习近平新时代中国特色社会主义思想为指导，全面贯彻党的十九大和十九届历次全会精神，认真落实中央经济工作会议精神，深入落实习近平总书记在中央政治局第二十五次集体学习时的重要讲话精神，按照《知识产权强国建设纲要（2021—2035年）》《“十四五”国家知识产权保护和运用规划》《关于强化知识产权保护的意见》部署，坚持“稳”字当头、稳中求进，落实为要、质量优先，全面提高知识产权保护效果，持续对群众反映强烈、社会舆论关注、侵权假冒多发的重点领域和区域，重拳出击、整治到底、震慑到位，坚持人民利益至上，推动公正合理保护，努力实现激励创新与维护公共利益兼得，加快构建便捷高效、严格公正、公开透明行政保护体系，以知识产权强保护助力知识产权强国建设，以全链条知识产权保护护航创新创业全链条，以高水平知识产权保护促进经济社会高质量发展。[1]

《2022年全国知识产权行政保护工作方案》从4个方面部署14项主要任务。一是夯实行政保护工作基础，强化检查考核评估和满意度调查，完善知识产权保护标准政策体系，持续打击非正常专利申请和恶意商标注册行为，深化知识产权大保护工作机制建设；二是突出行政保护主责主业，加强专利侵权行政裁决，强化商标保护业务指导，加强地理标志保护监管；三是聚焦行政保护重要环节和时间节点，护航北京2022年冬奥会和冬残奥会等重大活动，突出关系公共利益和人民群众切身利益的食品药品、种业、公共卫生等重点领域，聚焦知识产权保护规范化市场、电子商务平台等关键环节，紧盯春节、五一、中秋、国庆等重要时间节点强化保护；四是创新行政保护工作机制，优化快速协同保护机制，积极推动智能化保护监管，深入推进试点示范。下一步，国家知识产权局将加强对各地贯彻落实《2022年全国知识产权行政保护工作方案》的督促指导和跟踪问效，推动各项工作任务落实落地，进一步提高知识产权保护效果，持续优化创新环境和营商环境，助推经济高质量发展，以优异成绩迎接党的二十大胜利召开。

---

[1] 参见国家知识产权局发保字〔2022〕5号文件。

（二）最高人民法院发布《人民法院知识产权司法保护规划（2021—2025 年）》

2021 年 4 月 22 日，最高人民法院印发《人民法院知识产权司法保护规划（2021—2025 年）》（以下简称《规划》），明确了“十四五”时期人民法院全面加强知识产权司法保护的总体要求和具体措施。《规划》的出台，是人民法院深入贯彻落实党的十九届五中全会精神和习近平总书记在中央政治局第二十五次集体学习时的重要讲话精神，贯彻落实“十四五”规划纲要的一项重要举措。

其中，关于知识产权行政保护方面，《规划》明确，强化行政执法和司法衔接，深化知识产权国际合作竞争机制。《规划》提出，要加大对关键核心技术、新兴产业、重点领域及种源等知识产权司法保护力度，严格落实集成电路布图设计和计算机软件保护制度，推进创新服务体系建设，促进自主创新能力提升，带动技术产业升级；妥善处理互联网领域垄断纠纷，完善平台经济反垄断裁判规则，防止资本无序扩张，推动平台经济规范健康持续发展；深化国家层面知识产权案件上诉审理机制建设，推动完善知识产权专门化审判机构布局。

《规划》提出强化行政执法和司法衔接机制。加强知识产权信息化、智能化基础设施建设，推动与国家市场监督管理总局、国家知识产权局等部门建立信息资源共享机制，推进最高人民法院与中央有关部门数据专线连接工作。进一步推动知识产权保护线上线下融合发展，加强与知识产权行政职能部门协同配合，积极参与构建知识产权大保护工作格局。

此外，完善统一法律适用标准机制。充分发挥司法审查监督和指引功能，促进知识产权行政执法标准和司法裁判标准统一。健全以司法解释、司法政策为引领、以指导性案例为指引、以典型案例为参考的知识产权审判指导体系，优化专业法官会议制度，完善类案和新类型案件检索制度，构建统一法律适用标准机制。深化智慧法院建设，完善知识产权案例和裁判文书数据库深度应用，充分运用人工智能等信息化手段促进裁判标准统一。

（三）广州市出台 25 项具体措施，打造知识产权新模式

2021 年 2 月 25 日，广州市出台《广州市关于强化知识产权保护的若干措施》（以下简称《若干措施》），从总体目标、强化机制建设、拓展方法举措、优化工作流程、加强统筹协调等五个方面拟定 25 项具体举措，打造广州知识产权司法保护、行政保护、仲裁调解、行业自律、社会共治新模式。[1]

1. 对标最好最优，实施最严格的知识产权保护

据广州市市场监督管理局（知识产权局）相关负责人介绍，《若干措施》的出台是为了全面落实中共中央办公厅、国务院办公厅印发的《关于强化知识产权保护的意见》内容，对标最好最优，实施最严格的知识产权保护，根据广州市知识产权保护工作实际，制定出台广州市的具体保护措施。

重视知识产权保护有助于优化营商环境、推动全社会高质量发展。"十三五"以来，广州市知识产权工作以创建国家知识产权强市和枢纽城市为目标，知识产权保护政策措施日趋完善，知识产权保护力度明显加强，知识产权保护工作走在全国前列。

广州市强化政策约束，陆续出台《广州市专利行政执法办法》《展会知识产权保护办法》《广州市举报假冒专利行为奖励办法》等地方性规章和《关于优化营商环境加强知识产权保护的若干措施》《关于强化知识产权保护的若干意见》等政策措施，形成符合广州市知识产权保护需要的法规政策体系。不断加大知识产权行政执法力度，开展针对专利、商标、著作权和打击侵权假冒系列专项行动，有效震慑知识产权违法行为。全市 39 个部门共同签署《关于对知识产权领域严重失信主体及其有关人员开展联合惩戒的合作备忘录》，初步建立以"信用＋监管"为核心的知识产权保护体系。充分发挥广州知识产权法院、广州知识产权仲裁院、广东省知识产权维权援助中心、中国广州花都（皮革皮具）知识产权快速维权中心、广州市知识产权纠纷人民调解委员会等纠纷处理机构作用。目前重点产业知识产权维权援助与保护工作

[1] 广州出台 25 项具体措施　强化知识产权保护［EB/OL］.（2021－02－04）［2022－05－15］. https：//www.zgswcn.com/mobile_h5/wapArticleDetail.do? article_id = 202102241121391057&contentType = article#.

站覆盖全市11区，全市拥有知识产权调解机构62家、仲裁机构5家、快速维权及援助机构28家。2016—2018年全国专利行政执法绩效考核中，广州市连续三年获得全国第一。2016—2020年，全市处理专利侵权及查处假冒专利案件11272件，查处商标侵权假冒案5936件，案值8199.38万元。《若干措施》将继续深入强化知识产权保护，从建立跨部门知识产权保护协作机制、完善知识产权纠纷多元化解决机制、加强知识产权快保护机构建设、推动建立粤港澳大湾区知识产权保护协作机制等方面进一步细化，为创新驱动发展、进一步优化广州市营商环境提供有力支撑。

2. 为保护手段和保护环境制定配套措施

《若干措施》明确了当前和今后一个时期广州市知识产权保护工作的指导思想、基本原则和总体目标，从行政执法、司法保护、仲裁调解、行业自律等环节，综合运用法律、行政、经济、技术、社会治理等手段提出了一系列重要措施和有针对性的创新举措，力争2022年侵权易发多发现象得到有效遏制，维权难、维权贵的情况明显改变，科学严格的知识产权保护机制基本形成，全市知识产权保护能力水平和社会满意度明显提升；2025年知识产权法治环境更加优化，知识产权保护体系更加完善，知识产权保护激励创新的基本保障作用得到充分彰显，尊重知识价值的营商环境更加优化。

科学有效的机制能实现知识产权保护工作中各主体、各方面、各环节的良性互动。在强化机制建设层面，《若干措施》提出建立跨部门知识产权保护协作机制、建立多部门知识产权保护监管机制、规范知识产权案件查处证据标准、加大侵犯知识产权行为惩戒力度、强化重点领域知识产权保护、加强反不正当竞争执法工作等6项措施，形成知识产权严保护态势。

用创新途径保护创新，是新时代下知识产权保护工作的新要求。在拓展方法举措层面，《若干措施》还提出完善知识产权纠纷多元化解决机制、探索建立知识产权纠纷在线调解机制、建立完善知识产权保护技术支撑制度、建立知识产权技术调查官制度和规范知识产权服务机构和代理人行为等5项措施，构建知识产权大保护格局。

此外，为了构建更完善的保护工作体系，促进保护能力和保护水平的整体提升，《若干措施》为保护手段和保护环境制定配套措施：通过加强知识产权快保护机构建设、创新展会知识产权保护举措、建立简易案件和纠纷快速处理机制和建立知识产权刑事案件办理快速通道等措施优化工作流程，创新知识产权快保护手段；通过推动建立粤港澳大湾区知识产权保护协作机制、加强知识产权维权援助、加强企业海外知识产权纠纷应对指导和加强民营企业知识产权保护等措施加强统筹协调，营造知识产权同保护环境。

（四）广州市公安局与广州海关签署知识产权执法协作合作备忘录

为进一步加强知识产权执法协作合作，实现海关知识产权行政执法与公安机关刑事执法的有效衔接，严厉打击侵犯知识产权违法犯罪活动，2021年11月30日上午，广州市公安局、广州海关在广州市公安局指挥中心大楼举办知识产权执法协作合作备忘录签约仪式。广州市公安局党委委员、副局长刘绍棠，广州海关党委委员、副关长许广安及有关负责领导参加了仪式。

在签约仪式上，广州海关负责人简要介绍了海关部门连续5年开展知识产权保护专项“龙腾行动”的相关工作情况。此次合作备忘录的签署优化了海关与公安机关的行政、刑事衔接，使双方在打击侵犯知识产权违法犯罪方面的协作更加顺畅、更加高效，必将进一步提升双方的合作水平和齐抓共管、共建共治的良好局面，为广州市的知识产权保护工作提供有力的制度支撑。

广州警方负责人表示，公安机关一直高度重视打击整治知识产权违法犯罪工作，根据公安部机构改革有关工作要求，于2021年3月打击侵犯知识产权犯罪以及食品、药品领域制售伪劣商品犯罪等职能整合强化，统一划归食药环侦部门管辖。2021年以来，全市共破获侵犯知识产权刑事案件1313宗，刑事拘留2201人，逮捕881人，各项打击数据基本实现翻一番，打击效能明显提升。双方签署合作备忘录是广州警方与广州海关携手共治，推动合作理念创新、机制创新、手段创新、模式创新的一项重要举措，必将推进双方在更深层次、更广领域的通力合作，为广州市知识产权犯罪打击工作提供有力支持。

接下来，广州警方将与广州海关进一步加强执法协作，实行制度化、信息化、常态化联合办案，注重打防结合、综合治理。同时，进一步拓展合作领域和内容，建立健全合作的新平台、新机制，定期评估合作进展，深化固化合作成效，共同打造双方合作“标杆”，不断提升合作的层次和水平。

（五）广州市会展和数字经济知识产权保护中心项目揭牌

2021 年 11 月 1 日上午，广州市会展和数字经济知识产权保护中心项目揭牌仪式在海珠区琶洲举办。将进一步提升知识产权对会展和数字经济产业发展的支撑和引领作用，探索以知识产权推动创新经济和特色产业发展的新路径，助力琶洲人工智能与数字经济试验区打造成为世界一流数字经济示范区。

广州市会展和数字经济知识产权保护中心项目是广州市知识产权运营服务体系建设中央财政资金重点任务项目，其任务包括：建立集政策法规公告、展会公示备案、行业资讯服务、典型案例公示、会展与数字经济维权服务等功能于一体的广州市会展和数字经济知识产权中心运营服务平台；通过组建知识产权专家库、知识产权纠纷调解队伍，发挥在知识产权战略规划、重大评议、服务咨询等方面的作用；组织开展各类知识产权宣传培训及高端国际性论坛，助力营造良好的知识产权保护氛围，助力推动国际国内知识产权要素资源集聚。

当前，海珠区全力构筑“数字 + 会展 + 总部 + 高端商贸”融合创新产业新高地，正处于内生增长、创新驱动的关键时期，对知识产权服务也提出了更迫切的需求和更高的要求。海珠区将持续加大统筹协调、政策创新，加强知识产权保护方面的改革创新，推动海珠区和广州市重点产业知识产权创造、运用、保护、管理和服务全链条整体发展，建设支撑区域特色产业发展的知识产权运营服务体系，提高知识产权的创造质量、保护效果、运用效益，推动区域经济高质量发展。

琶洲会展与数字经济知识产权保护中心作为项目承担单位，两年来一直聚焦会展和数字经济领域知识产权保护工作。截至目前该中心已累计进驻 38 场琶洲地区的专业展会，独立调处展会知识产权纠纷 251 宗，推动 2 个“重点产业知识产权维权援助和知识产权保护工作站”建设，组建了 2 个知识产权联盟（成员企业近 50 家，涉及会展产业、数字经济产业、知识产权服务行业），搭建知识产权学习、合作、交流平台，组织举办论坛、政策宣讲会、成果转化对接会、业务培训等各类宣传活动 16 场。未来该中心将继续推动建立纠纷快速处理协调机制，打造立足试验区、覆盖全广州、辐射粤港澳的知识产权保护综合服务机构。

为了充分发挥行政执法力量与社会组织的协作联动能力，紧扣知识产权专业性、针对性特点，拓展多方面、多层次的知识产权纠纷解决渠道，推动展会简易案件和纠纷的快速处理。在引入琶洲会展与数字经济知识产权保护中心支持驻场工作的基础上，组织知识产权代理服务机构、律师事务所、行业协会和公证处等专业力量参与驻场维权援助工作，为参展企业提供纠纷调解、法律法规咨询、公证等不同需求的专业服务。

近年来海珠区在知识产权保护方面亮点突出，顺应区域优势产业知识产权服务需求，率先在全省成立会展与数字经济知识产权保护中心，探索形成了知识产权社会化调解“海珠经验”，为项目落地实施提供了“试验场”，将有力支撑广州全面推进知识产权强市建设。组织开展知识产权行政执法培训，强化专利法、专利侵权判定、展会专利保护等相关专业知识学习，全力打造责任过硬、能力过硬、作风过硬的知识产权驻场人员队伍。举办专门面向参展商和展会主办方的知识产权保护专题线上培训，通过讲述真实案例提高企业知识产权风险防范和纠纷应对能力。根据需求深入企业、园区分类施策开展知识产权公益咨询，为企业解答知识产权维权援助、知识产权实务等方面的疑难问题，提高企业自身知识产权保护能力。

（六）深圳市知识产权行政保护工作荣获优异成绩

深圳市知识产权创造、保护和运用指标在 2020 年中国营商环境评价中获全国城市第一，在 2021 年广东省营商环境评价中获全省第一。

根据《深圳市 2021 年知识产权白皮书》所统计，深圳市在专利、商标和创新成果三个方面，都取得了良好的成果并率先形成最严格的知识产权行政执法保护体系。其一，对于专利而言，深圳市国内专利授权 279177 件，居北上广深首位、广东省首位，同比增长 25.52%；其中发明专利授权 45202 件，同比增长 45.17%；实用新型专利授权 154795 件，同比增长 27.28%；外观设计专利授权 79180 件，同比增长 13.66%。全市累计有效发明专利拥有量达

198031件，约占全国总量7.14%。每万人口发明专利拥有量达112件，约为全国平均水平的5.7倍，有效发明专利五年以上维持率78.52%。PCT专利申请量17443件，同比减少13.69%，约占全国申请总量的25.52%，连续18年居全国大中城市第一。

其二，对于商标而言，深圳市商标申请574780件，同比减少1.69%；商标注册464393件，同比增长27.95%，居全国首位；深圳市累计有效注册商标量达2165693件，同比增长25.17%。

其三，对创新成果而言，在第二十二届中国专利奖评选中，深圳市获奖101项，奖项居全国第二，同比增长44%，其中荣获中国专利金奖4项、中国外观设计金奖1项，占全国总数12.5%；专利银奖5项、外观设计银奖4项；专利优秀奖84项、外观设计优秀奖3项；深圳市知识产权局是唯一荣获中国专利奖最佳组织奖的城市知识产权主管部门。在第八届广东省专利奖评审中，深圳市企业获评金奖11项、银奖13项、优秀奖18项，杰出发明人4人，获奖数量居全省前列。

深圳市知识产权行政保护工作绩效考核获全国副省级城市和地级市第二，“率先形成最严格的知识产权保护体系”作为深圳经济特区47条创新举措之一向全国推广。截至2021年，深圳市市场稽查局知识产权稽查处获国家版权局2020年度查处重大侵权盗版案件（第三批）有功单位。深圳市市场监督管理局开展“蓝天”“铁拳”“剑网”等专项行动，查处专利侵权纠纷案件1053件、商标侵权假冒等违法案件499件、版权违法案件32件、反不正当竞争违法案件61件，移送公安机关涉嫌犯罪案件41件，在一宗网络平台店铺外观专利权纠纷案中作出全国首例知识产权行政禁令决定书。中共深圳市委宣传部组织查获非法印刷品34.3万件，案件116件。深圳市文化广电旅游体育局检查各类场所31822家次，立案153件。深圳海关开展“龙腾”“净网”“蓝网”等专项行动、粤港澳海关保护知识产权联合执法，查扣侵权货物9938批次、2140万件，案值7902.1万元，查扣侵权货物数量和案值全国海关第一。

在涉外交流合作方面，深圳市配合国家知识产权局、广东省有关方面组织粤港澳大湾区知识产权工作座谈会。推动粤港澳大湾区国际仲裁中心交流合作平台揭牌成立。审理全国首个香港法律专家在线出庭提供香港法律查明协助案件。首批设立3个香港特别行政区知识产权问询点，举办首届商业秘密保护湾区峰会。联合韩国驻广州总领馆组织开展“2021韩国品牌知识产权保护交流会”。举行“2021年中国（深圳）企业国际化经营合规论坛”和“2021深圳前海知识产权国际论坛”。

（七）佛山知识产权行政执法工作成效亮眼

在2021年度全国知识产权行政保护工作绩效考核中，佛山在全国参加考核的157个城市中名列第9位，首次进入全国前十。

作为广东省第三座GDP破万亿元城市，佛山拥有8个超千亿元的产业集群。31个制造业大类中，佛山应有尽有，产业门类极其丰富，创新热情竞相迸发。这令佛山成为一座“知产”富矿。对此，佛山市知识产权局以建设国家知识产权强市建设示范城市为目标，重点加强高价值专利培育布局。

推动高价值专利落地转化，为制造业高质量发展注入了新动能。佛山正全力搭建知识产权智库平台，筹建佛山市季华知识产权发展促进中心，建立高校知识产权转移转化联盟，搭建“科研机构+高校+投融资本+评估机构+专利代理机构”联盟机制，为企业引进先进技术和核心专利，支撑制造业企业技术迭代和创新升级，提升生产效益。

除了在创新培育、落地转化环节做好“导航”，佛山同样注重保护工作，“护航”知识产权发展。以知识产权工作助力产业发展，佛山市知识产权局已形成了一套系统化的机制，“导航”经济、科技、招商工作。在导航辅政方面，佛山市知识产权局围绕“2+2+4”重点产业，近3年累计开展重点企业、重点产业专利导航46项，梳理制约发展的瓶颈问题和核心技术，支撑政府决策。在导航招商方面，依托专利数据深入挖掘重点企业，为佛山招商引资提供信息和技术支持。在导航引智方面，运用大数据搜索掌握关键核心技术的科研机构及领军人才，研究制定重点产业人才引育路径。2021年，共挖掘396名行业人才及51家科研机构。

保护知识产权就是保护创新，佛山实施知识产权“护航工程”。佛山市加强知识产权行政保护力度，半年内佛山市市场监管系统共办理专利侵权纠纷案件253宗，办理涉及商标、版权侵权纠纷的电商案件650宗。组织评选并发布2021年度佛山市知识产权行政执法十大典型案例，震慑违法行为。完善知识产权维权援助体系，共建佛山市知识产权纠纷调审一体化处理中心，通过调审一体化处理机制进行诉前调解，实现以快调助快审、以快审促快调，为群众提供一条低成本快速化解知识产权纠纷的路径。加快建设国家海外知识产权纠纷应对指导中心佛山分中心，为40家企业提供海外监测，助8家跨境电商企业应对美国商标侵权诉讼。

（八）东莞市市场监督管理局多措并举加强知识产权保护工作

为进一步提高东莞市知识产权行政保护工作效能，2021年东莞市市场监督管理局从四个维度全面加强知识产权保护工作，着力形成更加优质的营商环境，助推东莞经济高质量发展。一是狠抓落实，制定专项工作方案；二是严格保护，组织开展专项检查；三是强化学习，举办专项执法培训；四是开拓思路，开展专项主题调研。

东莞已然确立的“科技创新+先进制造”城市新定位，呼唤发展新动能。而知识产权正是可以作为推动经济转型、服务科技创新的有力支撑。东莞市市场监督管理局（知识产权局）紧紧围绕创新驱动发展战略，坚持以企业为主体，以服务产业发展为宗旨，支持企业培育高价值专利，开展商标品牌培育提升行动，鼓励注册运用集体商标、证明商标打造产业集群品牌和区域品牌，同时加大非正常专利申请和恶意商标注册的打击力度，多方面强化知识产权高质量创造和强企培育，全市知识产权量质齐升，各项指标位居全省前列。

截至2021年底，东莞有效商标注册量突破50万件，国内有效发明专利量4.83万件，每万人发明专利拥有量46.14件，均居全省前列。2021年PCT专利申请量达4408件，同比增16.4%，居全省第二，共有国家、省、市知识产权示范优势企业495家，累计获得中国专利奖79项，省专利奖72项，贯标企业2656家，依托区域产业特色，逐步打造出虎门服装、厚街家具、大朗毛织、横沥模具等一批特色产业集群，培育出OPPO、VIVO、马可波罗等全国知名品牌。

东莞印发实施《东莞市知识产权运营服务体系建设实施方案（2019—2021 年）》，推动构建高质量创造、高标准保护、高水平运用、高效能服务的知识产权发展新格局。一方面，东莞致力于打造知识产权运营服务“一核两翼四协同七产业”工程。以知识产权赋能产业转型升级为核心，建立两个知识产权运营中心，分别服务战略性新兴产业、传统支柱产业；四个协同创新平台，以高校、科研院所为建设主体，促进知识产权产、学、研、用高效对接；七个知识产权产业运营平台，分别服务生物医药、新材料、新一代信息技术、军民融合、新能源、高端装备、智能家具等七个产业。另一方面，东莞在松山湖、东城建设知识产权服务业集聚区，汇聚广州知识产权法院东莞巡回审判法庭，以及知识产权交易服务中心、知识产权保护协会、品牌促进会、商标品牌研究院等知识产权社会组织以及众多知识产权服务机构，为知识产权运营提供高水平服务。东莞紧抓骨干知识产权运营机构培育、高价值专利培育和专利导航等项目实施，广泛推广运用专利导航等项目成果。

东莞构建高标准知识产权保护体系，确立严保护政策，持续开展知识产权专项执法行动，加大侵权行为惩处力度；构建大保护格局，东莞市市场监管局与海关、版权、公安、法院等部门建立协作机制，形成监管合力。深入开展“蓝天”行动，严厉打击不以保护创新为目的以及无资质专利申请代理行为，有效遏制恶意商标注册行为。2019—2021 年，东莞市市场监督管理局共办理专利行政案件 445 宗，查处商标违法案件 874 宗。

东莞成为广东省市场监管系统专利侵权纠纷行政裁决示范建设试点市，依托高等院校的优势资源和专业人才队伍，建立并完善专利侵权纠纷行政裁决工作机制，组建专家团队，持续提升行政裁决效能。2021 年，共办结专利侵权纠纷案件 90 宗，其中以行政裁决书方式结案 11 宗，以调解协议书方式结案 17 宗，受到当事人的广泛好评。

四、2021 年全国及广东省涉外知识产权行政执法保护典型案例及裁判规则

（一）国家知识产权局发布 2021 年度全国知识产权行政保护典型案例

国家知识产权局“云开放日”活动中发布 2021 年度全国知识产权行政保

护典型案例30件。各地方知识产权局也相继发布当地知识产权行政保护典型案例。经初步统计，北京、天津、河北、山西、内蒙古、黑龙江、上海、江苏、浙江、安徽、福建、江西、山东、河南、湖北、海南、陕西、甘肃、宁夏等19个省（区、市）发布知识产权十大行政保护典型案例，广东、广西等省（区）分类别发布25件、17件知识产权行政保护典型案例，湖南、云南、青海也各自发布了本省（区）知识产权行政保护典型案例，全国省级以上知识产权管理部门共发布典型案例280件，涵盖专利、商标、地理标志、奥林匹克标志以及特殊标志等各类知识产权行政保护案件。

国家知识产权局发布的案例中，商标典型案例10件，涵盖文字、图形、字母等传统商标，以及颜色组合商标等新型商标，案件类型为查处商标侵权假冒、商标一般违法、侵犯驰名商标权等；专利典型案例10件，涵盖发明、实用新型、外观设计三类专利，案件类型为专利侵权纠纷行政裁决、假冒专利查处、专利奖酬的行政调解等；地理标志、奥林匹克标志、特殊标志典型案例10件，涉及中欧地理标志协定第一批清单产品波尔多葡萄酒集体商标、奥林匹克文字、图形标志以及庆祝中国共产党成立100周年活动特殊标志等，案件类型为查处擅自使用地理标志产品名称，侵犯集体商标、证明商标专用权、奥林匹克标志和特殊标志专有权等。

这些案例在彰显行政保护的高效快捷、跨区域执法协作、知识产权同保护等方面具有较高的代表性、关注度和影响力，展现了近年来我国在积极履行国际条约，全面加强知识产权保护，护航国家重大活动，持续优化创新和营商环境等方面取得的成就。

保护知识产权就是保护创新。多年来，国家及各地方知识产权局持续以发布典型案例的形式进行普法宣传，受到了业界的广泛关注和好评。这既是深入贯彻落实党中央、国务院关于全面加强知识产权保护重要决策部署的具体措施，也是加强知识产权行政保护业务指导的重要抓手。案例质量高，典型意义强，体现了行政保护的高效快捷、跨区域执法协作、知识产权同保护等优势，具有较高的影响力和关注度，对基层执法人员高质量和高效率办案提供了重要的参考，对统一执法标准、有效提升知识产权行政保护工作水平具有积极作用。案例的发布也起到了良好的社会效果。案例聚焦群众反映强烈、社会舆论关注和侵权假冒多发的重点领域及区域，充分体现了全系统坚持人民利益至上，重拳出击，有力震慑知识产权侵权假冒行为的决心，提高了公众的知识产权保护意识，进一步展现了近年来我国在全面加强知识产权保护，持续优化创新和营商环境等方面所作出的努力和取得的成就。

现就国家知识产权局发布的知识产权行政执法保护典型案例作简要介绍与分析。

1. 广东省广州市白云区市场监督管理局（知识产权局）查处重复侵犯同一专利权案

（1）案情简介

请求人冯某是名称为“玻璃瓶（远大滴水）”外观设计专利的专利权人，专利号为ZL201430342259.5。涉案专利权在请求人提起侵权纠纷处理请求时合法有效。

2019年9月11日，广州市白云区市场监督管理局（知识产权局）对该案进行了口头审理，被请求人广州利仕佳生物科技工程有限公司根据《专利行政执法证据规则》中举证责任免除及自认等规定，结合其他现有设计进行抗辩。经综合裁量，2019年11月6日白云区市场监督管理局（知识产权局）认定被请求人抗辩证据不充分，判定侵权行为成立，并作出专利侵权纠纷处理决定书（穗云知法字［2019］18号）。被请求人不服处理决定，向广州知识产权法院提起行政诉讼，广州知识产权法院于2020年11月12日作出行政判决［（2019）粤73行初11号］，驳回全部诉讼请求。

后经投诉，得知被请求人公司仍在继续制造销售侵犯上述外观设计专利权的产品，广州市白云区市场监督管理局（知识产权局）于2021年4月20日立案并要求公司将涉案产品保存在现场。2021年7月14日，该局依据《广东省专利条例》的有关规定，作出行政处罚，没收违法所得1.03万元，罚款3.6万元。

（2）分析点评

该案的典型意义主要体现在以下几个方面：一是适用地方规章，充分维护专利权人的合法权益。快速反应、持续关注、严厉打击重复侵权的恶性市场竞争行为，有助于市场主体树立通过行政执法程序有效维护自身权益的信心，对于营造更加浓厚公平的竞争氛围，维持健康有序的竞争秩序，形成良好的营商环境发挥应有作用。二是该案的处理体现出高标准的专业执法水平，案件中对于当事人运用现有设计及《专利行政法证据规则》中“自认”等进行抗辩的新情况，结合在案证据，严查事实，精准适用法律法规，定性准确、处罚得当，在确保行政裁决质量的同时提升办案效率。最后，该案为打击重复侵犯同一专利权的恶性行为提供了成功借鉴。同时，在证据收集、事实认定等方面对执法人员办理专利侵权纠纷案件，提供了新的实践指导，具有重要的可复制的指示和示范作用。

2. 广东省深圳市市场监督管理局龙岗监管局处理“洗澡椅”外观设计专利侵权纠纷案

（1）案情简介

请求人摩西某是名称为“洗澡椅”的外观设计专利的专利权人，专利号为 ZL201630533112.3。涉案专利权在请求人提起侵权纠纷处理请求时合法有效。

请求人反映被请求人深圳市雅丽兴实业有限公司涉嫌侵犯了其外观专利权，要求责令被请求人立即停止制造、销售和许诺销售侵权产品，销毁制造侵权产品的专用设备、模具等。深圳市市场监督管理局龙岗监管局于 2021 年 6 月 24 日立案。经调查，根据相关证据已初步证明被请求人侵犯了申请人的外观设计专利，执法人员认为先行发布禁令可以阻止涉嫌人的侵权行为。立案当日，深圳市市场监督管理局龙岗监管局依据《深圳经济特区知识产权保护条例》第 28 条的规定，发出全国首份知识产权行政禁令决定书，责令深圳雅亚丽兴实业有限公司自 2021 年 6 月 25 日至 2021 年 7 月 25 日停止在相关平台网店上销售洗澡椅。

后经审理查明，被请求人在相关平台网店销售的涉案产品为洗澡椅，与被控侵权商品同为洗澡椅，属于相同种类商品。深圳市市场监督管理局龙岗监管局针对该案委托中国（深圳）知识产权保护中心出具了专利侵权判定咨询意见。经对比，被控侵权产品同涉案专利在部件形状、组合方式、整体外观等方面近似，存在的部分差异属于局部细微差异，对一般消费者而言，该差异对视觉效果无显著影响。根据“整体观察法、综合判断法”的原则，被控侵权产品构成与涉案外观设计相似的设计，落入涉案专利保护范围。2021年7月15日，深圳市市场监督管理局龙岗监管局作出专利侵权纠纷案件行政裁决书，责令被请求人立即停止销售、许诺销售侵权产品。

（2）分析点评

该案是首次适用《深圳经济特区知识产权保护条例》，在行政裁决中对涉嫌知识产权侵权行为作出“行政禁令”的第一案。该案中行政执法中的“行政禁令”便利、快捷，能够迅速阻止涉嫌侵权行为，防止权利人因侵权造成的损失扩大。该案中，行政保护专业、规范。案件审理和“行政禁令”的发布不仅有特区立法的依据，而且深圳市市场监督管理局还专门制定了《知识产权侵权行为先行发布禁令工作指引》，有利于规范执法和统一适用法律。另外，该案委托专业机构出具侵权判定咨询意见，有力支撑了执法的专业性和准确性。该案依法、高效而专业的审理，对特区立法创设的“行政禁令”制度适用具有重要的指导和示范作用，为全国探索知识产权“行政禁令”制度积累了有益经验。

3. 广东省知识产权局与江西、湖北、湖南知识产权部门联动查处擅自使用“马坝油粘米”地理标志产品名称系列案

（1）案情简介

2004年9月，“马坝油粘米”获得国家地理标志产品保护，产品保护申请人为广东省原曲江县人民政府，保护范围为广东省原曲江县所辖行政区域。

2021年4月，广东省韶关市曲江区市场监督管理局接到举报，称广东、江西、湖北、湖南等地多家企业涉嫌假冒使用“马坝油粘米”地理标志产品名称，在多个电商平台上销售。韶关市曲江区市场监督管理局将相关情况上报韶关市市场监督管理局，经初步核实，提请广东省知识产权局协调查证省内外线索。在国家知识产权局指导下，广东省知识产权局组织开展专题研究，商请网络监管部门固定电商平台相关侵权证据，协调开展跨区域地理标志行

政保护。广东省知识产权局分别于5月31日、6月15日向广州市、佛山市和江西、湖北、湖南知识产权和市场监督管理部门移送电商平台案件线索23条，涉嫌违规生产市场主体11家。广州、佛山市场监督管理部门立即查办辖区内全部案件线索。江西、湖北、湖南等地省级知识产权局及时向当事人所在县（区）移交案件材料，指导案件查办。

截至2021年底，广东、江西、湖北、湖南等4省6地（市）10县（区）知识产权和市场监督管理部门认定相关当事人违反《产品质量法》第5条、《食品安全法》第71条、《反不正当竞争法》第6条和《地理标志产品保护规定》第21条等规定，共立案10起。依据《产品质量法》第53条、《食品安全法》第125条、《反不正当竞争法》第18条和《地理标志产品保护规定》第24条等规定，责令相关当事人立即改正违法行为，并没收违法产品172袋（箱、包）、包装袋3336个，没收违法所得2.41万元，罚款14.85万元。

（2）分析点评

该案涉案企业多，涉案地域广，广东省知识产权局与江西、湖北、湖南等地知识产权和市场监督管理部门开展跨区域联合行为，积极移交违法线索，建立起互联互通的协同保护机制，提高了保护效能，充分体现了地理标志行政执法跨地区协作机制的优势，有力地维护了市场秩序、品牌声誉和消费者利益。与一般商标相比，地理标志除标示商品来源之外，还特别强调商品与特定地理名称之间存在的现实的客观联系，因此，获得地理标志产品保护的前提条件、授权逻辑和执法依据等都有所不同。执法机关在执法依据上，既选择了与该案争议直接相关的《食品安全法》和《地理标志产品保护规定》，又通过《产品质量法》和《反不正当竞争法》等规制商业行为，对地理标志进行兜底保护。这一思路，符合地理标志产品保护的实际情况，对未来我国地理标志保护模式的选择也具有一定的启发。

4. 广东省广州开发区知识产权局查处侵犯“庆祝中国共产党成立100周年活动标志”特殊标志专有权案

（1）案情简介

2021年3月29日，国家知识产权局发布第412号公告，对庆祝中国共产党成立100周年活动标志第T2021001号予以特殊标志保护，核准使用商品和服务项目为《商标注册用商品和服务国际分类》的全部45个类别，有效期至2025年3月28日。

2021年6月14日，广州开发区知识产权局根据广州市黄埔区市场监督管理局移送的案件线索，对广州腾徽五金制品有限公司（以下简称“腾徽公司”）进行立案调查。经查，腾徽公司以3元/枚的价格购进纪念章35枚，在其经营场所进行销售，至案发时尚无售出。上述纪念章整体造型为“100”图案，正面标有“党徽”“1921”“2021”字样，背面标有“庆祝中国共产党成立100周年”字样。

2021年6月30日，广州开发区知识产权局认定当事人违反《特殊标志管理条例》第16条第2项规定，依据《特殊标志管理条例》第16条规定作出行政处罚，责令立即停止侵权行为，没收相关纪念章35枚，罚款2000元。

（2）分析点评

《特殊标志管理条例》规定，“未经特殊标志所有人许可，擅自制造、销售其特殊标志或者将其特殊标志用于商业活动的”，属于侵犯特殊标志专有权的违法行为。“中国共产党成立100周年庆祝活动标识”的登记人为中共中央宣传部，其发布的《中国共产党成立100周年庆祝活动标识使用说明》明确，“庆祝活动标识不得用于商业广告、制作商标或其他任何商业性用途，不得用于私人庆典和吊唁活动”。该案的查办，有效震慑了侵犯特殊标志专有权的行为，有助于增强社会各界特殊标志知识产权保护意识，护航中国共产党成立100周年庆祝活动的顺利举办。

（二）2021年广东省知识产权行政执法典型案例

为深入贯彻《知识产权强国建设纲要（2021—2035年）》《关于强化知识产权保护的意见》和《关于强化知识产权保护的若干措施》，落实国家知识产权局有关工作部署，加强知识产权行政执法指导工作，以高标准的知识产权保护工作营造严格保护知识产权的营商环境。2021年，广东省市场监督管理局（知识产权局）首次组织开展了知识产权行政执法典型案例评选工作。经过21个地级以上市的市场监督管理局（知识产权局）积极推荐、处室遴选、行业专家评分、综合评定等环节，评定25件案件为广东省市场监督管理局2021年知识产权行政执法典型案例，其中商标、专利侵权案例各10件，其他知识产权行政保护案例5件。

1. 商标侵权典型案例

商标侵权典型案例包括“清远市市场监督管理局查处侵犯（欧莱雅）等注册商标专用权涉嫌犯罪移送案”“深圳市市场监督管理局宝安监管局查处侵犯ORAL－B注册商标专用权行政处罚案”“广州市白云区市场监督管理局查处侵犯‘OMRON’注册商标专用权行政处罚案”“佛山市禅城区市场监督管理局查处侵犯冠珠注册商标专用权行政处罚案”“汕尾市市场监督管理局查处侵犯‘MCM’注册商标专用权涉嫌犯罪移送案”“韶关市武江区市场监督管理局查处侵犯‘PENFOLDS’注册商标专用权涉嫌构成犯罪移送案”“东莞市市场监督管理局查处侵犯‘APF’等注册商标专用权行政处罚案”“潮州市市场监督管理局查处侵犯‘FILA’等注册商标专用权行政处罚案”“珠海市香洲区市场监督管理局查处侵犯‘hp’注册商标专用权行政处罚案”“深圳市市场监督管理局龙岗监管局查处侵犯‘PRADA’等注册商标专用权行政处罚案”。

2. 专利侵权典型案例

专利侵权典型案例包括“广州开发区知识产权局处理‘手表’外观设计专利侵权纠纷行政裁决案”“广州市白云区市场监督管理局查处重复侵犯同一专利权行政处罚案”“佛山市市场监督管理局处理‘瓷砖（色朗002）’外观设计专利侵权纠纷行政裁决案”“深圳市市场监督管理局龙岗监管局处理‘洗澡椅’外观设计专利侵权纠纷行政裁决案”“广州市知识产权局处理‘瓶子’外观设计专利侵权纠纷行政裁决案”“珠海市知识产权局处理‘柴油车额定功率部分负荷检测方法’发明专利侵权纠纷案”“东莞市市场监督管理局处理‘硬币检查装置’发明专利侵权纠纷行政裁决案”“江门市蓬江区知识产权局处理‘摩托车用前组合灯’外观专利侵权纠纷行政裁决案”“中山市市场监督管理局处理‘一种磁性安装元件及光学模组、照明模组及照明灯具’实用新型专利侵权纠纷行政裁决案”“深圳市市场监督管理局处理‘智能门锁’

外观设计专利侵权纠纷行政裁决案”。

3. 其他知识产权典型案例

其他知识产权典型案例包括“中山市市场监督管理局查处不以使用为目的恶意申请注册‘徽宴楼’商标行政处罚系列案”“云浮市云城区市场监督管理局查处销售冒用地理标志产品行政处罚案”“中山市市场监督管理局查处违规使用奥林匹克标志行政处罚案”“广州开发区知识产权局查处侵犯‘中国共产党成立 100 周年庆祝活动标识’特殊标志专用权行政处罚案”“江门市新会区市场监督管理局查处冒用国家地理标志保护产品专用标志案”。

第三章　2021年广东省海外专利布局报告

一、引　言

（一）报告背景

2021年，在中国共产党和政府的坚强领导下，新冠肺炎疫情防控取得显著成就，国内经济逐步复苏。2021年注定是中国发展进程中的一个鲜明坐标。这一年，中国共产党迎来建党100周年；这一年，决战脱贫攻坚取得决定性胜利；这一年，“十四五”开局，全面建设社会主义现代化国家新征程由此开启。

2021年，是党和国家历史上具有里程碑意义的一年，也是广东改革发展历史上具有重要意义的一年。广东省坚持以习近平新时代中国特色社会主义思想为指导，认真贯彻习近平总书记对广东重要讲话重要指示批示精神和党中央决策部署，完整、准确、全面贯彻新发展理念，深入落实广东省委、省政府“1+1+9”工作部署，扎实打造新发展格局战略支点，坚定不移推动高质量发展，以新担当新作为推动经济社会发展迈上新台阶，顺利完成年度主要目标任务，实现“十四五”良好开局。

根据《2021年广东省国民经济和社会发展统计公报》显示，经国家统计局统一核算，2021年广东省实现地区生产总值（初步核算数）124369.67亿元，比2020年增长8.0%。其中，第一产业增加值5003.66亿元，增长7.9%，对地区生产总值增长的贡献率为4.2%；第二产业增加值50219.19亿元，增长8.7%，对地区生产总值增长的贡献率为43.0%；第三产业增加值69146.82亿元，增长7.5%，对地区生产总值增长的贡献率为52.8%。三次产业结构占比为4.0：40.4：55.6，第三产业占比较2020年下降0.9个百分点。其中，工业生产者出厂价格比2020年上涨3.4%，其中高技术类与2020年持平，能源类上涨9.3%；轻工业上涨1.7%，重工业上涨4.2%；生产资料上涨5.0%，生活资料上涨0.4%；初级产品上涨16.3%，中间产品上涨4.3%，最终产品上涨2.1%；采矿业上涨18.5%，制造业上涨3.5%，电力、热力、燃气及水生产和供应业上涨0.5%。

广东省专利授权总量87.22万件，比2020年增长22.9%，居全国首位；其中，发明专利授权量10.29万件，增长45.5%。全年PCT专利申请量2.61万件，居全国首位。截至2021年底，全省有效发明专利量43.96万件，居全国首位。每万人口发明专利拥有量34.89件。全年有10.27万家企业获得专利授权65.07万件，其中1.93万家企业有发明专利授权8.49万件。全年经各级科技行政部门登记技术合同42961项；技术合同成交额4292.73亿元，增长23.9%。

全省高新技术企业预计6万家；高新技术产品产值8.7万亿元，比2020年增长10.5%。拥有国家重点实验室30家，国家工程技术研究中心23家，省级工程技术研究中心6714家。国家认定企业技术中心82家，省级企业技术中心1434家。

2021年广东省海外专利布局报告立足当前的时代背景，围绕广东省在2021年的海外专利持有情况进行分析，并选取几个重点领域进行剖析。但需要说明的是，考虑《广东涉外知识产权年度报告（2020）》已经就半导体和集成电路产业、人工智能、生命健康三个领域的海外专利情况进行了分析，此次报告并未将上述三个领域作为分析对象，而是选取了两个重点领域的专利布局情况进行分析，分别是物联网技术和新能源汽车领域，主要从技术、法律和市场三个角度结合宏观和微观的不同视角进行分析。其中，新能源汽车领域又进一步分为电池技术、电机技术和电控技术三个子领域进行分析。

（二）数据样本介绍

1. 检索工具

本报告采用智慧芽专利数据库作为主要检索工具。智慧芽专利数据库侧重于应用，是方便易用的专利检索查询工具，软件基于B/S（浏览器/服务器）架构模式，实现异地远程数据共享，满足异地访问、数据共享管理需求，用户无需进行软件安装即可轻松访问。智慧芽专利数据库收录了158个国家、地区和组织，总数超过1.7亿余条专利数据。

检索地域范围：欧洲、世界知识产权组织、美国、日本、英国、法国、俄罗斯、韩国、德国、瑞士、意大利、加拿大、奥地利、西班牙、澳大利亚、印度、巴西、阿根廷、墨西哥、苏联等154个国家和地区（中国除外）。

2. 数据来源

本报告的数据范围是统计广东省在2002—2021年海外专利的申请量，以为后续分析广东省海外专利总体情况提供数据基础。并根据新冠肺炎疫情时期广东省行业发展状况以及国家知识产权局发布的《国际专利分类与国民经济行业分类参照关系表（2018）》全面检索和分析广东省重点行业的海外布局情况，以此反映广东省重点行业在海外专利所属状况。

3. 检索步骤

第一步，将广东省及其地级市的中文、英文、日文、韩文表达运用布尔逻辑符“OR”连接。

第二步，使用检索命令“AN - ADD”原始申请（专利权）人地址、“ANC - ADD”当前申请（专利权）人地址、“ALL_AN”［全字段］申请（专利权）人对广东省及其地级市的中文、英文、日文、韩文表达申请的所有专利进行限定。

第三步，使用检索命令“AUTHORITY”（受理局）将中国（包括港澳台地区）的专利去除。

第四步，使用检索命令“APD”（专利申请日）筛选出在2002—2021年申请的专利；

第五步，选择“每件专利显示一件公开文本”，最终得到广东省的申请人近20年海外申请的专利数据。

第六步，广东省的海外专利数据运用智慧芽专利数据库的矩阵分析、3D专利地图及英策专利分析功能进行统计，得到广东省申请人2002—2021年在海外申请的专利布局情况（部分可视化数据只显示近十年）。

4. 数据滞后及误差说明

由于大多数国家发明专利制度采用的是“早期公开，延期审查制”，即是从申请日起 18 个月内公告，申请人可以提出提前公开的请求。实用新型制度采取的是形式审查制（大部分国家并不存在实用新型制度，例如美国），通常在 6—8 个月内公开，所以专利数据的公开存在一定的滞后性。由于通过 PCT 途径进入国家阶段的最长时间是自申请日起 30 个月或 32 个月，在这个时期内，专利会进入具体的国家。随后由具体国家根据当地的法律对专利进行审查或公开。由此，海外专利的数据在近两年（2020—2021 年）并不完整。

二、2021 年广东省海外专利布局总体情况分析

本章对广东省 2002—2021 年的海外（不包括港澳台地区）专利情况进行统计，并分析广东省在海外的专利布局情况。共检索到 580582 件专利，检索截止日期为 2021 年 4 月 23 日。

（一）海外专利年申请趋势分析

对广东省在海外专利申请的年份进行统计分析，如图 3－1 和图 3－2 所示。其中，专利授权率表明申请的有效率以及最终获得授权的提交申请成功率。空白柱代表申请量，灰色柱表示当前时间段申请专利的被授权量。

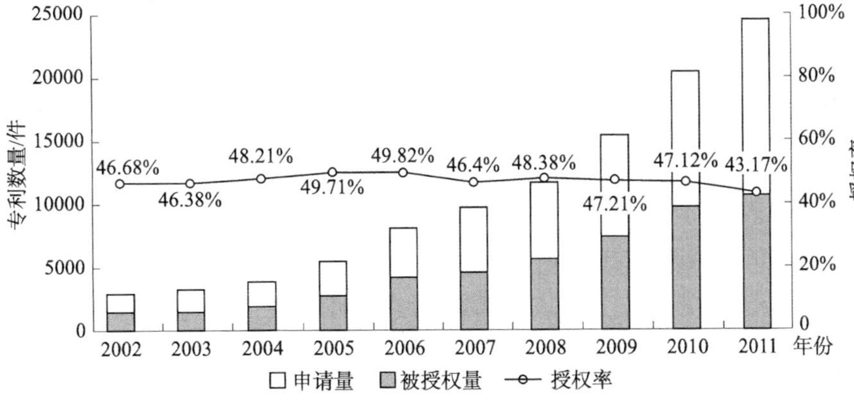

图 3－1　2002—2011 年广东省海外专利申请、授权及授权率趋势

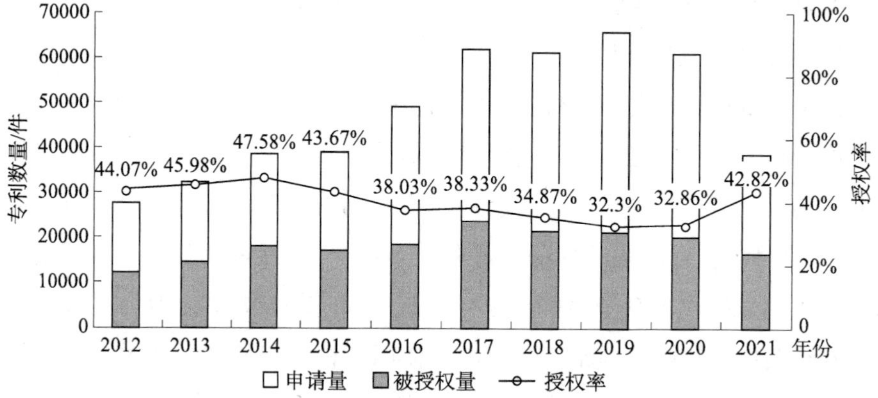

图 3－2　2012—2021 年广东省海外专利申请、授权及授权率趋势

从图 3－1 和图 3－2 可知，2002—2021 年，广东省海外专利数量呈现持续增长的态势。在近 20 年，可以将广东省海外专利申请趋势划分为以下三个阶段。

（1）发展期（2002—2007 年），在智慧芽专利检索数据库中，截至 2022 年 4 月 23 日，广东省最早的专利文件是 1973 年，但直到 1999 年专利申请量才突破 1000 件，达到 1213 件。而 2002 年的专利申请量为 2858 件，相较于 2001 年增长 84 件。由此可见，可以将 1999 年之前的若干年称为广东省海外专利申请的萌芽期（1973—1999 年），2000—2007 年称为发展期。在 2002—2007 年，广东省海外专利年申请量呈现出逐年增长的态势，但增长速度并不快，从 1999 年的 1000 余件到年申请量达到 1 万件，经历了 9 年。不过，2007 年的专利申请量依旧是 2002 年的 3 倍有余，其原因是：一方面，广东省作为中国东南沿海城市，较早享受了改革开放的红利；另一方面，随着中国加入世界贸易组织，广东省企业更踊跃地进军国际市场，重视海外专利布局，增长自身竞争力。此外，世界知识产权组织自 2001 年起，将每年的 4 月 26 日作为“世界知识产权日”，这对宣传知识产权和鼓励广东省企业申请专利权有较大的鼓励作用。

（2）爆发期（2008—2017 年），广东省海外专利年申请量呈现出快速增长的态势，自 2008 年的 11640 件到 2014 年的 38713 件，其增速已经超过每 3

年增长 1 万件的速度；自 2015 年的 39161 件到 2017 年的 62204 件，其增长速度已达到 1 年逾万件。催生广东省海外专利申请量快速增长现象的原因如下。

一是政府部门的激励作用。就国家层面而言，2008 年 6 月 5 日，国务院印发了《国家知识产权战略纲要》，其中明确要求“近五年的目标是：自主知识产权水平大幅度提高，拥有量进一步增加。本国申请人发明专利年度授权量进入世界前列，对外专利申请大幅度增加”。凸显了国家对知识产权工作的重视和支持力度，更加推动了广东省企业在海外申请专利的积极性。同时，为进一步贯彻和落实该纲要，广东省政府加大对知识产权的经济投入，将该项投入列入省级预算，保障知识产权工作开展的顺利进行。就广东省层面而言，广东省人民政府于 2007 年 11 月 6 日发布《广东省知识产权战略纲要》，促进广东省知识产权事业的发展。同年，广东省政府印发了《广东省知识产权局、财政厅国（境）外专利申请资助办法》，该文件明确指出，致力于在经济层面推动专利的申请工作，减少省内各个企事业单位和个人申请发明专利的费用，对获得授权的美国、日本和欧洲国家的发明专利，每项资助 3 万元，其他国家的发明专利，每项资助 2 万元。

二是知识产权保护力度提高。国家以多重方式和形式积极提高知识产权保护力度，例如，2008 年 3 月 18 日，商务部、全国整顿和规范市场经济秩序领导小组办公室和国家保护知识产权工作组办公室联合发布《2008 年中国保护知识产权行动计划》，从立法、执法、司法、机制建设、宣传、培训教育、国际交流与合作、推进企业知识产权保护、为权利人服务等十个方面对全国保护知识产权工作进行了部署，共包括 280 项具体措施。2009 年，为贯彻落实《国家知识产权战略纲要》，国家知识产权战略实施工作部际联席会议办公室牵头制定了《2009 年国家知识产权战略实施推进计划》。此后，国家多次制定《中国保护知识产权行动计划》《国家知识产权战略实施推进计划》和《深入实施国家知识产权战略行动计划（2014—2020 年）》等文件，致力于营造良好的知识产权环境，强化知识产权保护。再如，国务院部署 2010 年 10 月至 2011 年 3 月，在全国开展打击侵犯知识产权和制售假冒伪劣商品专项行动。这对鼓励企业申请专利起到了良好的作用。

三是相关法律制度日趋健全。得益于“十一五”规划中“加强公民知识产权意识，健全知识产权保护体系，建立知识产权预警机制，依法严厉打击侵犯知识产权行为。加强计量基础研究，完善国家标准体系，及时淘汰落后标准。优先采用具有自主知识产权的技术标准，积极参与制定国际标准。发展专利、商标、版权转让与代理、无形资产评估等知识产权服务”的要求，“十一五”规划的贯彻与落实对专利法律制度的完善起到重要作用。例如，2008年8月25日，我国《专利法》第三次修改完成，标志着我国专利法律制度迈上新台阶。同时，伴随着《专利法》的修改，2010年修改的《专利审查指南》与《专利法实施细则》同步施行，指南不仅进一步完善发明专利实质审查标准，还为专利申请人提供了相关申请指引。2008—2017年，国家及广东省知识产权法律法规、制度的建立和完善大大推动了广东省的海外专利布局，为海外专利申请的持续健康发展提供了保障。

（3）稳定增长期（2018—2021年），从图3-2可知，自2018年开始，广东省海外专利年申请量增速趋缓，已到达相对平稳的状态，年申请量在6万件以上。但造成这一现象的原因可能是多方面的：首先，因本报告统计的是广东省海外专利数量，而国际专利申请主要借助PCT进行，申请数据公布存在30个月左右的迟延，导致近三年的数据不全；其次，由于新冠肺炎疫情的影响，国外疫情尤甚，不仅导致大多数行业受到严重影响，也导致企业专利申请量下降。

尽管如此，国家和广东省仍出台多重举措推动知识产权工作的新进展。就国家层面而言，2019年3月，商务部、国家知识产权局等5部委将知识产权服务纳入《鼓励进口服务目录》（2019年第14号），根据目录，服务贸易创新发展试点地区符合条件的企业，可依照有关规定享受贴息政策；将知识产权服务纳入全国鼓励外商投资产业目录；国家知识产权局印发《在自由贸易试验区开展专利代理机构执业许可审批告知承诺改革试点实施方案》。2019年11月，中共中央办公厅、国务院办公厅发布《关于强化知识产权保护的意见》，要求“健全涉外沟通机制，塑造知识产权同保护优越环境”，并要求从更大力度加强国际合作、健全与国内外权利人沟通渠道、加强海外维权援助服务、健全协调和信息获取机制四个方面，强化知识产权保护。2021 年 9 月 22 日，中共中央、国务院印发《知识产权强国建设纲要（2021—2035 年）》，纲要中提出了知识产权中长期发展目标，到 2025 年，专利密集型产业增加值占 GDP 比重达到 13%，版权产业增加值占 GDP 比重达到 7.5%，知识产权使用费年进出口总额达到 3500 亿元，每万人口高价值发明专利拥有量达到 12 件。到 2035 年，基本建成世界水平的知识产权强国。纲要描绘出我国加快建设知识产权强国的宏伟蓝图。我国从知识产权引进大国向创造大国转变、知识产权工作从追求数量向提高质量转变全面提速。2021 年 10 月，《“十四五”国家知识产权保护和运用规划》要求“推动知识产权更大范围、更宽领域、更深层次对外开放，统筹推进知识产权国际合作，积极参与全球知识产权治理体系建设，加强知识产权领域多边合作，持续提升知识产权国际影响力和竞争力，服务开放型经济发展”，并专门规定了“推进知识产权国际合作，服务开放型经济发展”系列工作计划。

就广东省而言，从 2017 年开始，广东省强化知识产权的创造和运用，对小微企业首件发明专利授权的申请费、代理费给予全额补贴，对年授权专利达 10 件以上，增长率超过 30% 的企业给予奖励。2020 年，广东省委、省政府出台《关于强化知识产权保护的若干措施》，强化顶层设计、完善保护体系、构建保护新格局；同年，在广东省首次设立国家海外知识产权纠纷应对指导中心地方分中心，为加强知识产权海外保护提供有力支撑；广东省分别设立国家海外知识产权纠纷应对指导中心广东分中心、深圳分中心，用于开展海外知识产权纠纷应对指导工作，建立海外风险监控机制、海外纠纷信息共享机制、海外维权服务机制，为企业“走出去”保驾护航。2021 年，广东省知识产权局发布《广东省专业市场知识产权保护工作指引》《广东省战略性产业集群中小企业知识产权保护与运用三年行动计划》等文件，要求“建立完善专业市场知识产权保护长效机制，优化公平竞争的交易环境和安全放心的消费环境”。甚至，广州、深圳等地还出台专利申请相关政策，给予获得日本、欧盟、英国和美国等国家和地区发明专利的，资助 25000 元/件或 4 万元/件，对获得其他国家或地区专利的，则给予 1 万—2 万元资助；对于通过 PCT

途径申请专利并进入国家阶段（国外）后对专利权人的资助：是职务申请人的，资助10000元/件，是非职务申请人的，资助5000元/件。[1][2] 此外，广东省也于2021年开始制定《广东省知识产权保护条例》，该条例已于2022年3月通过，并于2022年5月实施。

可见，广东省对于海外知识产权的保护力度大、重视程度高，广东省的优势企业和示范企业海外专利布局位居我国前列，并积极进行海外专利布局，推动中国技术走向世界，提升中国企业的国际竞争力。

（二）海外专利法律状态

通过专利有效、失效、审查中等法律状态的占比分析，可以帮助衡量广东省海外专利的活跃程度。通常情况下，审查中状态的专利占比越大，反映该企业近期创新活力越高。其中，未确认状态为无数据的情况。对广东省2002—2021年海外专利不同法律状态进行统计分析后，得到表3－1。

表3－1　2002—2021年广东省海外专利不同法律状态汇总

法律状态	专利数量/件	占比
有效	199147	34.30%
PCT指定期满	185373	31.93%
失效	83378	14.36%
审查中	60905	10.49%
PCT指定期内	33864	5.83%
未确认	17915	3.09%

经过统计，总体样本数据中能够获取有效法律状态的专利数量为260052项，如表3－1所示，处于终局状态（失效、有效）的专利有282525项，占

[1] 参见广州市市场监督管理局（知识产权局）于2020年11月12日发布的《广州市知识产权工作专项资金管理办法》（穗知规字〔2020〕2号）第13条。目前该局正在修改该办法，其2020年7月4日发布的《广州市知识产权工作专项资金管理办法（征求意见稿）》第14条第2项规定："获得欧洲专利局发明专利的，资助6000元/件；获得美国、日本发明本专利的，资助3000元/件；获得其他国家或地区发明专利的，资助750元/件。"

[2] 广州市市场监督管理局（知识产权局）．广州市市场监督管理局关于征求广州市知识产权工作专项资金管理办法征求意见稿）意见的通知［EB/OL］．（2020－07－04）［2022－09－06］．http：//scjgj.gz.gov.cn/zwdt/tzgg/content/post_8390825.html.

48.66%。终局状态的专利中，绝大多数处于有效状态，有效专利数量为 199147 项，失效专利 83378 项。由此可知，一方面，广东省的申请人在专利申请时愈发重视授权，不断对技术本身及专利代理能力提高要求；另一方面，随着各国审查员的技术检索能力不断提高，对专利创造性判断愈发客观，专利技术含量自然水涨船高，说明广东省申请人的技术创新能力不断提升。处于审查中的专利有 60905 项，占 10.49%，结合广东省海外 2021 年专利授权率[1]（42.82%），可以预见公开但处于未决定是否授权状态的专利具有较好的专利授权前景。

（三）海外专利类型分布

专利类型的分布反映该技术领域的申请人专注于保护创新的功能还是外观。其中，通常情况下，发明专利相对于实用新型的占比，反映该领域的创新程度高低。对广东省在海外申请的专利类型进行统计分析，得到图 3－3 和表 3－2。

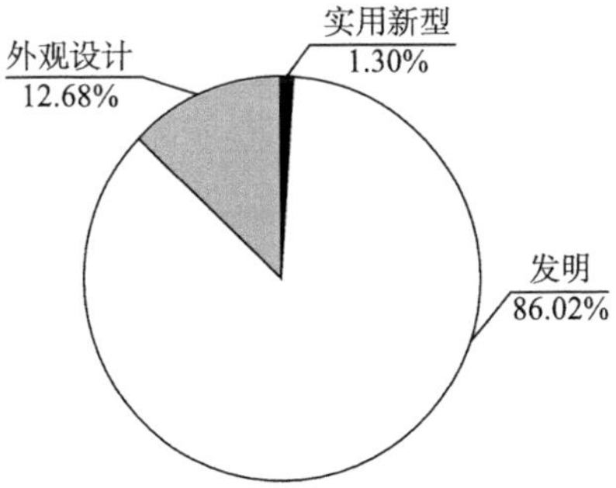

图 3－3　2002—2021 年广东省海外专利

表 3－2　2002—2021 年广东省海外专利申请量分布　　单位：件

申请年份	发明	实用新型	外观设计	发明占比
2002	2479	156	223	86.74%
2003	2852	114	212	89.74%
2004	3364	128	283	89.11%

[1] 2021 年有大量专利处于审查中。

续表

申请年份	发明	实用新型	外观设计	发明占比
2005	4977	181	294	91.29%
2006	7500	227	366	92.67%
2007	9081	215	389	93.76%
2008	10845	288	507	93.17%
2009	14494	281	490	94.95%
2010	19477	305	671	95.23%
2011	23213	318	933	94.89%
2012	26409	360	927	95.35%
2013	30880	425	1156	95.13%
2014	36858	407	1448	95.21%
2015	36812	368	1981	94.00%
2016	44841	521	3728	91.34%
2017	54431	558	7215	87.50%
2018	52243	577	8846	84.72%
2019	52954	601	12346	80.35%
2020	43883	791	16284	71.99%
2021	21801	717	15351	57.57%

由图3－3和表3－2可知，580582件专利中，499394件属于发明专利，占海外专利总数的86.02%；实用新型专利数量最少，仅有7538件，占海外专利总数的1.30%；外观设计有73650件，占海外专利总数的12.68%。其中，发明专利和实用新型专利的比例约为1∶66。可见，在广东省海外专利申请中，发明专利占比最大，而在国内申请的实用新型专利占比最大。当专利权人就同一发明创造向多个国家申请专利时，通过PCT途径只需向世界知识产权组织提出一次申请，就可在PCT其他成员国具有效力，但世界知识产权组织仅接受申请，最终是否授权由其成员国决定，因此通过PCT途径申请的专利文件属于过程文件，不具有效力。

申请的技术方案多为创新性较高的发明专利，与国内专利相比，企业的海外专利的质量和技术的保护程度更高。具有以下原因。

第一，通常只有技术创新度或市场价值较高的专利才会考虑进行海外专利申请，且发明相对于实用新型具有较长的保护期限，能够最大限度地赚取利润回收研发成本。因此，海外专利布局的成本比在国内申请的成本高得多，只有具有一定期望价值，且其期望价值远高于布局成本的专利才会进行海外申请。

第二，从企业申请专利的目的出发，由于实用新型、外观设计不用经过实质性审查，申请门槛低，部分企业在国内仅仅为了申请专利，目的并不在于通过专利对产品进行保护。但当企业走出去后，更希望通过创新性强的专利在国外市场夺得一席之地，并不只为了持有专利，对外申请发明专利容错性小，发明专利权需经过实质审查，稳定性强于实用新型和外观设计，一旦取得专利权就获得了相应的权利，否则一旦专利无效，轻则利润得不到保障，重则对其海外市场的布局造成破坏，因此企业较少选择向海外申请实用新型、外观设计专利。

第三，申请的专利技术不适合通过实用新型进行保护。实用新型是对产品的形状、构造或者其结合所提出的适于实用的新的技术方案，如广东省申请量占比较大的通信领域，其中大量的方法专利通过发明专利进行保护更为合适。

第四，由于各国专利法律的不同，部分国家专利法中没有实用新型这一专利类型，如美国专利类型仅包括发明专利、外观设计专利和植物专利。

（四）目标市场

分析广东省海外专利主要布局在哪些目标市场，专利申请量的多少在一定程度上反映该目标市场的受关注程度。这可以帮助企业进行技术战略布局时，评估哪些是需要主要关注的目标市场，以及哪些未被布局，是否可能成为潜在的布局地。对广东省在海外申请的目标市场趋势进行统计分析，得到图3-4和表3-3。[1]

[1] 本报告的图表按每件申请显示一个公开文本的去重规则进行统计，并选择公开日最新的文本计算，余同。

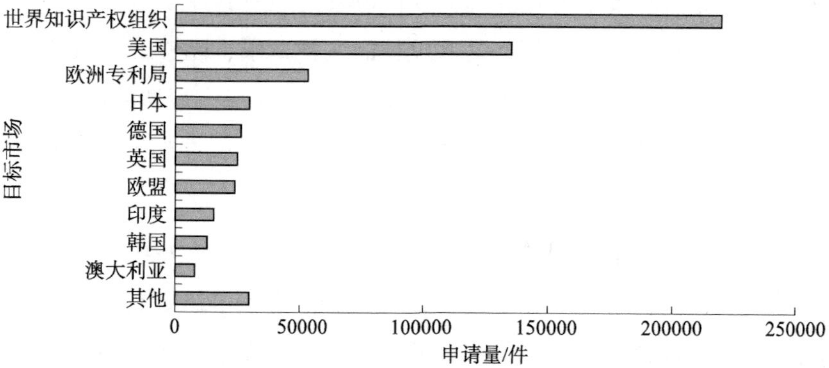

图3－4　广东省海外专利主要目标市场的申请数量

表3－3　广东省海外专利在目标市场申请分布情况

单位：件

目标市场	专利数量	目标市场	专利数量
世界知识产权组织	219687	加拿大	5519
美国	135590	西班牙	3664
欧洲专利局	53310	越南	3205
日本	29981	新加坡	3002
德国	26663	印度尼西亚	2447
英国	25114	马来西亚	1771
欧盟	24023	俄罗斯	1315
印度	15384	巴西	1234
韩国	12690	南非	1049
澳大利亚	7882	墨西哥	949

由图3－4和表3－3可知，广东省海外专利申请量在申请国家、地区和组织的分布情况，通过PCT途径申请的专利数量有219687件，占海外专利总数的37.84%，且具有以下特点。

第一，在世界五大知识产权局中其他四局的专利申请量略多于其他国家和地区。世界五大知识产权局是指中国、美国、欧洲、日本和韩国五个知识产权局。广东省的申请人在美国布局的专利数量有135590件，在欧洲布局的专利数量有53310件，在日本布局的专利数量有29981件，在韩国布局的专利数量有12690件。五大局每年受理专利申请数量大，这是由这五个国家和地区经济、技术、政治、商业所决定的，且五大局在多领域都有合作，所以广东省的企业在这些国家和地区进行了较多的专利申请。

第二，在欧洲国家的专利申请量较大。从图3－4和表3－3中可以看出，广东省的申请人在德国布局的专利数量有26663件，在英国布局的专利数量有25114件，在西班牙布局的专利数量有3664件，在俄罗斯布局的专利数量有1315件。欧洲是企业对外出口的重要市场，企业与这些国家和地区的贸易往来频繁，因此必须进行相应的专利布局来保障。由于专利申请和后续维护成本的不同，企业有时会选择仅在欧洲某个国家申请专利而不是申请欧盟专利，当企业在整个欧洲地区都有业务拓展的时候，选择通过欧洲专利局申请专利能够保证企业对该专利在整个欧盟的排他性的权利，但如果企业并不会在欧盟众多国家都进行贸易的话，只选择某个或某些重点国家进行专利布局会更节约成本。

第三，在印度的专利申请量大，共有15384件。可见，广东省的企业在印度进行较多的专利布局，其专利申请数量甚至超过韩国。在印度有较多的专利布局的原因可能有，首先，印度是我国西南边陲的重要邻国。印度位于南亚，其国土面积辽阔，是世界人口第一大国，与我国接壤。其次，印度是金砖国家之一，是新兴国家经济体的重要代表。近年来，印度的经济增长引人注目，在实行开放和经济“自由化”政策之后，印度扭转了长期停滞落后的状况，综合国力有了较大增强，成为亚洲一支举足轻重的力量。目前印度产业多元化，除传统工业外，服务业增长迅速，成为全球软件、金融等服务业重要出口国，在新兴的信息软件产业领域，其实力仅次于美国。最后，印度是“一带一路”倡议的重要发展对象。印度是南亚第一大国，也是印度洋上的大国，是“一带一路”倡议的重要节点国家。因此，企业在印度的相关专利布局不可落后。

第四，在东南亚邻国的专利布局比较多，在越南布局的专利数量有3205件，在新加坡布局的专利数量有3002件，在印度尼西亚布局的专利数量有2447件，在马来西亚布局的专利数量有1771件。东南亚国家毗邻中国，位于我国南部的广东省与东南亚各国更是距离较近，这些国家能满足企业低端生产和组装的需求，使得广东省企业与这些国家贸易往来频繁，所以专利战略布局至关重要。

（五）目标市场趋势分析

分析目标市场的申请趋势，帮助了解在该技术领域随时间变化的地域布局情况。对广东省在海外专利申请的目标市场趋势进行统计分析，得到图 3－5。

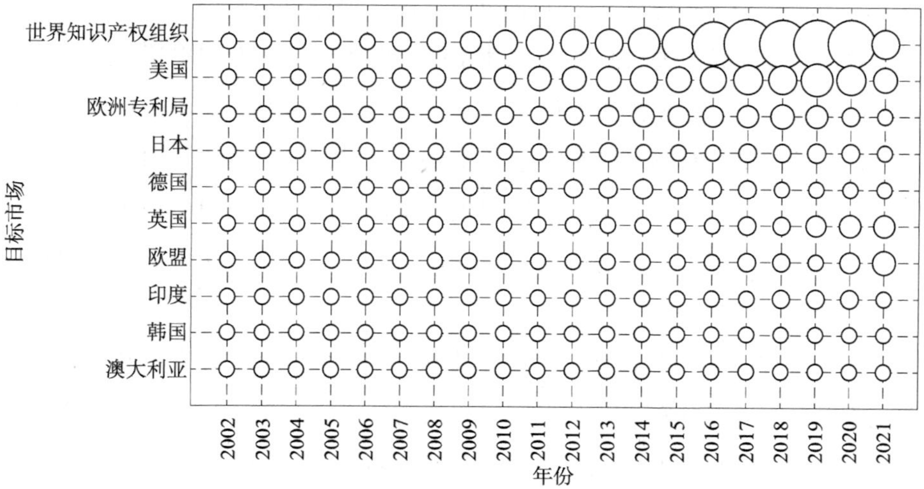

图 3－5　广东省海外专利在目标市场的申请趋势

注：图中圆圈大小表示申请量多少。

由图 3－5 可知，通过 PCT 途径申请的专利数量呈现持续增长趋势，基本与广东省在海外专利申请量增长趋势相同。2002—2021 年，广东省的海外专利年申请趋势可以划分为发展期（2002—2007 年）、爆发期（2008—2017 年）和稳定增长期（2018—2021 年）3 个阶段。其中，稳定增长期（2018—2021 年）海外专利申请数量的下降是因为部分专利还在审查中未予公开。同时，2019 年 12 月以来新冠肺炎疫情在全世界暴发，在疫情冲击下，大多数行业企业受到严重影响，知识产权权利丧失和恢复问题突出，也是导致海外申请数量存在下降趋势的原因。

（六）技术构成分析

分析此技术领域主要技术分支的占比情况，可以帮助企业了解各技术分支的创新热度，以及当前技术布局的空白点。对广东省在海外专利申请的技术构成（以小类）进行统计分析，得到图3-6和表3-4。

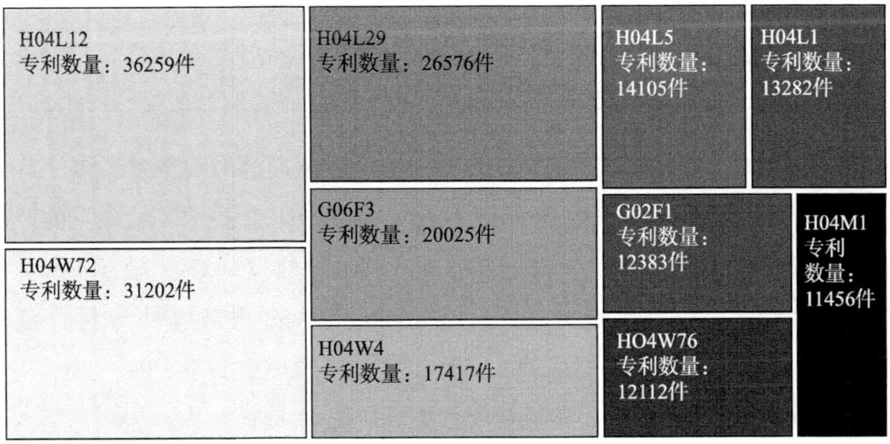

图3-6 广东省海外专利技术构成

表3-4 广东省海外专利技术构成汇总

分类号	定 义	专利数量/件	占比
H04L12	数据交换网络（存储器、输入/输出设备或中央处理单元之间的信息或其他信号的互连或传送入G06F13/00）〔5 2006.01〕	36259	18.61%
H04W72	本地资源管理，例如，无线资源的选择或分配或无线业务量调度〔2009.01〕	31202	16.02%
H04L29	H04L1/00—H04L27/00单个组中不包含的装置、设备、电路和系统〔5〕	26576	13.64%
G06F3	用于将所要处理的数据转变成为计算机能够处理的形式的输入装置；用于将数据从处理机传送到输出设备的输出装置，例如，接口装置〔4〕	20025	10.28%
H04W4	专门适用于无线通信网络的业务；设施〔2009.01，2018.01〕	17417	8.94%
H04L5	为传输通道提供多用途的装置	14105	7.24%
H04L1	检测或防止收到信息中的差错的装置	13282	6.82%
G02F1	控制来自独立光源的光的强度、颜色、相位、偏振或方向的器件或装置，例如，转换、选通或调制；非线性光学〔1，2，4，2006.01〕	12383	6.36%

续表

分类号	定　义	专利数量/件	占比
H04W76	连接管理	12112	6.22%
H04M1	分局设备，例如用户使用的（交换机提供的用户服务或设备入 H04M3/00；预付费电话硬币箱入 H04M17/00；电流供给装置入 H04M19/08）〔1，7〕	11456	5.87%

由表 3－4 可知，广东省在 H04L12 技术领域布局的专利数量最多，达到 36259 件，占全部海外专利数量的 18.61%；在 H04W72 技术领域布局的专利数量排名第二，有 31202 件，占全部海外专利数量的 16.02%；在 H04L29 技术领域布局的专利数量排名第三，有 26576 件，占全部海外专利数量的 13.64%。此外，专利数量排名第 5—10 位的技术领域也属于 H04 大类，有 2 个技术领域分部位于 G06 大类和 G02 大类。

通过分析发现，海外专利申请量排名前三的均在 H04 类的电通信技术。广东省是全国信息通信产业大省，电子信息制造业、软件和信息服务业规模多年位居全国第一，华为、腾讯、中兴等电子通信行业巨头带领一批上下游产业为广东省的经济发展、产业升级提供了强有力的保障和推动。同时，广东省是制造业大省，服务业发达，拥有丰富的数字化应用市场和融合发展空间，产业数字化处于全国领先水平，以互联网与制造业融合为主体的融合型数字经济发展趋势明显。广东省内外上市公司总数达到 1102 家，成为全国唯一上市公司突破千家的省份，多为新一代信息技术、高端装备制造、节能环保、新材料等高科技产业。

（七）技术分支申请趋势

分析主要技术分支的申请趋势。对广东省在海外专利申请的技术分支申请趋势进行统计分析，得到图 3－7。

从图 3－7 可知，作为海外专利申请数量排名首位的 H04L12 技术领域在 2002 年的海外专利申请量仅为 121 件，在 2002—2005 年开始缓慢增长，此阶段为数据交换网络技术领域的萌芽期，重要的基本发明诞生在该阶段，研究和开发主要集中在少数申请人手中，专利申请量与专利申请人数量都不多，集中度较高。

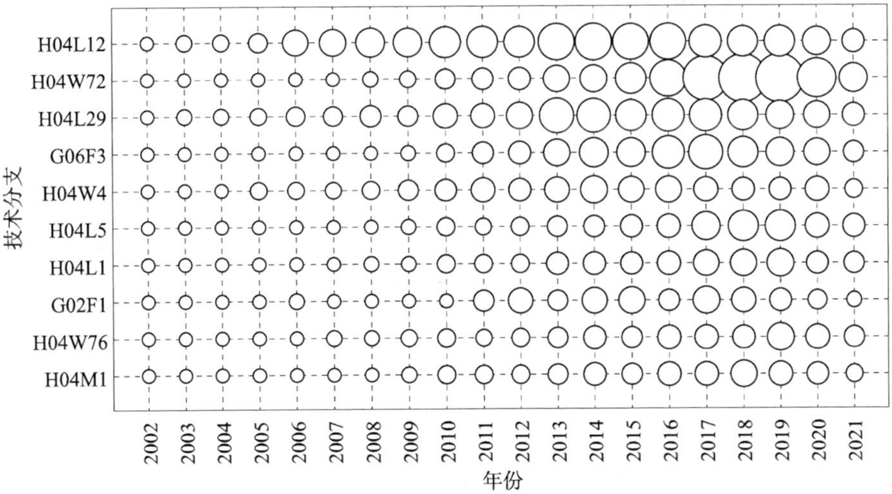

图 3－7　广东省海外专利申请各技术分支发展趋势

注：图中圆圈大小表示申请量多少。

2006 年，数据交换网络技术领域的专利数量增长至 1400 余件，相比 2005 年增长 700 余件，为 2005 年该技术领域申请总量的两倍多。可见，数据交换网络技术领域的专利申请数量在 2006 年迅猛增长，该阶段，技术有了突破性的进展，专利申请量与专利申请人数量急剧上升。

2006—2009 年，数据交换网络技术领域的专利数量平稳增长。此阶段，技术趋于成熟，专利数量继续增加，但专利增长的速度变慢，申请人数基本维持不变。

2010 年，数据交换网络技术领域的专利数量突破 2000 件，2011—2018 年，每年专利申请量处于 2000—3000 件。经过市场淘汰，申请人数量可能减少，专利数量维持稳定。存在技术老化，不少企业退出。

2019—2021 年，技术领域的专利数量存在一定的滞后性；同时，2019 年 12 月以来新冠肺炎疫情在全世界暴发，大多数行业企业受到严重影响，知识产权权利丧失和恢复问题突出，可能导致海外申请数量存在下降趋势。H04L12 技术领域是否进入复苏期，主要取决于是否有突破性创新，可以为技术市场注入活力。

作为海外专利申请排名第二的H04W72技术领域和排名第三的H04L29技术领域，其申请趋势同样存在萌芽期、成长期、成熟期、衰退期和复苏期五个阶段。

（八）重要技术分支地域分布

分析各技术分支在主要国家的分布情况，可以帮助了解技术在哪些市场被商业化。对广东省重要技术分支地域分布进行统计分析，得到图3－8。

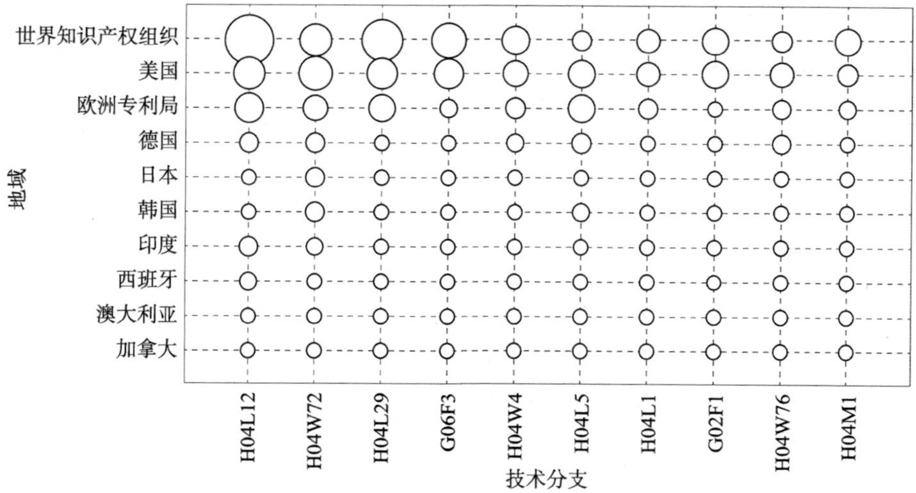

图3－8　广东省海外专利重要技术分支地域分布

注：图中圆圈大小表示申请量多少。

由图3－8可知，各技术领域的海外专利申请主要以PCT途径进行。

作为海外专利申请数量排名首位的H04L12技术领域，其在美国申请的专利数量为7871件，排名第一；在欧洲专利局的专利申请数量为6574件，排名第二。作为海外专利申请数量排名第二的H04W72技术领域，其在美国的专利申请数量为8420件，排名首位；在欧洲专利局的专利申请数量为4560件，排名第二。作为海外专利申请数量排名第三的H04L29技术领域，其美国的专利申请数量为6956件，排名首位；在欧洲专利局申请的专利数量为5099件，排名第二。

可见，海外专利申请数量排名前三的技术领域在欧洲和美国有大量申请，这些技术领域在欧洲和美国被商业化的程度较高。值得注意的是，前三的技术领域在德国的申请数量比较多，分别是 2352 件、2180 件和 961 件，这意味着广东省企业就上述三个技术领域，在德国市场的参与度较高。同时，在日本和韩国申请的专利数量也较多。结合图 3－9 可知，华为公司、中兴通讯股份有限公司（以下简称“中兴公司”）和 OPPO 公司相较于其他企业具有绝对优势。近年来，这三家企业均很重视日韩市场。就华为公司而言，随着其攻克 5G 技术后，其在韩国市场占有率日益提高。❶ 此外，海外专利申请数量排名前三的技术领域在印度的申请数量也较多。

（九）重要技术分支主要申请人分布

分析各技术领域内主要申请人的分布情况。对广东省重要技术分支主要申请人分布进行统计分析，得到图 3－9。

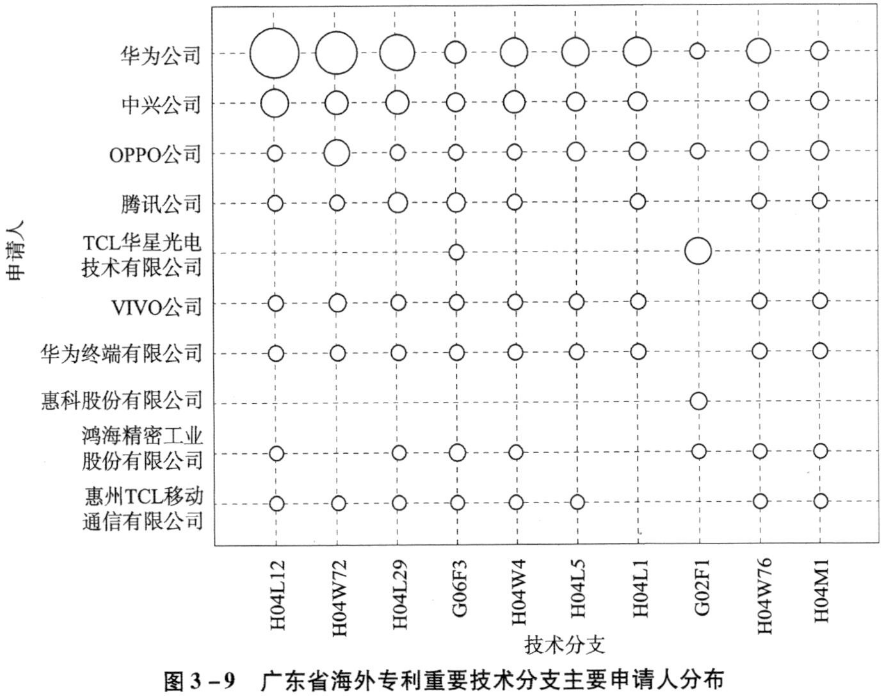

图 3－9　广东省海外专利重要技术分支主要申请人分布

注：图中圆圈大小表示申请量多少。

❶ 华为、中兴等中国通讯企业加快进军日本市场步伐［EB/OL］.（2011－07－07）［2022－04－21］. https://m.c114.com.cn/w17－613527.html.

由图 3－9 可知，在广东省海外专利申请数量排名前十的技术领域中，除 G02F1 和 H04M1 技术领域外，华为公司在其他八个技术领域中海外专利申请量均处于绝对优势。华为公司是信息与通信技术（ICT）基础设施和智能终端提供商，多年来专注于技术创新和开发，长期耕耘于信息与通信技术，这样的实力使得华为公司能够将这些先进的技术应用到智能终端产品等电子设备上，也注定了华为公司在海外专利布局上有十足的底气。

在 G02F1 技术领域中，TCL 华星光电技术有限公司为主要申请主体，申请量达到 6876 件，而该技术领域排名第二的惠科股份有限公司仅为 1218 件。可见，大量的海外专利申请集中在少数申请人手中，这些数据反映了技术高度集中的特点。

而在 H04M1 技术领域，华为公司的申请数量为 2331 件，OPPO 公司的申请数量为 2231 件，中兴公司的申请数量为 1759 件。可见，在 H04M1 技术领域排名前三的华为公司、OPPO 公司势均力敌，而中兴公司则稍逊一筹。

（十）申请人分析

广东省在海外专利申请量最多为该省的优势竞争企业。对广东省海外专利申请的主要申请人进行统计分析，得到图 3－10。

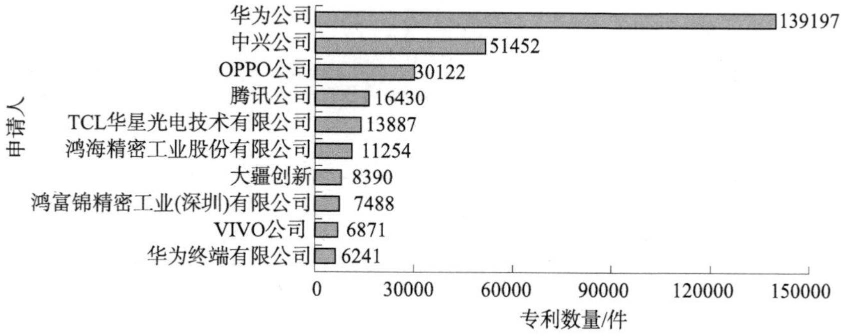

图 3－10　广东省海外专利主要申请人排名

此外，综合 2002—2021 年广东省海外专利数据，得到主要申请人的专利部署地域情况，如图 3－11 所示。有助于了解当前广东省主要申请人在专利申请地域布局的情况。

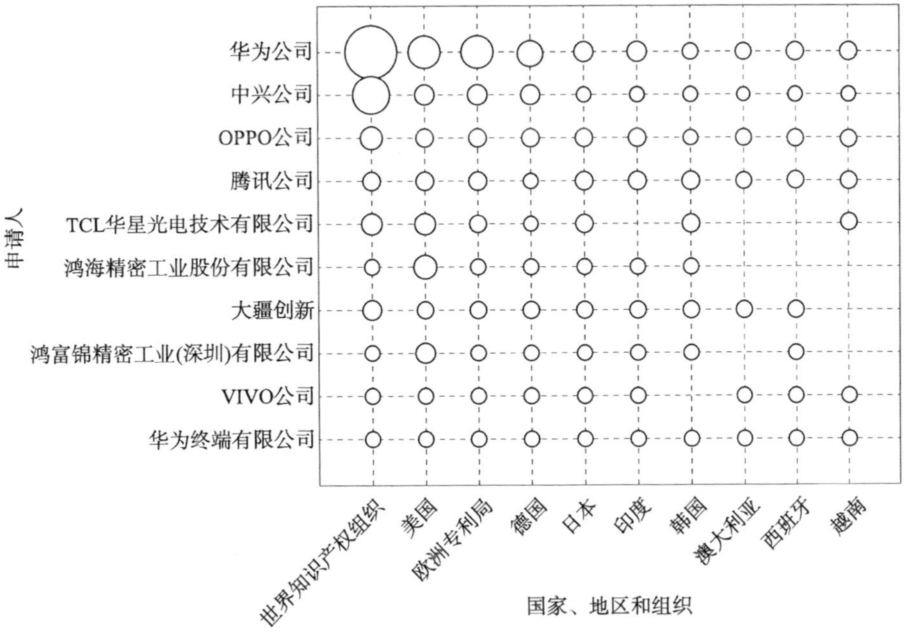

图 3－11　广东省海外专利主要申请人的专利分布地域情况

注：图中圆圈大小表示申请量多少。

图 3－11 示出了广东省海外专利申请排名前十的主要申请人及其申请数量。广东省在计算机、通信和电子设备制造业的代表性企业多，在这些行业均有较多的海外专利布局。

专利数量排名第一的是华为公司，为 139197 件，其海外申请总量明显高于排名第二的中兴公司。其主要是通过 PCT 方式进行全球布局，但也注重美国和欧盟等国家、地区和组织的专利布局，从华为公司申请专利的情况看，该公司正在参与全球手机市场。华为公司成立于 1987 年，是一家生产销售通信设备的民营通信科技公司。在该经济行业内，其重要产品与服务包括程控交换机、传输设备、数据通信设备、宽带多媒体设备、无线通信设备、微电子产品、软件、计算机及配套设备、终端设备及相关通信信息产品、数据中心机房基础设施及配套产品等。华为公司在该行业注重创新与技术研发，长年坚持将每年 10% 的销售收入投入技术研发中。如今，华为公司正引领着全球 5G 技术的构建，其产品和技术已经应用于全球 100 多个国家和地区。

专利数量排名第二的是中兴公司，为51452件；中兴公司与华为公司类似，均是以PCT专利申请进行全球布局。中兴公司是全球领先的综合通信解决方案提供商，中国主要的通信设备上市公司。主要产品包括：2G/3G/4G/5G无线基站与核心网、IMS、固网接入与承载、光网络、芯片、高端路由器、智能交换机、政企网、大数据、云计算、数据中心、手机及家庭终端、智慧城市、ICT业务，以及航空、铁路与城市轨道交通信号传输设备。其注重生产ICT产品，生产通信行业无线、有线、云计算、终端等产品，同时也注重技术创新。在计算机、通信和其他电子设备制造业的海外专利数较多。

专利数量排名第三的是OPPO公司，为30122件。OPPO公司专注于智能终端产品、软件和互联网服务，业务遍及40多个国家和地区，拥有超过400000个销售网点。OPPO公司在全球共有六大研究所和四大研发中心，其研发和创新能力强。

专利数量排名第四的是腾讯科技（深圳）有限公司（以下简称“腾讯公司”），为16430件。腾讯公司在电信、广播电视和卫星传输服务领域的海外专利申请数量较多，是中国主要的互联网综合服务提供商。腾讯公司早期仅限于互联网通信服务，能提供的服务与产品多种多样，但总体上在该经济行业内仍然偏向应用型技术。通过分析腾讯公司相关专利可以发现，其虽然不擅长生产电子设备，但在电子设备相关技术上有技术创新，为其社交软件在计算机和通信设备上的使用扫清技术障碍，根据用户的需求进行调整和改进，以便提供更为友好的用户界面等。

专利数量排名第五的是TCL华星光电技术有限公司（以下简称“TCL公司”），为13887件，主要通过PCT途径进行布局，但并未在印度、澳大利亚和西班牙等国家进行布局。TCL公司注册资本183.4亿元，投资总额达443亿元，是深圳市建市以来单笔投资额最大的工业项目，也是深圳市政府重点推动的项目。知名的商品有电视、半导体，其近年扩大了经营范围，生产各种各样的家电甚至厨电用具。TCL公司拥有国内首条完全依靠自主创新、自主团队、自主建设的高世代面板线，可以为计算机、通信和其他电子设备制造业提供面板。

在专利数量排名前十的专利权人中，鸿海精密工业股份有限公司有 11254 件海外专利，排名第六，鸿富锦精密工业（深圳）有限公司紧随其后，以 7488 件排名第八位。鸿海精密工业股份有限公司是全球计算机、通信、消费性电子（3C）代工领域规模最大、成长最快、评价最高的国际集团。其海外专利布局数量表明，鸿海精密工业股份有限公司不仅是代工企业，在所代工的技术领域也有自己的研发技术，并积极进行海外布局。

深圳市大疆创新科技有限公司（以下简称“大疆创新”）以 8390 件海外专利，排名第七。大疆创新成立于 2006 年，如今已发展成为空间智能时代的技术、影像和教育方案引领者。成立以来，大疆创新的业务从无人机系统拓展至多元化产品体系，在无人机、手持影像系统、机器人教育等多个领域成为全球领先的品牌，以一流的技术产品重新定义了“中国制造”的内涵，并在更多前沿领域不断革新产品与解决方案。以创新为本，以人才及合作伙伴为根基，思考客户需求并解决问题，大疆创新得到了全球市场的尊重和肯定。销售与服务网络覆盖全球 100 多个国家和地区。大疆创新的技术和产品已被广泛应用到航拍、遥感测绘、森林防火、电力巡线、搜索及救援、影视广告等工业及商业用途。随着其自身能力的快速提高，亦在逐渐开拓海外市场，积极开展专利布局。

另外，维沃移动通信有限公司（以下简称“VIVO 公司”）（6871 件）作为广东省的知名企业，其申请数量不容小觑，为广东省海外竞争优势企业。华为终端有限公司（6241 件）隶属于华为公司，是华为核心三大业务之一。产品全面覆盖手机、个人电脑和平板电脑、可穿戴设备、移动宽带终端、家庭终端和终端云。

（十一）新进入者分析

帮助了解广东省在海外专利布局的新进入者，这些新进入者[1]表明了在该

[1] 新进入者是指仅在过去 5 年内才提交专利申请的申请人，余同。

领域的新型竞争。与此同时，这些新进入者可以被视为潜在的收购或合作机会。对广东省海外专利申请的新进入者进行统计分析，得到表3－5。

表3－5　2018—2022年广东省海外专利申请的新进入者统计　　单位：件

申请人	2018年	2019年	2020年	2021年	2022年
비보모바일커뮤니케이션컴퍼니리미티드（威宝移动通信有限公司）	10	231	210	0	0
深圳前海微众银行股份有限公司	0	42	242	47	0
深圳雾芯科技有限公司	0	138	55	30	7
广东美的白色家电技术创新中心有限公司	89	89	38	11	0
UGREEN GRP LTD（优格林玻璃钢有限公司）	56	40	51	62	18

由表3－5可知，威宝移动通信有限公司自2018年开始在韩国申请专利，且其仅在韩国申请了专利。所涉技术领域主要是H04W72/04、H04L5/00和H04W72/12，分别有专利171件、130件和73件。但2021年和2022年第一季度并无相应专利审查记录，可能是因近两年专利数据尚未公布。但从该公司申请专利的技术领域可知，其主要从事电通信技术研究，并在相应市场中进行专利布局。因此，就韩国相应市场而言，其是该领域的新进入者。

深圳前海微众银行股份有限公司成立于2014年12月16日，其申请专利的技术领域主要是G06N20/00、H04L29/08和G06Q40/04，其专利申请量分别为35件、32件和27件。由此可见，该公司作为中国国内首家互联网银行，正在通过PCT途径进行全球布局（截至2022年4月21日，该公司共申请了332件专利，其中324件是通过PCT途径申请，余下在欧洲、美国和新加坡申请，其申请量分别是3件、3件和1件）。

深圳雾芯科技有限公司是一家创建于中国的消费级电子雾化器品牌公司，目前主营业务是RELX悦刻品牌电子雾化烟的研发、设计和销售。该公司自2019年开始海外专利布局，主要通过PCT途径申请，同时注重在美国、英国和欧盟的专利布局。

广东美的白色家电技术创新中心有限公司于2017年1月23日成立。公司经营范围包括：电子、电器类产品开发、设计、咨询及销售；医疗器械类产品开发、设计、咨询及销售（凭有效许可证经营）；智能制造系统化和自动化方案咨询、规划设计、产品研发、设备等相关技术服务；经营性互联网信息服务业务等。该公司2018—2019 年的专利申请数据较为平稳，均为89 件。但因海外专利公开时间等原因，此数据并不准确，其主要涉及领域为 A47L11/24、B01D47/06 和 A47L11/40 等。

三、2021 年广东省海外专利重点产业布局分析

从前文可知，广东省海外专利重点产业主要是 H04、G02 和 G06 领域，这与其作为信息通信强省相契合。毕竟，广东省拥有数量较多的信息通信企业。而且，这类技术在全球范围内是通用的，随着广东省企业在海外市场的扩张，企业需要在海外进行相关专利布局。因此，得益于广东省企业在电通信技术的巨大优势，广东省海外专利布局也呈现同步性。

近年来，我国大力发展战略性新兴产业，广东省积极响应国家产业布局和号召，积极发展和培育战略新兴产业。战略新兴产业是指建立在重大前沿科技突破基础上，代表未来科技和产业发展新方向，体现当今世界知识经济、循环经济、低碳经济发展潮流，尚处于成长初期、未来发展潜力巨大，对经济社会具有全局带动和重大引领作用的产业。2010 年 9 月 8 日，国务院审议并原则通过《国务院关于加快培育和发展战略性新兴产业的决定》。该决定从我国国情和科技、产业基础出发，现阶段选择节能环保、新一代信息技术、生物、高端装备制造、新能源、新材料和新能源汽车七个产业，在重点领域集中力量，加快推进。目前，上述七大产业仍是我国认定的战略性新兴产业。国家统计局在 2018 年 11 月 7 日发布的《战略性新兴产业分类（2018）》（国家统计局令第 23 号）对《战略性新兴产业分类（2012）》进行了修订。本报告拟选取战略新兴产业进行海外专利分析。考虑到《广东涉外知识产权年度报告（2020）》已经就半导体和集成电路产业、人工智能产业、生命健康产业三个重点产业的海外专利布局情况进行了分析，此次选择了物联网技术和新能源汽车产业进行分析。

（一）物联网技术

物联网技术（Internet of Things，IoT）起源于传媒领域，是信息科技产业的第三次革命。物联网是指通过信息传感设备，按约定的协议，将任何物体与网络相连接，物体通过信息传播媒介进行信息交换和通信，以实现智能化识别、定位、跟踪、监管等功能。

物联网指的是将无处不在的末端设备和设施，包括具备“内在智能”的传感器、移动终端、工业系统、数控系统、家庭智能设施、视频监控系统等和“外在使能”的，如贴上射频识别（RFID）的各种资产、携带无线终端的个人与车辆等“智能化物件或动物”或“智能尘埃”，通过各种无线和/或有线的长距离和/或短距离通信网络实现互联互通（M2M）、应用大集成以及基于云计算的 SaaS 营运等模式，在内网、专网和/或互联网环境下，采用适当的信息安全保障机制，提供安全可控乃至个性化的实时在线监测、定位追溯、报警联动、调度指挥、预案管理、远程控制、安全防范、远程维保、在线升级、统计报表、决策支持、领导桌面等管理和服务功能，实现对“万物”的“高效、节能、安全、环保”的“管、控、营”一体化。

根据麦肯锡全球研究院（MGI）估计，从智能家居设备到传感器工厂，到 2030 年，物联网可以在全球创造 5.5 万亿—12.6 万亿美元的价值。但是，物联网最终会变得多大，与其说是技术发展，不如说是确保不同的连接设备可以一起运行并应对网络安全问题。

中国物联网市场规模由 2015 年的 7510.6 亿元增长至 2020 年的 18055.0 亿元，智能家居、工业物联网等下游应用领域的市场需求面临爆发式增长，物联网连接数将 3 倍于移动互联网连接数的增速。2021 年，人力资源和社会保障部预测，未来 5 年，物联网行业人才需求缺口总量超过 1600 万人，物联网工程技术人员将拥有非常广阔的职业发展空间。

广东省是我国物联网产业规模的第一大省。作为物联网产业的核心基础设施，RFID 也是国际企业争相布局的重要目标市场之一。广东省 RFID 市场规模占全国 42% 以上，具有明显优势。特别是广东省中小企业技术创新能力也显著增强，涌现出华为公司、中兴公司、深圳市远望谷信息技术股份有限公司等一大批物联网重点研发单位，物联网领域专利申请量领跑全国。

有鉴于此，本部分拟就广东省物联网技术领域的海外专利布局进行检索分析，以期能够了解和掌握广东省海外物联网专利布局情况。

专利数据说明：在已获得 2002—2021 年广东省海外专利数据的情况下，首先选取 2012—2021 年这十年的专利数据，然后根据《国民经济行业分类（GB/T 4754—2017）》选取 I6532 小类，再选择“一件专利申请显示一个公开文本”进行去重，共得到 63202 件专利数据。

1. 专利概况

（1）专利趋势

分析广东省物联网技术领域的海外专利申请趋势，得到图 3－12。其中专利授权率表明申请的有效率以及最终获得授权的提交申请成功率。图 3－12 中的空白柱代表申请总量，灰色柱表示申请专利的被授权量。

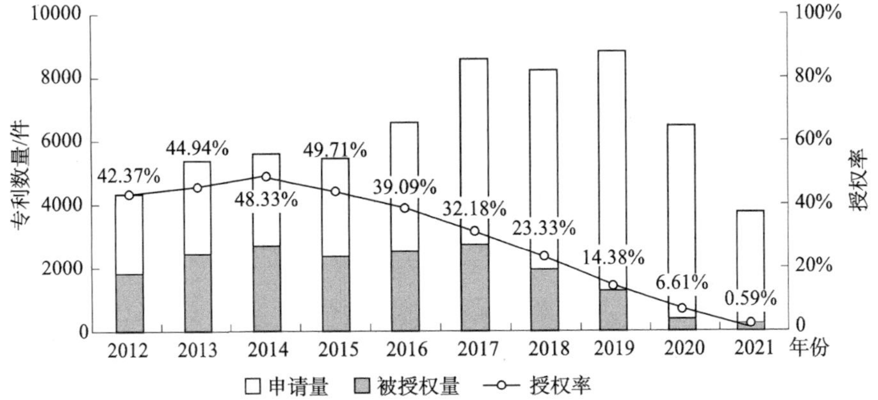

图 3－12　2012—2021 年广东省物联网技术海外专利申请、被授权及授权率趋势

从图 3－12 可知，广东省企业在海外就物联网技术进行专利布局，其专利申请趋势可分为如下三个阶段。

① 平缓期（2012—2015 年）。2012—2015 年，尽管每年专利申请量有所增加，但增加的幅度并不明显，尤其是 2013—2015 年，专利年申请基本维持在 5400 件左右。由此可见，在这段时间内，广东省企业的物联网技术领域的

研究相对比较成熟，但一直还在针对物联网技术进行持续研究，此时研究较为深入。这得益于2011年11月28日，工业和信息化部发布《“十二五”物联网发展规划》，分析了物联网的国内外现状与发展趋势，梳理了物联网产业链，并提出了未来发展的目标与路径，提出了多项措施来扶持推动产业发展。

② 爆发期（2016—2017年）。2016年广东省物联网技术海外申请量较2015年出现较大幅度增长，增长量为1115件；2017年比2016年增加了2049件。相比于第一阶段的专利年申请量变化趋势而言，2016—2017年出现了较为明显的变化。导致广东省海外物联网专利申请量出现如此明显变化的原因主要有两点：一是国家“十三五”规划明确提出“发展物联网开环应用”，将致力于加强通用协议和标准的研究，推动物联网不同行业不同领域应用的互联互通、资源共享和应用协同，通过开环应用示范工程推动集成创新，总结形成一批综合集成应用解决方案，促进传统产业转型升级，提高信息消费和民生服务能力，提升城市和社会管理水平；二是来自其他技术的发展，使得物联网技术有了新突破。一方面，物联网低功耗广域技术（LPWA），包括窄带物联网（NB－IoT）和LoRa技术，从物联网技术架构层面提供了广域物联的基础；另一方面，物联网在工业和电力领域的应用，使得物联网从改变人们生活到改变社会经济推动社会发展；此外，5G技术的诞生也促进了物联网技术的发展。

③ 缓和期（2018—2021年）。2017—2019年，广东省物联网技术的海外专利申请量稍有回落，但2020—2021年的专利文件并不完整，且由于新冠肺炎疫情的影响，近年来的专利申请量处于低迷期。不过，国家仍致力于出台相应的政策文件，鼓励物联网技术的研发。

就国家层面而言，2021年11月16日，工业和信息化部发布《“十四五”信息通信行业发展规划》，提出5项重点任务，包括全面部署5G、千兆光纤网络、互联网协议第6版（IPv6）、移动物联网、卫星通信网络等新一代通信网络基础设施，统筹优化数据中心布局，构建绿色智能、互通共享的数据与算力设施，积极发展工业互联网和车联网等融合基础设施，加快构建并形成以技术创新为驱动、以新一代通信网络为基础、以数据和算力设施为核心、以融合基础设施为突破的新型数字基础设施体系。2021 年 9 月 29 日，工业和信息化部、中央网络安全和信息化委员会办公室等 8 个部门联合发布《物联网新型基础设施建设三年行动计划（2021—2023 年）》，明确指出四大重点任务：①创新能力提升行动；②产业生态培育行动；③融合应用发展行动；④支撑体系优化行动。2020 年 5 月 7 日，工业和信息化部办公厅发布《关于深入推进移动物联网全面发展的通知》，该通知列出了五项重点任务：①加快移动物联网网络建设；②加强移动物联网标准和技术研究；③提升移动物联网应用广度和深度；④构建高质量产业发展体系；⑤建立健全移动物联网安全保障体系。

就广东省而言，2021 年 9 月 16 日，《广州市服务业发展“十四五”规划》提出，加大具有自主知识产权基础软件技术和产品的研发应用，全力打造“基础操作系统—行业应用软件—系统集成运维—互联网在线服务—信息安全—嵌入式应用—软件检测认证”的完整产业链条。2021 年 9 月 10 日，《物联网新型基础设施建设三年行动计划（2021—2023 年）》坚持问题导向和需求导向，打造支持固移融合、宽窄结合的物联网接入能力，加速推进全面感知、泛在连接、安全可信的物联网新型基础设施建设，加快技术创新，壮大产业生态，深化重点领域应用，推动物联网全面发展，不断培育经济新增长点，有力支撑制造强国和网络强国建设。2021 年 7 月 18 日，《广州市建设国家数字经济创新发展试验区实施方案》引导工业企业与软件企业、互联网企业加强合作，促进大数据与云计算、物联网、工业互联网等融合集成，开发工业大数据应用解决方案。支持建设跨行业、特定行业、特定场景的工业互联网平台，持续完善工业互联网网络、平台、安全体系，推动企业将生产设备、核心业务系统等关键环节向云端迁移。

（2）法律状态

通过专利有效、失效、审查中等状态的占比分析，可以帮助衡量广东省海外专利的活跃程度。通常情况下，审查中的专利占比越大，反映该企业近期创新活力越高。其中，未确认状态为无数据的情况。对广东省 2012—2021

年物联网技术海外专利法律状态进行统计分析，得到表3－6。

表3－6 2012—2021年广东省物联网技术海外专利不同法律状态汇总

法律状态	专利数量/件	占比
PCT指定期满	20156	31.89%
有效	17758	28.10%
审查中	14014	22.17%
失效	4702	7.44%
PCT指定期内	4561	7.22%
未确认	2011	3.18%

从表3－6可以看出63202件广东省物联网技术专利的法律状态，其中有20156件专利申请处于PCT指定期届满的状态，占比31.89%；有17758件专利处于有效状态，占比28.10%；有14014件专利申请处于审查中状态，占比22.17%；有4702件专利处于失效状态，占比7.44%；有4561件专利申请处于PCT指定期内，占比7.22%；有2011件专利申请未获得法律状态信息，占比3.18%。

近年来，我国企业自主创新能力不断提高，并得到了国家政策的全面支持，不仅在国内大力加强知识产权布局，在参与国际竞争的过程中，也开始积极利用PCT等途径在国外寻求专利保护，以提高企业的知识产权竞争力。PCT专利申请进入国家阶段的明显优势在于简化了提出申请的程序和期限较长，申请人可以利用此优势，延缓进入国家阶段的时间，争取更多的时间进行市场调研、资金筹备和完善申请文件等工作。

尽管失效专利和PCT指定期内的专利申请数量基本持平，但处于审查中的专利申请有14014件，占总专利数量的22.17%。由此可发现，该技术领域发展后劲较足，物联网技术发展可能已经进入一个新的时期。这也间接说明，广东省企业近期在物联网技术领域创新活力较高。

（3）专利类型

专利类型的分布反映该技术领域的申请人专注于保护创新的功能还是外观。其中，通常情况下，发明专利相对于实用新型的占比，反映该领域的创新程度高低。整合 2012—2021 年广东省在海外物联网技术专利数据，得到图 3－13。

从图 3－13 可知，广东省物联网技术海外专利仅有两类专利，分别是发明和实用新型，前者占比高达 99.97%，后者仅有 0.03%。由此可见，广东省在海外就物联网技术进行专利布局的质量非常高。至于为何没有外观设计，可能是早期物联网技术通常不涉及外观设计专利。

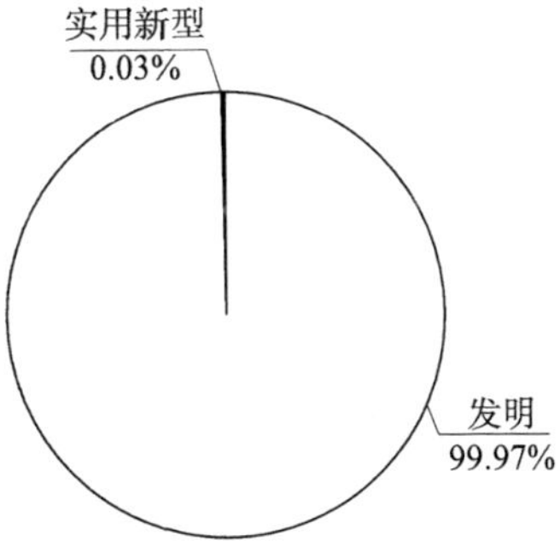

图 3－13　2012—2021 年广东省物联网技术海外专利不同类型占比

（4）技术生命周期

一种技术的生命周期通常由萌芽（产生）、成长（发展）、成熟、衰退和复苏五个阶段构成。通过分析一种技术的专利申请数量及专利申请人数量的年度变化趋势，可以分析该技术处于生命周期的何种阶段，进而可为研发、生产、投资等提供决策参考，如表 3－7 所示。

表 3－7　技术生命周期阶段定义

阶段	阶段名称	代表意义
第一阶段	萌芽期	重要的基本发明的诞生，在该阶段，研究和开发主要集中在少数几个公司，专利申请量与专利申请人数量都不多，集中度较高
第二阶段	成长期	基本发明纵向发展和横向发展，应用发明专利逐渐出现。在该阶段，技术有了突破性的进展，市场扩大，介入的企业增多，专利申请量与专利申请人数量会急剧上升
第三阶段	成熟期	技术趋于成熟，除少量企业外，大多数企业已经不再投入研发力量，也没有新的企业愿意进入。专利数量继续增加，但专利增长的速度变慢，申请人数基本维持不变
第四阶段	衰退期	经过市场淘汰，申请人数量大为减少，专利数量维持稳定，技术的发展进入下降期，进展不大。当技术老化后，不少企业退出，每年申请的专利数量和企业数量呈负增长
第五阶段	复苏期	技术是否进入复苏期，主要取决于是否有突破性创新，可以为技术市场注入活力

利用专利申请量与专利申请人数量随时间的推移而变化来帮助分析当前

技术领域生命周期所处阶段。通过图 3－14 可以帮助评估技术发展的阶段，用来判断是否需要进入当前技术领域。

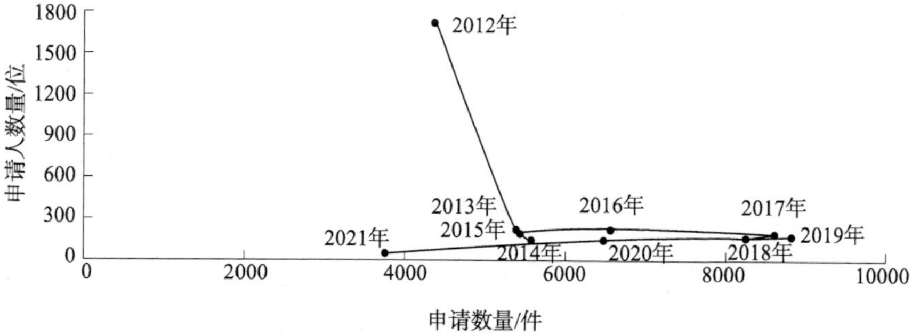

图 3－14　2012—2021 年广东省物联网技术海外专利技术生命周期

从图 3－14 可知，经过漫长时间的竞争和沉淀，广东省物联网技术领域的申请人数量由 2012 年的 1716 位减少到 2021 年的 47 位，尽管 2021 年数据可能并不完善，但人数极大概率小于 1000 人。因此，目前物联网技术市场处于衰退期，若不出现新的技术增长点，该技术领域可能会逐渐老化，直至退市。

2. 地域分布

（1）目标市场排名

分析广东省物联网技术专利主要布局在哪些国家、地区和组织，专利申请量的多少在一定程度上反映了该目标市场的受关注程度。这可以帮助企业进行技术战略布局时，评估哪些是需要主要关注的国家、地区和组织，以及哪些国家、地区和组织均未被布局，是否可能成为潜在的布局地。

从图 3－15 可知，广东省物联网技术海外布局主要是在美国、印度、德国等国家、地区和组织。说明广东省的专利申请主体比较关注在上述国家和地区的相关市场。

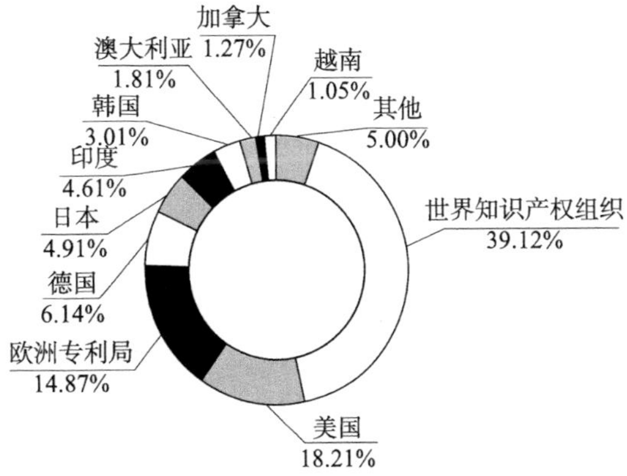

图3-15　2012—2021年广东省物联网技术海外专利布局目标市场占比

美国的互联网技术及其相关技术一直领先其他国家和地区。物联网技术是在基于互联网技术发展起来的，美国具有天然的优势。美国在世界领先的研发实力的支撑下，采用了从基础研究、应用研究到市场开发的信息技术发展模式，不仅抢得了信息技术发展的先机，而且不断实现新的技术飞跃，引领着信息技术革命的潮流和发展方向，掌控着信息技术国际标准制定权。虽然物联网技术始于美国，但兴于德国。德国“工业4.0”已深度与物联网技术结合，并获得显著成绩。2019年，德国88%的公司已经实施了物联网项目，且近三成公司获得的商业成功归于物联网。类似的，印度、英国等国家正积极拥抱物联网技术。但这意味着，广东省企业在上述国家和地区进行专利布局，竞争将会较为激烈。广东省企业在新加坡、墨西哥、法国、加拿大等国家布局较少，未来可以考虑在上述国家和地区进行布局。

（2）目标市场趋势分析

分析主要目标市场的申请趋势，帮助了解广东省在海外物联网技术领域随时间变化的地域布局情况。

如图3-16所示，2012—2021年，广东省企业在美国的专利申请总量呈现增长趋势。这主要是因为美国不仅是物联网技术的核心市场，而且也是全球经济竞争的中心，美国企业在物联网技术上具有巨大优势，广东省企业在美国布局，不仅是限制竞争对手，也为了扩张其在美国的市场。同时，从图3-16

可知，2015 年，广东省物联网技术的海外专利申请数量相比 2014 年，除了加拿大、越南和韩国等国家申请量略有降低，在 2016 年专利申请量出现较大幅度的增加。这主要是因为 2016 年前后出现了新的技术增长点，同时随着中国企业的海外竞争能力提高，广东省企业也正逐渐扩张海外市场。此外，在 2016—2018 年，广东省在日本、印度、韩国、澳大利亚、加拿大等国家的物联网专利申请量呈增长趋势。伴随着发展中国家对外开放的态度，现阶段广东省企业在印度、澳大利亚等国家的专利布局还在摸索阶段，未来在上述国家的海外专利申请量会处于一个持续上升的态势。此外，世界知识产权组织占据了专利目标市场较大比例，说明这一技术领域申请者比较重视国际保护，会同时申请国际专利。2019—2021 年的数据公布有延迟，故专利申请数量并不准确。

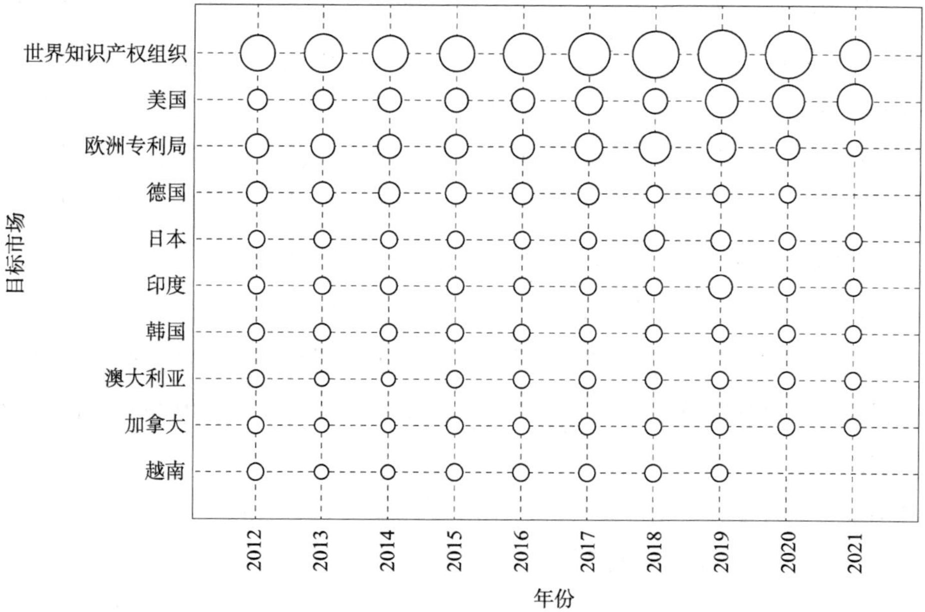

图 3－16　2012—2021 年广东省物联网技术海外专利布局目标市场申请趋势

注：图中圆圈大小表示申请量多少。

3. 技术主题分析

（1）技术构成分析

分析物联网技术领域主要技术分支的占比情况。可以帮助了解各技术分支的创新热度，以及发现当前技术布局的空白点，将其视为技术发展的潜在机会。

从表3-8可知，2012—2021年，广东省物联网技术在海外所申请专利的技术分支，排名前三的分别是H04W72、H04W4和H04W76，其占比分别是28.07%、11.10%和10.06%。同时，排名前十的技术领域均属于H04大类，且前九名均属于H04W小类，占比高达94.61%。可知广东省物联网技术的重要研发分支分布在上述领域，这些技术代表了该行业的重要基础技术和重要研发动向。

表3-8 2012—2021年广东省海外物联网技术专利技术构成汇总

分类号	定义	专利数量/件	占比
H04W72	本地资源管理，例如，无线资源的选择或分配或无线业务量调度〔2009.01〕	22927	28.08%
H04W4	专门适用于无线通信网络的业务；设施〔2009.01，2018.01〕	9068	11.10%
H04W76	连接管理〔2009.01，2018.01〕	8218	10.06%
H04W36	切换或重选装置〔2009.01〕	7377	9.03%
H04W28	网络业务量或资源管理〔2009.01〕	6981	8.55%
H04W48	接入限制；网络选择；接入点选择〔2009.01〕	6113	7.48%
H04W52	功率管理，例如，TPC〔传输功率控制〕，功率节省或功率分级〔2009.01〕	5933	7.26%
H04W74	无线信道接入，例如，调度接入或随机接入〔2009.01〕	5603	6.86%
H04W88	专门适用于无线通信网络的设备，例如，终端、基站或接入点设备〔2009.01〕	5052	6.19%
H04L5	为传输通道提供多用途的装置	4403	5.39%

（2）技术分支申请趋势

对2012—2021年广东省物联网技术海外专利的技术分支申请情况进行统计分析，得到图3-17。

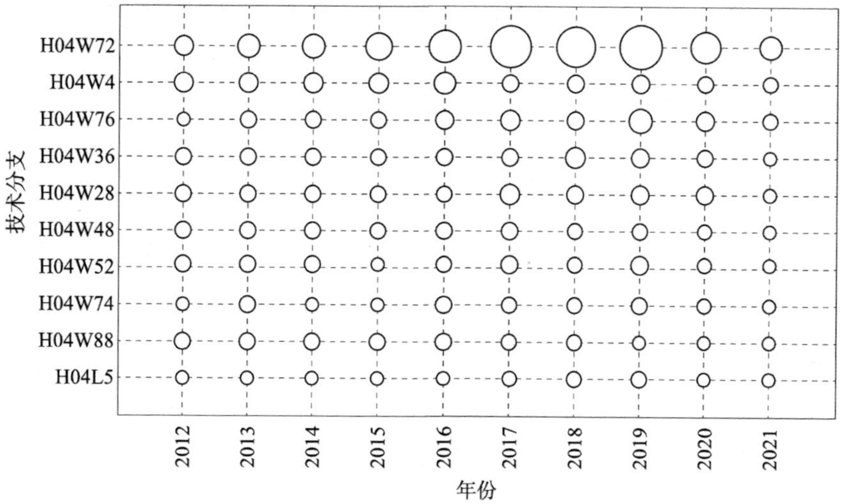

图 3－17　2012—2021 年广东省海外物联网专利技术分支申请趋势

注：图中圆圈大小表示申请量多少。

从图 3－17 可知，2012—2020 年，广东省物联网技术的申请趋势除了 H04W72 外，其他技术分支的申请量均呈现出降低的趋势。出现这种现象的原因主要是，经过多年的发展，物联网相关的技术已经趋于成熟，市场竞争主体开始减少。而 H04W72 之所以能够出现申请量的持续上涨，主要是因为 2016 年我国开始研发 5G 技术，2018 年 2 月 27 日，华为公司在世界移动通信大会（MWC）上发布了首款第三代合作伙伴计划（3GPP）标准 5G 商用芯片巴龙 5G01 和 5G 商用终端，支持全球主流 5G 频段，使得广东省的电子信息产业进入新轨道。正因 5G 技术的诞生与应用，使得物联网技术迎来新的增长点，尤其是在无线资源的选择、分配或无线业务量调度方面，成为技术的新发展方向。技术分支申请呈增长趋势说明该产业还存在较大的研发空间，市场竞争者可尝试加大在半导体和集成电路领域的研发投入。

（3）重要技术分支地域分布

分析物联网技术分支在主要国家、地区和组织的分布情况，可以帮助了解这项技术可以在哪些市场被商业化。

图 3－18 反映了广东省企业在物联网领域专利申请技术分支的主要国家、

地区和组织分布。可以看出，各技术分支都有通过世界知识产权组织进行提交的专利，说明物联网技术领域的研发者比较注重国际知识产权保护。从整体上分析，虽然不同的技术分支在各个国家、地区和组织的布局情况不同，但在美国和德国的专利申请数量相对还是较多，在加拿大和越南的布局较少。美国和德国等国家物联网行业较早，技术实力强劲，资源、资金和需求优势较大，吸引广东省企业进行重点技术的布局。H04W72 这一技术分支在德国和日本的专利申请分布较多，说明日本和德国的本地资源管理领域的技术发展较好，在这些国家该技术可以被商业化。其他技术分支在其他国家的申请总体相差并不大，说明广东省物联网技术在韩国、印度、加拿大等国家的布局相对均衡。

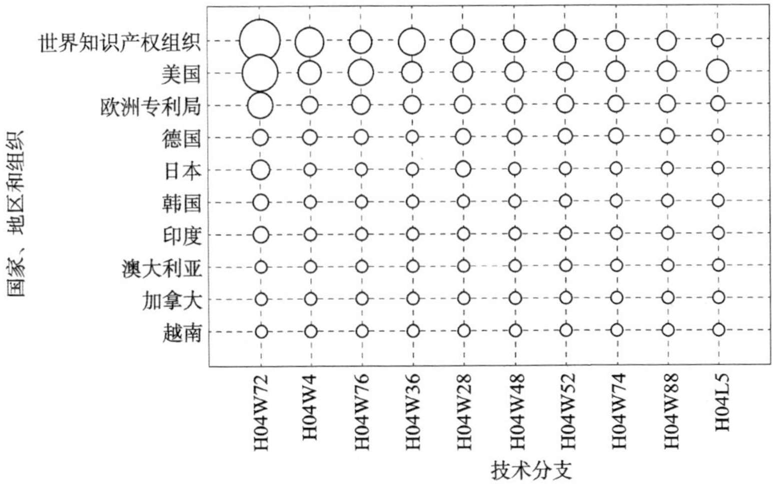

图3-18　2012—2021年广东省海外物联网专利重要技术分支地域分布

注：图中圆圈大小表示申请量多少。

（4）重要技术分支主要申请人分布

分析物联网技术分支内领先公司的分布情况，可以帮助了解广东省有哪些企业主体致力于物联网技术的研发，以便能够寻求合作，共同拓展海外业务。

由图3-19可知，在物联网技术领域，华为公司、OPPO公司、中兴公司和VIVO公司是主要申请人。其中，华为公司和OPPO公司在H04W72这一技术领域相比于其他申请人来说，具有绝对的优势，是该技术领域的领导者。同时，腾讯公司在 H04L5 这一技术领域并无专利布局，而其他申请人则在此技术领域有专利申请，这也意味着如果腾讯公司想进入该技术领域对应的海外市场，可能需要与其他申请人合作。

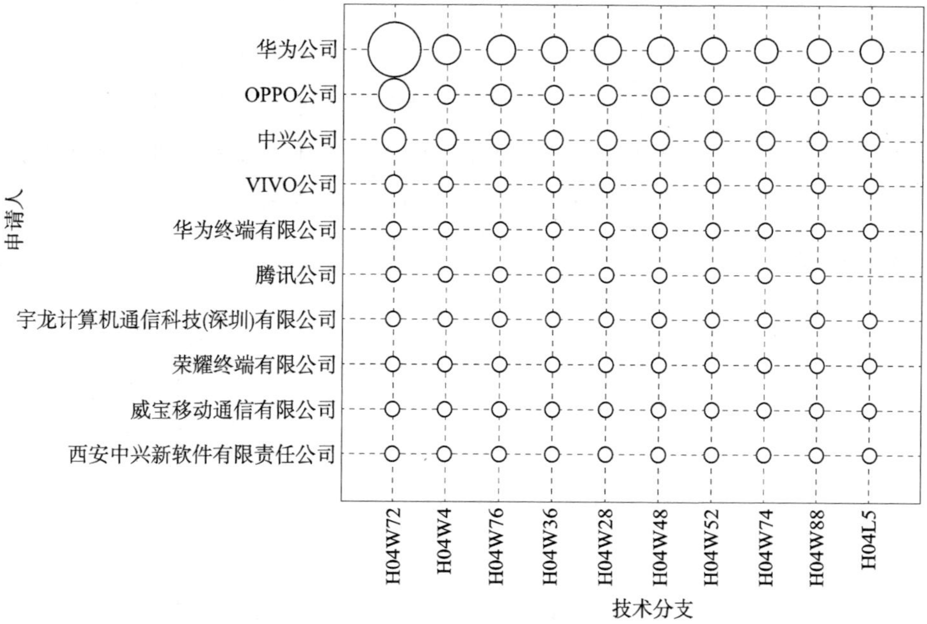

图 3－19　2012—2021 年广东省物联网技术海外专利主要申请人专利技术构成分布

注：图中圆圈大小表示申请量多少。

4. 申请人分析

（1）主要申请人分析

在物联网技术领域内，分析广东省哪些申请人拥有的专利总量最多，可以帮助了解该技术领域内的主要企业和竞争对手。

从图 3－20 可知，广东省物联网技术海外专利申请量最多的企业是华为公司，有 33044 件专利，排名第二的 OPPO 公司有 11931 件专利，排名第三的中兴公司有 10115 件专利。可以发现，华为公司就物联网技术的研发和专利布局占有绝对的优势。之所以华为公司能有如此多的物联网专利，主要是因为华为公司近年来一直关注手机通信行业，随着 5G 技术的推广，致力于移动互联网的智能生态构建。

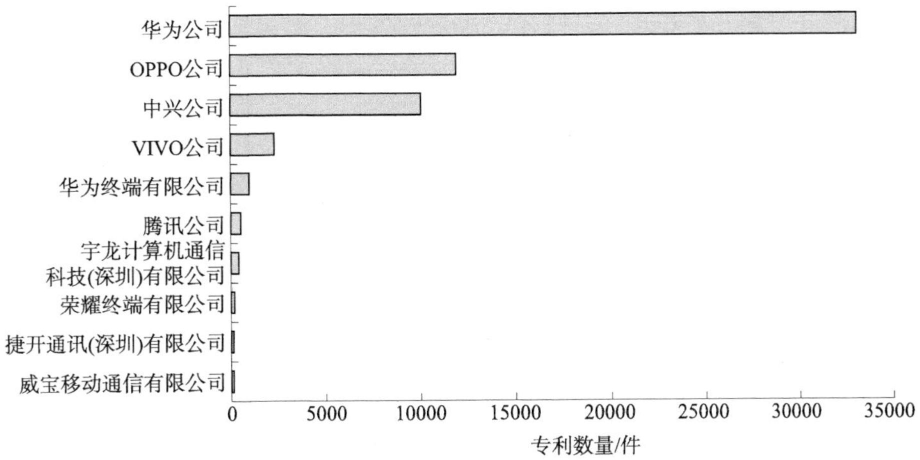

图 3－20　2012—2021 年广东省物联网技术海外市场专利主要申请人排名

（2）新进入者分析

帮助了解在该技术领域的新进入者，这些新进入者反映了该领域的竞争情况。与此同时，这些新进入者可以被视为潜在的收购或合作对象。

从图 3－14 可知，物联网技术因 5G 等技术的出现，从衰退期进入复苏期。同时，在国家政策的引导和国家资金的扶持下，广东省有一些企业正在进军物联网技术领域。本部分选取了 2018—2021 年的新进入者进行考察。从图 3－21 可知，在物联网技术领域，新进入者并不多，仅有 7 家公司在近 4 年提交了专利申请。不过，威宝移动通信有限公司隶属于 VIVO 公司、OPPO 深圳公司也是隶属于 OPPO 公司，HUIZHOU TCL CLOUD INTERNET CORP TECH CO LTD 则隶属于 TCL 公司，SHENZHEN TRANSSION HLDG CO LTD 是深圳传音控股股份有限公司，所以真正的新进入者是 3 位。

奇酷互联网络科技（深圳）有限公司是一家互联网公司，从事网络商城技术、计算机软硬件、网络技术产品、多媒体产品的研发；从事系统集成的设计、调试及维护服务；为计算机电子商务平台提供技术支持；经济信息咨询；移动通信及互联网有关技术开发、技术咨询、技术服务、技术转让；从事手机、手机配件、智能硬件产品、纺织品、箱包、日用品、化妆品、工艺

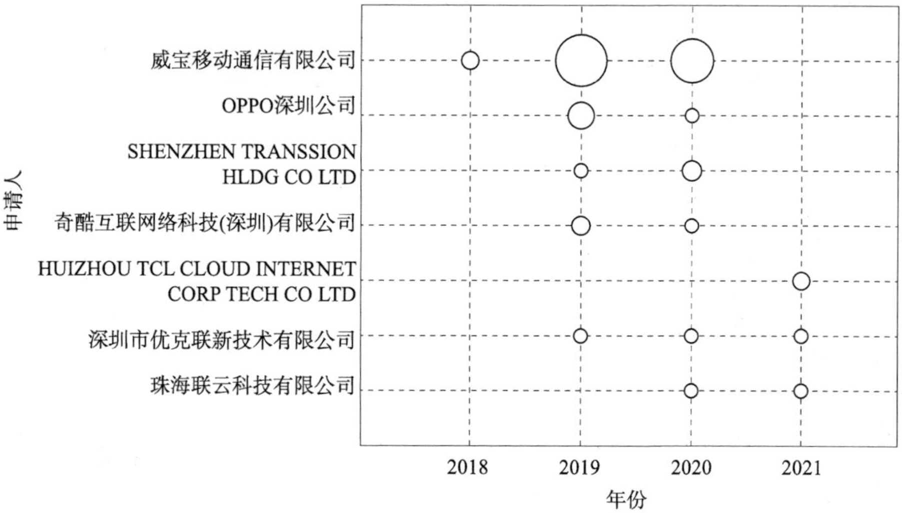

图 3-21　2018—2021 年广东省物联网技术海外专利新进入者分布

注：图中圆圈大小表示申请量多少。

品、钟表眼镜、玩具的研发和批发。

深圳市优克联新技术有限公司成立于 2014 年，是一家专注于移动终端、无线通信产品、移动宽带产品、移动互联网应用、移动后台系统等领域的产品开发和服务的移动互联网公司。公司总部位于香港特别行政区，在深圳市设立研发中心和服务中心。

珠海联云科技有限公司成立于 2018 年，经营范围主要是软件开发、销售软件、智能消费设备制造、信息系统集成和物联网技术服务、运行维护服务、信息处理和存储支持服务、信息技术咨询服务、互联网科技创新平台、互联网数据服务以及其他互联网平台等。该公司是珠海格力电器股份有限公司完全控股的公司。

由此可发现，广东省企业在物联网技术领域的海外专利布局的新进入者仅有奇酷互联网络科技（深圳）有限公司，其他新进入者均是已经在市场经营数年的现有公司的新设公司。这也就意味着在物联网技术领域，竞争已经衰退。尤其是在物联网技术已经较为成熟的情况下，如果新进入者无法为物联网技术的发展或市场服务提供更好或更优的产品，那么很难在此市场上获得竞争优势。

（3）主要申请人技术分布

分析主要申请人的技术分布情况，可以帮助了解广东省物联网技术领域内的主要申请人分别专注于哪些技术分支。

从图 3 – 22 可知，在物联网技术领域，华为公司、OPPO 公司和中兴公司主要集中在 H04W72、H04W4、H04W76、H04W36 等技术领域。其中，华为公司、OPPO 公司和中兴公司均在 H04W72 有较多专利申请，而以华为公司申请量最多。同时，相比于其他申请人，华为公司在上述 10 个技术分支中的专利布局具有较大优势。说明在上述技术领域，华为公司进行了较多布局。从图 3 – 22 可知，在申请量前十的申请人中，只有腾讯公司在 H04W72 和 H04L5 技术领域未进行布局，其他公司均在上述技术分支进行了申请。因此，若腾讯公司想在海外市场开展上述两个领域的业务，可考虑与其他公司合作或自行研发。

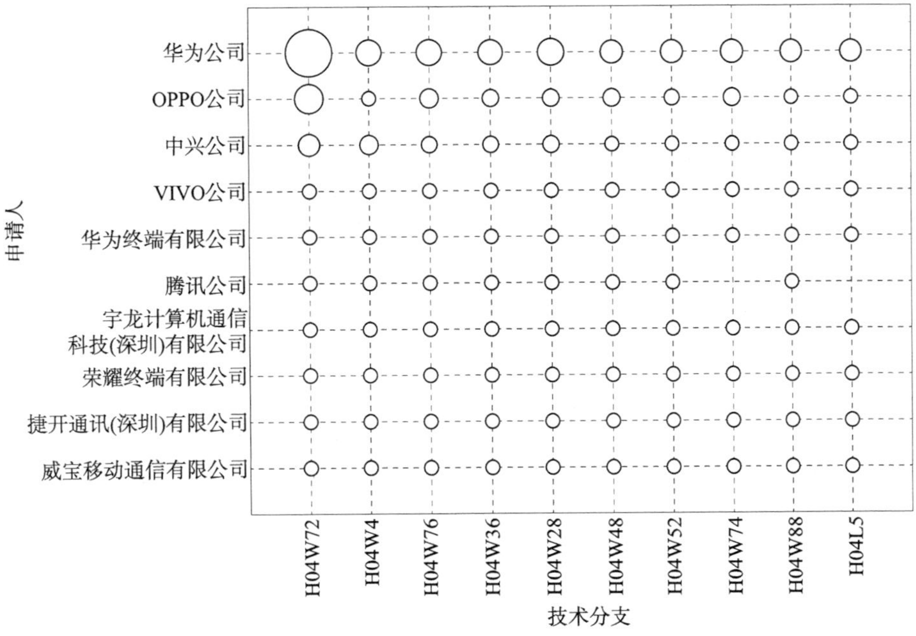

图 3 – 22　2012—2021 年广东省物联网技术海外专利主要申请人技术分布

注：图中圆圈大小表示申请量多少。

（4）主要申请人申请趋势

通过了解主要申请人的申请趋势，有助于了解相关申请人的技术发展动向。

从图3－23可知，2012—2021年，华为公司、OPPO公司、中兴公司和VIVO公司在物联网技术领域的海外专利申请呈现出逐年增加的趋势。值得注意的是，VIVO公司自2016年起在海外申请物联网技术专利，近年来其申请量逐步增长。捷开通讯（深圳）有限公司和威宝移动通信有限公司最近几年才开始申请物联网专利，但后者隶属于VIVO公司，前者属于该领域的新进入者。不过，这两家公司的申请量并不大，主要原因是物联网技术领域的竞争已经趋于白热化，可开发空间并不多。

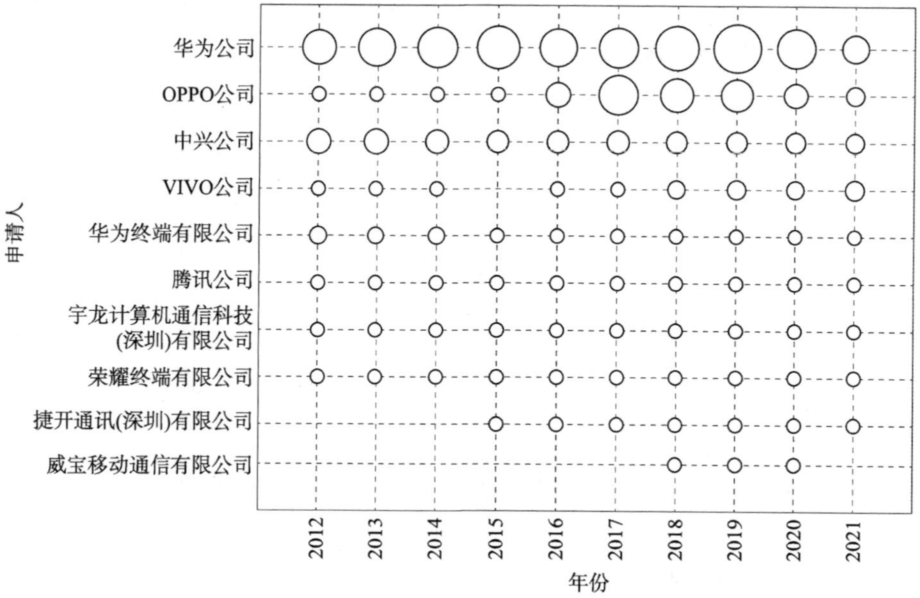

图3－23　2012—2021年广东省物联网技术海外专利主要申请人申请趋势

注：图中圆圈大小表示申请量多少。

（5）主要申请人地域分布

分析主要申请人的地域布局情况，有助于了解物联网技术领域的主要申请人在地域布局的异同情况。

如图3－24所示，在物联网行业，对广东省专利申请量排名前十的申请人的海外申请地域进行统计，可以发现世界知识产权组织受理了大多数申请人的海外申请。广东省的申请人更偏向在美国、欧洲、德国、日本和印度进行布局，这些地域的技术创新情况和经济优势吸引了相关企业进行布局。美国的物联网产业发展较早，日本企业在相应技术领域也具有国际竞争优势，自然成为广东省申请人进行海外布局的重要地区。排名前三的申请人在多个国家申请了较多的专利，这说明华为公司、OPPO公司和中兴公司海外布局意识较强且专利质量较高。华为公司作为物联网产业的领导者在美国、德国和印度布局较多，说明其比较注重这些国家的市场。其他主要申请人在海外布局较少，说明这些公司的技术还不够完善，近些年更偏重开拓中国市场。广东省的企业都向世界知识产权组织申请了一定数量的专利，这说明我国企业越来越重视知识产权的国际保护。

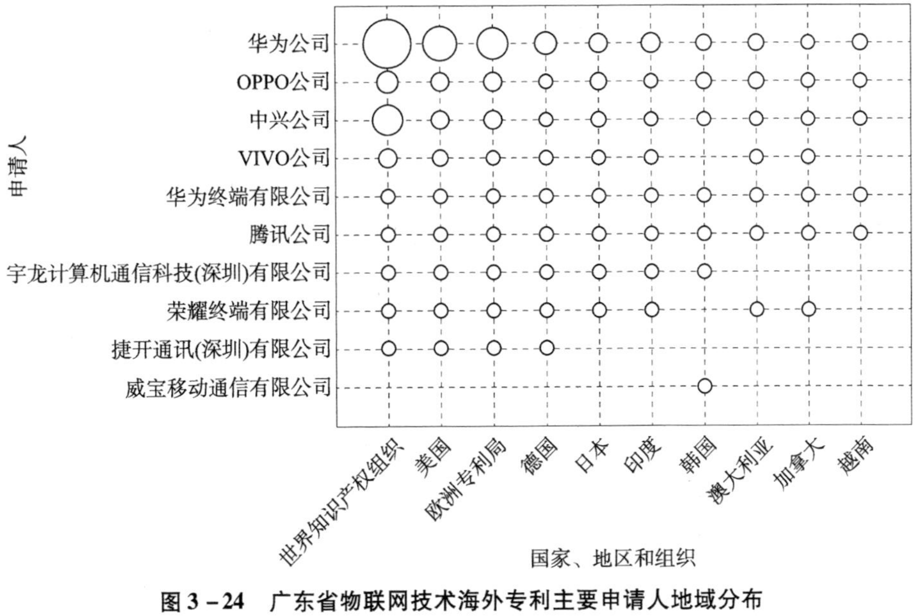

图3-24　广东省物联网技术海外专利主要申请人地域分布

注：图中圆圈大小表示申请量多少。

（6）专利地图

如图3-25和表3-9所示，领域地图显示了物联网技术领域内主要公司的专利关键词，有助于了解物联网技术领域内主要申请人相关的技术概念，

借此区分不同申请人的技术焦点。关键词使用最新的5000条专利计算得出。❶

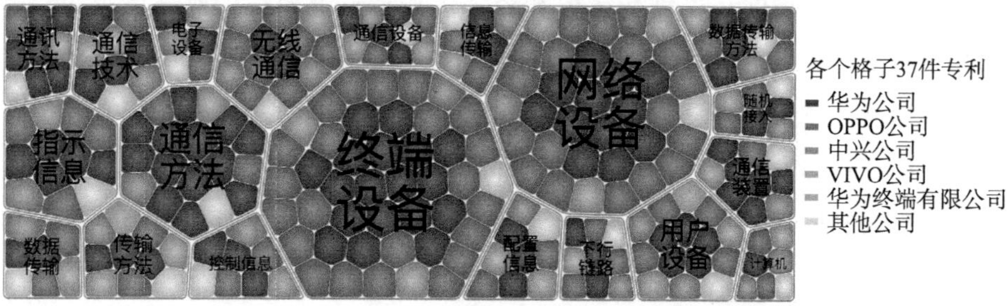

图3-25　广东省物联网技术海外专利领域地图

表3-9　广东省物联网技术海外专利主要申请人在不同关键词下的专利数量

单位：件

申请人	终端设备	网络设备	通信方法	无线通信	用户设备	指示信息	数据传输方法	配置信息	通信技术	通信装置	传输方法	通信设备	下行链路	通讯方法	随机接入	控制信息	电子设备	计算机	数据传输	信息传输
华为公司	643	413	446	71	163	175	125	108	146	212	82	122	81	197	57	81	47	29	64	41
OPPO公司	792	646	68	242	119	124	109	74	30	15	68	41	96	4	63	50	37	63	63	68
中兴公司	6	23	6	93	57	16	11	27	6	1	24	13	33	0	15	26	34	43	15	14
VIVO公司	49	84	1	3	40	30	13	45	55	16	47	50	8	1	35	13	18	4	8	23
华为终端有限公司	0	0	0	0	2	0	0	0	0	0	1	0	0	0	0	0	0	0	0	0
其他公司	28	25	20	9	31	2	13	12	14	5	20	11	9	1	10	8	35	25	7	6

图3-25和表3-9显示了在物联网技术领域内主要申请人的专利关键词和其专利数量，有助于了解该技术领域内主要申请人相关的技术概念，借此区分不同申请人的技术焦点。可以看出，华为公司在各个领域都有涉及，且在终端设备、网络设备、通信方法、用户设备、指示信息、数据传输方法、配置信息、通信技术、通信装置等领域占据重要地位，业务市场十分广泛。

❶ 专利地图中格子数量表示每个申请人的专利覆盖率，每个格子代表相同数量的专利，余同。

值得注意的是，华为公司在无线通信技术领域缺少研究，而无线通信技术却是 OPPO 公司的主要研发焦点之一。在物联网技术领域内，不同的企业有不同的研发重点，且研究水平也不相同，终端设备和网络设备领域的技术是目前的研发热点，也是未来的发展趋势，因此，各个企业可以根据自己的专利关键词，明确技术焦点，制定符合本企业发展的研发策略。

5. 创新词云

通过创新词云可以了解广东省物联网技术领域内海外专利最热门的技术主题词，帮助分析物联网技术领域内最新重点研发的主题。此处的关键词是提取了物联网技术领域中最近 5000 条专利中最常见的关键词。[1]

从图 3 –26 和表 3 –10 可了解 2012—2021 年广东省海外物联网专利的核心概念有哪些，为把握物联网技术要点提供一定助益。可以看出，终端设备和网络设备是物联网技术领域适用最多的关键词，二者对应的专利数量均超过 1000 件。这也凸显了物联网技术的核心要素，即通过无线网络实现设备间的互联互通。

图 3 –26　2012—2021 年广东省物联网技术海外专利创新词云

---

[1] 关键词提取算法，首先进行中文分词、英文切词等预处理，过滤出常见的停止单词和短语。然后依赖于后缀树聚类（Suffix Tree Clustering）算法进行文本聚类，将文本看作短语串而非词的集合，这样可以更充分地使用词语之间的近似信息，达到理想的聚类结果。最后对每个聚类簇进行打分，取前 300—500 作为关键词进行显示。

表 3－10　2012—2021 年广东省物联网技术海外专利核心概念及其专利数量

单位：件

核心概念	专利数量	核心概念	专利数量	核心概念	专利数量
终端设备	1518	移动性	48	终端发送	80
网络设备	1191	无线电资源	48	信息发送	78
通信方法	541	数据处理	48	信号传输	78
无线通信	418	链路数据	48	标识符	77
用户设备	412	时频资源	48	第一时间	76
指示信息	347	无线网络	48	发送方法	76
数据传输方法	271	共享信道	47	计算机存储	75
配置信息	266	带宽部分	45	接入网设备	74
通信技术	251	信息处理方法	44	同步信号	73
通信装置	249	管理方法	44	资源分配	73
传输方法	242	服务质量	44	网络节点	70
通信设备	237	目标小区	43	核心网络	68
下行链路	227	数据分组	43	计算机程序	67
通讯方法	203	正整数	43	终端接收	67
随机接入	180	会话管理	43	接收方法	67
控制信息	178	无线通信系统	42	通讯装置	64
电子设备	171	辅助信息	41	资源配置	61
计算机	164	服务小区	41	功率控制	61
数据传输	157	系统信息	41	物理下行链路	60
信息传输	152	链路控制信息	41	随机接入过程	60
控制信道	137	搜索空间	40	寻呼消息	59
参考信号	129	可靠性	40	无线通信设备	58
网络侧设备	126	物理上行链路	40	请求消息	56
接入网络	122	信息指示	39	持续时间	56
传输资源	117	无线承载	39	反馈信息	56
通信系统	116	通信节点	38	数据包	54
随机访问	107	频域资源	38	指令信息	51
应用程序	104	定位方法	36	网络元件	51
链路传输	94	接入点	35	服务器	49

续表

核心概念	专利数量	核心概念	专利数量	核心概念	专利数量
时域资源	88	消息发送	33	前导码	49
配置方法	83	移动终端	32	位置信息	49
网络切片	81	资源选择	31	发送数据	48
优先级	80	获取方法	30	终端发送	80

（二）新能源汽车产业

新能源汽车是指采用非常规的车用燃料作为动力来源（或使用常规的车用燃料、采用新型车载动力装置），综合车辆的动力控制和驱动方面的先进技术，形成的技术原理先进，具有新技术、新结构的汽车。新能源汽车包括纯电动汽车（BEV）、增程式电动汽车、混合动力汽车（HEV）、燃料电池电动汽车（FCV）、氢发动机汽车等。

2020年11月，国务院办公厅印发《新能源汽车产业发展规划（2021—2035年）》，要求深入实施发展新能源汽车国家战略，推动中国新能源汽车产业高质量可持续发展，加快建设汽车强国。截至2021年5月底，我国新能源汽车保有量约580万辆，约占全球新能源汽车总量的50%。[1] 2021年，全年新能源汽车产量367.7万辆，比2020年增长152.5%，结束了连续三年的负增长。[2] 预计2022年，中国汽车销量将达2750万辆，同比增长5.4%，乘用车涨幅将达到8%，新能源汽车销量大涨，有望至500万辆。[3]

作为新能源汽车龙头企业聚集地，国内新能源汽车企业产销前十名中，广东省企业占3家，分别是比亚迪股份有限公司（以下简称“比亚迪”）、广汽埃安新能源汽车有限公司、广州小鹏汽车科技有限公司。作为连续5年全国汽车产量第一的省份，广东新能源汽车产业发展后劲十足。随着2022年广

---

[1] 我国新能源汽车保有量580万辆［EB/OL］.（2021－06－21）［2022－05－15］. https://baijiahao.baidu.com/s?id=1703103490802706287&wfr=spider&for=pc.

[2] 2021年新能源汽车产量367.7万辆 比上年增长152.5%［EB/OL］.（2022－02－28）［2022－05－15］. https://www.sohu.com/a/526049904_362042.

[3] 2022年中国汽车市场预测重磅出炉，其中乘用车将增长8%［EB/OL］.（2022－05－06）［2022－05－15］. http://www.badia.cn/blog/article/106.

东省重点项目清单公布，广东将以新能源和智能化为发展方向布局新能源汽车产业，持续打造产业发展优势。伴随《广东省发展汽车战略性支柱产业集群行动计划（2021—2025 年）》的出台和实施，广东省持续推动新能源汽车产业实现高质量发展。在消费方面，广东省发展和改革委员会发布《广东省 2021 年汽车以旧换新专项行动公告》，开展 2021 年汽车以旧换新专项行动，对省内报废旧车，购买新能源车的在使用环节补贴资金 10000 元/辆，省内转出旧车，购买新能源车的在使用环节补贴资金 8000 元/辆，“以旧换新专项行动”有效释放了消费潜力。而且，根据《广东省重点领域研发计划“十四五”行动方案》，广东省持续开展新能源汽车、无人驾驶重大专项项目申报工作，超前部署研发下一代技术，加速推进新材料、新技术、专用芯片、高性能器件的产业化，力促产业链、供应链自主可控，推动广东省汽车产业集群迈向全球价值链高端。此外，广东省已将纯电动汽车动力电池系统、电子电气架构、车载充电机以及氢燃料电池动力系统和智能网联汽车域控制器系统等关键技术研发纳入广东省重点领域研发计划“新能源汽车”重大科技专项，进一步提升了广东省新能源汽车企业综合竞争力。

汽车产业链长，涉及零部件众多，生产工艺复杂，生产设备要求高，项目开发投入较大，模具开发成本较高，汽车生产涉及的不同类别人员技术要求也比较高。因此，新能源汽车属于技术密集型和资本密集型行业。按照国家统计局发布的《战略性新兴产业分类（2018）》规定，新能源汽车产业主要包括：①新能源汽车整车制造。②新能源汽车装置、配件制造。具体可分为：电机、发动机制造（发电机及发电机组制造、电动机制造、汽车用发动机制造），新能源汽车储能装置制造（电子元器件与机电组件设备制造、锂离子电池制造、镍氢电池制造、其他电池制造）和新能源汽车零部件配件制造（泵及真空设备制造；气体压缩机械制造；气体、液体分离及纯净设备制造；喷枪及类似器具制造；电工机械专用设备制造；汽车零部件及配件制造；电动机制造；电力电子元器件制造；运输设备及生产用计数仪表制造电子测量仪器制造）三个产业。③新能源汽车相关设施制造，包括供能装置制造（塑料包装箱及容器制造；气体压缩机械制造；阀门和旋塞制造；气体、液体分离及纯净设备制造；改装汽车制造；汽车零部件及配件制造；配电开关控制设备制造；其他输配电及控制设备制造；通信系统设备制造）、试验装置制造（电工机械专用设备制造、电工仪器仪表制造、实验分析仪器制造、试验机制造）和其他相关设施制造（其他合成材料制造、电工机械专用设备制造）。④新能源汽车相关服务，具体包括新能源汽车充电及维修服务（机动车充电销售、汽车修理与维护）、新能源汽车其他相关服务（工程和技术研究和试验发展、检测服务）。

不过，当前行业内普遍认为新能源汽车行业的核心技术主要是“三电技术”，即电池、电机和电控技术。同时，“三电技术”也占据了整车成本的近50%，且电池技术成本占“三电技术系统”成本的76%左右，而电机和电控技术分别占“三电技术系统”成本的13%和11%。正因如此，本部分主要就新能源汽车的“三电”技术海外专利进行检索分析。

1. 电池技术

新能源汽车有多块电池，其中主要分为高压电池和低压电池。高压电池在汽车行业也被称为“动力电池”，与传统汽车的油箱作用类似，作为新能源汽车的“能量”来源。动力电池系统通常由电芯、电池组、电池管理系统（BMS）、冷却系统、高低压线束、保护外壳、其他结构件等构成。新能源汽车电池作为汽车动力源泉，直接确定了新能源汽车的航程，是判断新能源汽车的一项重要指标。新能源汽车主要由电池驱动系统、电机系统和电控系统及组装等部分组成。其中，电机、电控及组装和传统汽车基本相同，区别在于电池驱动系统。从新能源汽车的成本构成看，电池驱动系统占据了新能源汽车成本的30%—45%，而动力锂电池占据电池驱动系统成本构成的75%—85%。正因如此，动力电池是否优良，直接关系到新能源汽车的整体评价。

2015 年 3 月 27 日，工业和信息化部发布《汽车动力蓄电池行业规范条件》，该条件是在新能源汽车快速增长、动力蓄电池行业能力和水平制约突出的背景下制定的，着力解决动力电池企业良莠不齐、企业规模偏小、低水平重复建设等问题，进一步引导和规范行业发展。该条件按照企业自愿申请、政府服务行业的思路，以动态公告的方式，实施对汽车动力蓄电池企业的监督管理，对汽车动力蓄电池生产企业提出具体要求，规定锂离子动力蓄电池单体企业年产能力不得低于2亿WH，系统企业年产能力不得低于1万套或2亿WH。

当前，市场上的新能源汽车电池主要分为蓄电池、燃料电池和超级电容三种。超级电容电池也被称为“黄金电容、法拉电容”，它通过极化电解质来储能，属于双电层电容的一种。由于其储能的过程并不发生化学反应，这种储能过程是可逆的，所以超级电容器可以反复充放电数十万次。超级电容一般使用活性炭电极材料，具有吸附面积大，静电储存多的特点，在新能源汽车中有广泛使用。

超级电容动力电池具有以下特点。①充电速度快，只要充电几十秒到几分钟就可达到其额定容量的95%以上；而现在使用面积最大的铅酸电池充电通常需要几个小时。②循环使用寿命长，深度充放电循环使用次数可达50万次，如果对超级电容每天充放电20次，连续使用可达68年。如果相应地和铅酸电池比较，它的使用寿命可达68年，而且没有“记忆效应”。③大电流放电能力超强，能量转换效率高，过程损失小，大电流能量循环效率≥90%。④功率密度高，可达300—5000W/kg，相当于普通电池的数十倍；比能量大大提高，铅酸电池一般只能达到200W/kg，而超级电容电池可达10kW/kg。⑤产品原材料构成、生产、使用、储存以及拆解过程均没有污染，是理想的绿色环保电源。⑥充放电线路简单，无需充电电池那样的充电电路，安全系数高，长期使用免维护。⑦超低温特性好，使用环境温度范围宽达－40—＋70℃。⑧检测方便，剩余电量可直接读出。⑨单体容量范围通常0.1F—3400F。

蓄电池可以归类为铅酸蓄电池、磷酸铁锰锂电池、磷酸铁锂电池、钴酸锂电池、镍基电池（镍镉电池、镍氢电池、镍锌电池等）、钠β电池（钠硫电池、钠氯化镍电池）、锂离子电池、三元锂电池等。燃料电池可以分为碱性燃料电池（AFC）、空气电池、磷酸燃料电池（PAFC）、熔融碳酸盐燃料电池（MCFC）、固体氧化物燃料电池（SOFC）、质子交换膜燃料电池（PEMFC）、直接甲醇燃料电池（DMFC）等类型。[1]

[1] 麻友良. 新能源汽车动力电池技术［M］. 北京：北京大学出版社，2016.

广东省作为新能源汽车大省，有必要就新能源动力电池技术的海外专利布局情况进行分析。在已获得的广东省 2002—2021 年海外专利布局数据的基础上，选取 2012—2021 年数据，结合《国民经济行业分类（GB/T 4754—2017）》，共得相关专利 4589 件。

（1）专利概况

1）专利趋势

分析新能源汽车电池技术领域的申请趋势。其中专利授权率表明申请的有效率以及最终获得授权的提交申请成功率。图 3－27 的空白柱代表申请总量，灰色柱表示当前时间段申请专利的被授权量。

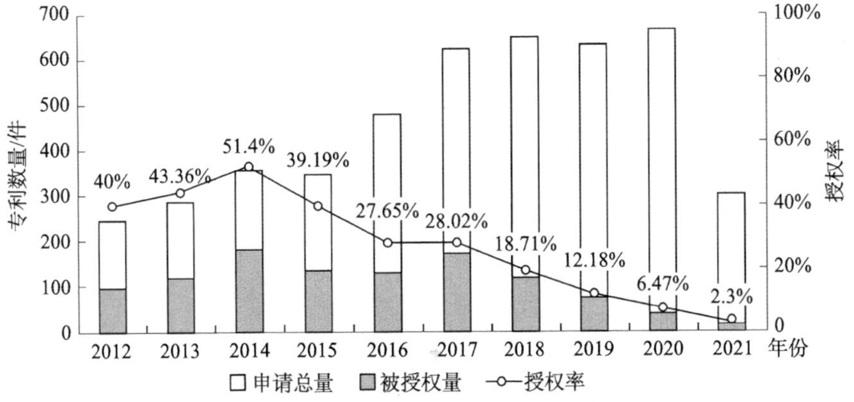

图 3－27　2012—2021 年广东省新能源汽车电池海外专利申请、授权及授权率占比

我国自“十五”期间开始对电动汽车技术进行大规模有组织的研究开发。“十五”期间，国家高技术研究发展计划（863 计划）“电动汽车”重大科技专项确立了以混合动力汽车、纯电动汽车、燃料电池汽车为“三纵”，以多能源动力总成控制系统、驱动电机和动力电池为“三横”的电动汽车“三纵三横”研发布局，全面组织启动大规模电动汽车技术研发。

从图 3－27 可知，2012—2021 年，广东省企业就新能源汽车电池技术在海外的专利申请呈现出增长态势（2020—2021 年数据并不完全）。这说明广东省企业在新能源汽车电池技术领域整体呈现出较强的研发活力。2017 年出现较大的增长量，主要因为在 2016 年 11～12 月的两次工作会议中，工业和信息化部标准制定工作组确定了低速电动车的定义、动力蓄电池技术路线等标准细则，并明确要求低速电动车必须搭载锂电池，拒绝铅酸电池作为动力源。正是这一政策的出台，使得更多的企业转向研发锂电池，相关技术研发和专利申请就增加。2017 年 1 月，国家发展和改革委员会发布《战略性新兴产业重点产品和服务指导目录（2016)》，在“高端储能”中明确了“储能装置及其管理系统”和新能源汽车电池的政策导向；2017 年 3 月，工业和信息化部、发展和改革委员会、科学技术部、财政部联合印发《促进汽车动力电池产业发展行动方案》，提出加快提升我国汽车动力电池产业发展能力和水平，推动新能源汽车产业健康可持续发展。到 2020 年，动力电池行业总产能超过 1000 亿 WH，形成产销规模在 400 亿 WH 以上、具有国际竞争力的龙头企业。这在极大程度上刺激了广东省动力电池企业，激发了它们的研发热情，促进了专利申请量的提高。

2）法律状态

通过专利有效、失效、审查中等状态的占比分析，可以帮助衡量广东省海外专利的活跃程度。通常情况下，审查中的专利占比越大，反映该企业近期创新活力越高。其中，未确认状态为无数据的情况。对广东省 2012—2021 年新能源汽车电池技术海外专利法律状态进行简单分析后，得到表 3－11。

表 3－11　2012—2021 广东省动力电池海外专利法律状态汇总

法律状态	专利数量/件	占比
PCT 指定期满	1724	37.58%
有效	1054	22.97%
审查中	734	15.99%
失效	520	11.33%
PCT 指定期内	516	11.24%
未确认	41	0.89%

从表 3－11 可以看出，在 4589 件新能源汽车动力电池技术专利的法律状态中，有 1724 件专利申请处于 PCT 指定期届满的状态，占比 37.58%；有 1054 件专利处于有效状态，占比 22.97%；有 734 件专利申请处于审查中状

态，占比 15.99%；有 520 件专利处于失效状态，占比 11.33%；有 516 件专利申请处于 PCT 指定期内，占比 11.24%；有 41 件专利申请未获得法律状态信息，占比 0.89%。

新能源产业既是各国的未来产业，也是未来发展的趋势。汽车作为人们生活必需品，探索新能源动力系统，是各国面临的重大课题。近年来，各国均在培育新能源汽车市场，动力电池市场需求也日益旺盛。正因如此，广东省企业在海外申请专利，更多是以 PCT 途径申请的。以 PCT 进入国家阶段，不仅简化了提出申请的程序和期限较长，还可以让申请人利用此优势，争取更多的时间进行市场调研、资金筹备和完善申请文件等工作。

从表 3-11 可以看出，审查中的专利大于失效法律状态专利文件数量，这也意味着在未来，广东省企业就新能源汽车电池技术的发展前景良好。

3）专利类型

从图 3-28 和表 3-12 可知，广东省新能源汽车电池技术海外申请的专利并不涉及外观设计。这主要是因为动力电池一般装载在汽车底盘之上，难以通过观察汽车外部情况获得了解，所以通常并不涉及外观设计专利。反而，整个动力电池技术主要是为了提高电池储能和续航里程能力，提高其安全性等，更多是为了解决技术问题，因此在该领域，专利申请主要集中在发明专利，少有涉及实用新型和外观设计。

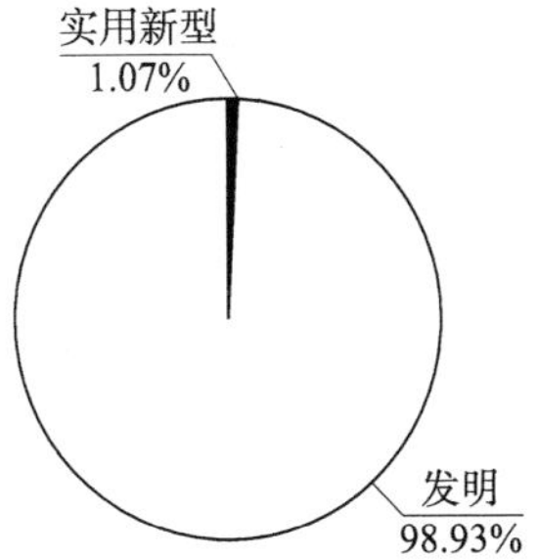

图 3-28　2012—2021 年广东省新能源汽车电池技术海外专利类型

表 3－12　2012—2021 年广东省新能源汽车电池技术海外专利申请量　　单位：件

申请年份	发明	实用新型	外观设计	发明占比
2012	238	7	0	97.14%
2013	279	7	0	97.55%
2014	351	5	0	98.60%
2015	347	0	0	100.00%
2016	479	2	0	99.58%
2017	620	1	0	99.84%
2018	651	1	0	99.85%
2019	628	4	0	99.37%
2020	648	17	0	97.44%
2021	299	5	0	98.36%

4）技术生命周期

利用专利申请量与专利申请人数量随时间的推移而变化来帮助分析新能源汽车电池技术领域生命周期所处阶段。通过图 3－29 可以帮助评估技术发展的阶段，用来判断是否需要进入当前技术领域。

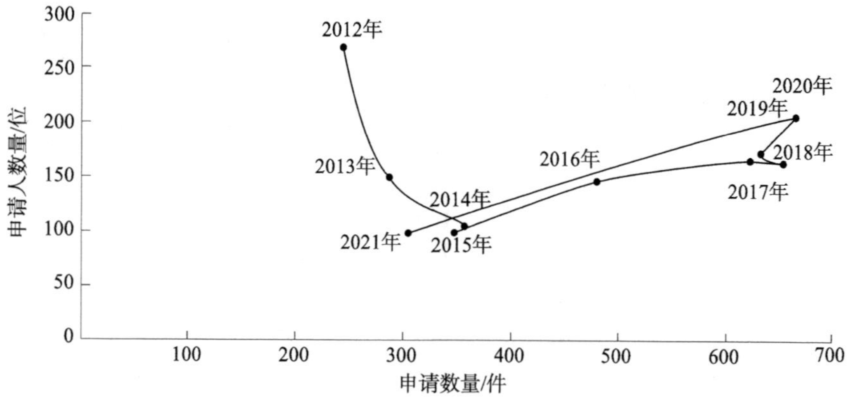

图 3－29　2012—2021 年广东省新能源汽车电池技术海外专利生命周期

从图 3－29 可知，在新能源汽车电池技术领域，广东省企业的专利申请量呈增长趋势，申请人数量存在波动。虽然该产业的发展前景较好，但新能源汽车电池产业的集中性、垄断性突出，导致市场竞争比较激烈（受限于专利审查期限，不对 2020—2021 年数据进行分析）。由于比亚迪等企业的技术优势已经形成，因此广东省企业的申请人数量增长幅度不大，但专利申请数量呈上升趋势，2020 年专利申请数量已经达到 665 件，这也就意味着我国新能源汽车电池领域的技术仍处于成长期。此阶段专利数量的增长与我国政府对新能源汽车电池产业的大力支持紧密相关。随着广东省政府发布政策的刺激，广东省企业未来在申请数量和申请人数量上可能会继续保持增长趋势。

（2）地域分布

1）目标市场排名

选取近 10 年广东省企业在 10 个目标市场的新能源汽车电池技术领域专利申请数量进行统计与分析，如图 3－30 所示。

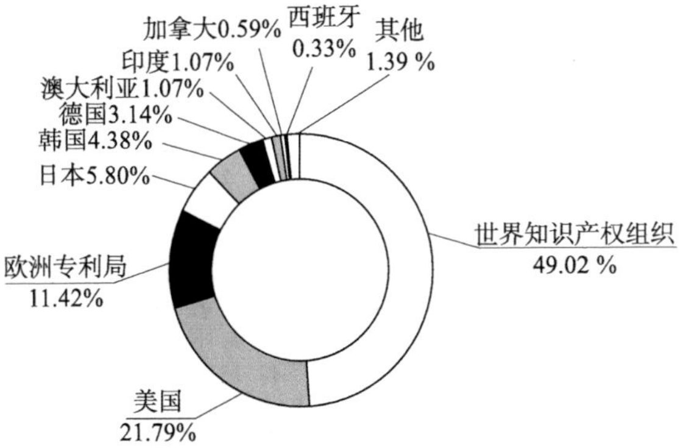

图 3－30　2012—2021 年广东省新能源汽车电池技术海外专利目标市场占比

从图 3－30 可知，广东省企业新能源汽车技术海外专利布局主要是通过 PCT 途径进行，此外，美国、欧洲、日本和韩国等国家、地区和组织的专利申请也较多。这是因为在上述目标市场，新能源汽车市场较为活跃，新能源汽车持有量较高。例如，2021 年 7 月 14 日，欧盟委员会发布新法规“减碳 55”（Fit for 55），提出至 2030 年，所有登记注册的新车的排放总量较 2021 年降低 55%，至 2035 年全面禁售燃油车。预计 2030 年新能源渗透率将达至少 65. 1% 以上，对应至少新增 1113 万辆新能源汽车，这将加速推动欧洲汽车电气化进程。在欧盟，又以德国、英国、法国和挪威等国的新能源汽车销售量居高。据统计，2021 年欧洲销量突破 227 万辆，同比增长 66.4%，其中，欧洲十国年销量合计 194 万辆，同比增长 63.7%，渗透率达到 21.3%。

美国也是新能源汽车大国。美国政府加强对新能源车及相关产业的扶持力度，预计 2030 年零排放汽车新车渗透率为 50%，2050 年达到碳中和。2021 年 3 月 31 日，美国政府提议投资 1740 万美元用于支持电动车发展，主要用于完善产业链、销售折扣与税收优惠、充电桩、校车、公交电动化。2021 年美国新能源汽车销量 65.2 万辆，同比增长 101%，其中纯电车销量 48.8 万辆，同比增长 88%，销量占比 75%；插混销量 16.4 万辆，同比增长 154%，销量占比 25%。2021 年中国新能源车销量 331 万辆，同比增长 183%，其中纯电车销量 273.6 万辆，同比增长 182%，销量占比 82.5%；插混销量 57.7 万辆，同比增长 172%，销量占比 17.5%。特斯拉凭借 Model 3 和 Model Y 车型占据美国新能源车近 70% 的市场份额，丰田、通用、现代、福特等车企共同占剩余 30% 市场份额。

相比之下，日本的新能源汽车产业并不像中国、美国和欧洲那般卓越。总体来说，与丰田等汽车品牌横扫燃油时代汽车市场的壮丽景象相反，2021 年全球电动汽车销售排行榜前 20 名中，日本企业只有丰田一家上榜，排在第 16 位。这主要是由于日本看好氢能源发展有关。相较世界范围内对新能源的左右摇摆，日本对于氢能源的研究坚定不移。长期以来，日本一直想建立一个以氢为基础的社会。但氢能源电池在续航里程等方面与锂电池等动力电池相差甚远。2014 年，日本政府在“第四次能源基本计划”中，将氢能源定位提升至与电力、热能并列的核心二次能源，提出“氢能社会”的愿景。2017 年，日本政府出台了“氢能源基本战略”，确立了 2050 年氢能社会建设目标及氢燃料电池汽车产业近中期具体行动计划目标。2018 年，日本政府在“第五次能源基本计划”中指出，到 2030 年前降低对核能的依赖，促进氢能源、热能的利用。2020 年，日本政府发布“绿色成长战略”，计划在未来 15 年内淘汰以汽油为动力的车辆，从而完全实现净零碳排放。2021 年，日产宣布暂停与戴姆勒及福特合作开发氢燃料电池汽车，专注于发展纯电动车。本田自 2021 年 8 月开始，终止以氢气为燃料的氢燃料电池汽车“CLARITY”的生产。

至此，曾经在日本政府主导下成立的，以丰田、本田、日产为首的 11 家日本企业组建的氢能源联盟已经分崩离析，合作成立的新公司打算大规模布局氢燃料电池车加氢站等相关产业，基本宣告破产。❶

正是在上述情形下，我国广东省新能源汽车企业瞄准海外相关市场，积极探索开拓市场之路，进行了大量专利布局。不过，相较于日本新能源汽车行业，美国和欧洲的新能源市场竞争更为激烈，这也意味着广东省企业在相关市场从事经营时，应更关注合作或自行研发，以尽可能获得足够的竞争优势。

2）目标市场申请趋势

分析主要目标市场的申请趋势，可以帮助了解在新能源汽车电池技术领域随时间变化的地域布局情况。

表 3－13 显示了广东省企业新能源汽车电池技术在海外专利申请量排名前十的国家、地区和组织，可以看出，广东省企业在世界知识产权组织、美国、欧洲专利局的新能源汽车电池专利申请量呈现出增长态势，在德国和韩国近年来的专利申请量略有下降，但增长或下降的幅度都不大（2020—2021 年专利数据不完整）。这也反映新能源汽车电池技术领域当前处于技术瓶颈期，仍无技术突破。

表 3－13　2012—2021 年广东省新能源汽车电池技术海外目标市场专利申请

单位：件

目标市场	2012 年	2013 年	2014 年	2015 年	2016 年	2017 年	2018 年	2019 年	2020 年	2021 年
世界知识产权组织	90	100	87	151	283	298	336	330	384	191
美国	64	78	94	66	90	143	129	131	131	74
欧洲专利局	31	34	45	41	37	70	89	94	69	14
日本	26	25	47	24	24	27	36	26	21	10
韩国	11	9	32	22	18	34	27	19	22	7

❶　日本新能源汽车产业：成也氢能，败也氢能［EB/OL］.（2022－03－16）［2020－04－25］. https：//baijiahao. baidu. com/s? id＝1727443124405016599&wfr＝spider&for＝pc.

续表

目标市场	2012 年	2013 年	2014 年	2015 年	2016 年	2017 年	2018 年	2019 年	2020 年	2021 年
德国	15	25	23	22	15	23	12	3	5	1
澳大利亚	0	1	1	5	1	4	9	12	13	3
印度	4	2	3	2	4	11	7	7	8	1
加拿大	1	5	2	3	1	3	2	4	5	1
西班牙	0	2	5	3	2	2	0	0	1	0

（3）技术主题分布

1）技术构成

分析 2012—2021 年广东省新能源汽车电池技术领域主要技术分支海外专利的占比情况，可以帮助了解动力电池各技术分支的创新热度，以及当前技术布局的空白点。

从表 3－14 可知，广东省企业就新能源汽车电池技术在海外申请的专利，主要集中在 H01M10、H01M2 和 H01M4 三个技术分支，其专利数量分别是 1944 件、1092 件和 1081 件，占到总专利数量的 60% 以上。这也代表了当前新能源汽车电池技术的研究热点和方向。广东省企业在排名第 5—10 名的技术分支申请的专利数量并不多，这些分类号主要涉及的技术包括充电技术、燃料电池、直流干线等。在查阅 IPC 分类号后发现，广东省企业近年对传统锂电池等技术进行创新的同时，也注重对上述技术分支的研发，从侧面反映了该行业仍是属于潜力巨大的行业，未来有巨大市场可供挖掘。

表 3－14　2012—2021 年广东省新能源汽车电池技术海外专利技术分支申请占比

分类号	定义	专利数量/件	占比
H01M10	二次电池；及其制造〔2〕	1944	31.93%
H01M2	非活性部件的结构零件或制造方法〔2〕	1092	17.93%
H01M4	电极〔2〕	1081	17.75%
H02J7	用于电池组的充电或去极化或用于由电池组向负载供电的装置〔2006.01〕	528	8.67%
H02J50	用于无线供电或配电的电路装置或系统	404	6.63%

续表

分类号	定义	专利数量/件	占比
H02J3	交流干线或交流配电网络的电路装置	386	6.34%
H02J9	用于紧急或备用电源的回路装置，例如用于紧急照明（具有向备用电池组充电的装置入 H02J7/00）	229	3.76%
H01M50	除燃料电池外的电化学电池非活性部件的结构零部件或制造工艺，例如：混合电池［2021.01］	149	2.45%
H01M8	燃料电池；及其制造〔2〕	139	2.28%
H02J1	直流干线或直流配电网络的电路装置	137	2.26%

2）技术分支申请趋势

分析 2012—2021 年广东省新能源汽车电池技术海外专利中主要技术分支的申请趋势，得到表 3－15。

表 3－15　2012—2021 年广东省新能源汽车电池技术海外技术分支专利申请

单位：件

分类号	2012 年	2013 年	2014 年	2015 年	2016 年	2017 年	2018 年	2019 年	2020 年	2021 年
H01M10	93	132	177	133	236	299	247	237	254	136
H01M2	104	73	129	77	95	177	162	166	109	0
H01M4	33	48	87	77	167	132	151	128	156	102
H02J7	27	32	76	31	40	66	86	54	75	41
H02J50	1	4	29	7	12	44	85	59	108	55
H02J3	10	13	17	31	33	60	55	69	62	36
H02J9	17	28	22	41	25	25	11	19	30	11
H01M50	17	3	27	5	13	16	24	14	14	16
H01M8	11	18	2	24	11	10	19	20	19	5
H02J1	10	17	13	15	12	20	12	20	10	8

从表 3－15 可知，广东省企业就新能源汽车电池技术在海外申请专利而言，主要集中在 H01M10、H01M2 和 H01M4 这 3 个技术分支领域，且 2012—2019 年专利申请数量基本呈现出逐年上升的趋势。而在 H02J7、H02J50 和 H02J3 这 3 个技术分支的专利申请数量也呈增长趋势，但总体数量并不多。而

其他4个技术分支的年度申请量不多，并未呈现出增长的态势。这也说明，当前广东省企业在新能源汽车电池技术领域，相关技术主要集中在前3个技术分支，后几个技术分支并未出现较大技术突破，但也有企业开始关注这些技术分支，并进行研发。这意味着后几个技术分支，在未来将是新兴技术领域，广东省企业可更多在这些技术分支进行布局。

3）重要技术分支地域分布

分析2012—2021年广东省新能源汽车电池技术海外专利各技术分支在主要国家的分布情况，可以帮助了解这项技术在哪些市场被商业化。

从图3－31可知，广东省企业就新能源汽车电池技术在海外布局而言，H01M10、H01M2、H01M4三个领域，主要是通过PCT途径在全球布局，但除世界知识产权组织外，多集中于美国、欧洲、日本和韩国等国家、地区和组织。正如前文所述，新能源汽车的全球市场主要是美国、欧洲、日本、韩国等国家、地区和组织，广东省企业的专利布局情况也反映出此种趋势。但

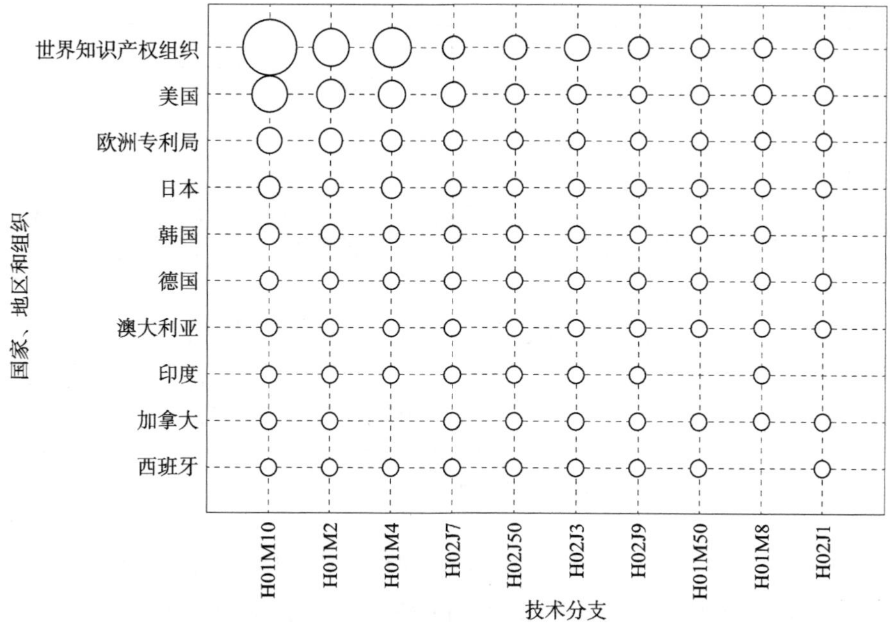

图3－31　2012—2021年广东省海外新能源汽车电池技术海外专利重要技术分支地域分布

注：图中圆圈大小表示申请量多少。

在这些国家、地区和组织，本土新能源汽车电池技术企业也较多，竞争也激烈很多。同时，在澳大利亚、印度、加拿大和西班牙等国家，广东省企业新能源汽车电池技术专利布局并不多，还有较大布局空间。在未来，广东省企业可考虑在澳大利亚等国家加强专利布局。

4）重要技术分支主要申请人分布

分析 2012—2021 年广东省新能源汽车电池技术海外专利各技术分支内领先公司的分布情况，可以帮助企业发现不同技术领域的潜在合作伙伴。

从图 3－32 可知，广东省就新能源汽车电池技术在海外进行专利申请的企业中，比亚迪是主要申请人。比亚迪成立于 1995 年 2 月，总部位于广东省深圳市。业务横跨汽车、轨道交通、新能源和电子四大产业，在汽车领域，凭借技术研发和创新实力，比亚迪已经掌握电池、电机、电控等新能源车核心技术。目前，比亚迪新能源车已经形成乘用车和商用车两大产品系列，涵盖七大常规领域和四大特殊领域，实现全领域覆盖。[1] 目前，比亚迪成立的弗迪电池研究院，主要从事 3C 消费类电池、动力电池及储能电池的研发应用，掌握了电池原材料、电芯、模组、管理系统、智能制造及生产回收等全产业链核心技术，提供全领域电池解决方案；电力科学研究院，主要负责电池储能及其应用、电力信息与通信等技术的研究和产品设计开发，以及电力工程设计、运行监测技术研究，推进清洁能源在全球广泛运用。除新能源车和轨道交通外，比亚迪的电池产品广泛用于太阳能电站、储能电站等多种新能源解决方案。2020 年 3 月 29 日，比亚迪正式推出的“刀片电池”，采取高安全磷酸铁锂技术，体积比能量密度提升 50%，通过了行业最苛刻的针刺试验，是高集成效率、高安全防护动力电池技术，搭载刀片电池的电动车续航里程可达到 1000 公里以上。

华为公司作为申请量第二的申请人，其虽然主要从事通信技术研发领域，在 2019 年 1 月与北汽系能源全面开展业务合作，联合设立“1873 戴维森创新

[1] 吕江涛．再创新高！比亚迪连续 8 个月蝉联新能源乘用车销量冠军［EB/OL］．（2022－02－21）［2022－04－25］．https：//baijiahao. baidu. com/s? id＝1725336470558649090&wfr＝baike.

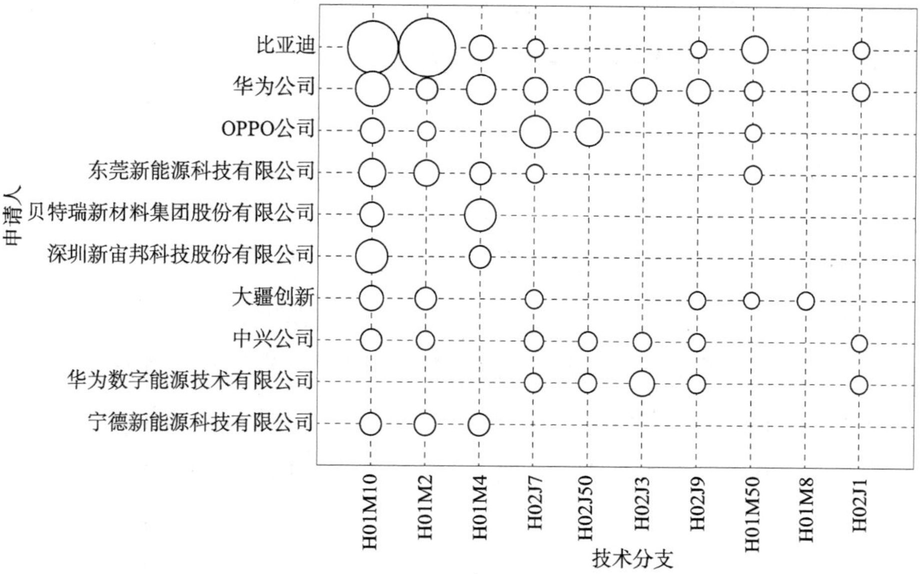

图 3－32　2012—2021 年广东省新能源汽车电池技术海外专利重要技术分支主要申请人分布

注：图中圆圈大小表示申请量多少。

实验室”，共同开发面向下一代的智能网联电动汽车技术。“数字能源”作为华为公司重要业务之一，主要是面向企业/行业客户提供清洁发电、交通电动化、站点能源、数据中心能源、嵌入式电源等产品和解决方案的组织，致力于将电力电子技术与数字技术相结合，为客户提供高质量、高效率、绿色、低碳的电力电子产品，助力客户商业成功。

OPPO 公司虽与华为公司一样，主要从事电子通信行业，但近年来也开始进军新能源汽车行业。OPPO 公司在手机电池快充领域享有较大优势，尤其是其夹心式安全电池为其进军新能源汽车电池技术领域提供了较好的开端。为此，OPPO 公司于 2021 年 7 月开设了汽车研发中心，并进行整车系统相关研发测试人员的招聘。

东莞新能源科技有限公司总部位于香港特别行政区，是致力于可充式锂离子电池的电芯、封装和系统整合的研发、生产和营销的高新科技企业，其技术、产能与销量在全球专业锂电池制造商中均处于领先地位。该公司生产的锂电池被广泛应用于笔记本电脑、手机、数字播放器、数码相机、便携式录像机、电动工具等各种消费电子产品。与此同时，其也在积极拓展电动汽车与储能系统市场。

贝特瑞新材料集团股份有限公司于 2000 年 8 月成立，主要生产经营锂离子电池正极材料和负极材料，其是一家以技术创新为引领，以技术领先、产品及产业链布局完善、国际与国内主流客户并重为特色，以锂离子电池负极材料和正极材料为核心产品，行业地位突出的新能源材料研发与制造商。该公司主要产品包括天然石墨负极材料、人造石墨负极材料、硅基等新型负极材料、磷酸铁锂正极材料与高镍三元正极材料等锂离子电池正负极材料。该材料是制造新能源汽车动力电池、消费电子电池、储能电池的核心材料。该公司是全球行业领先的拥有负极材料完整价值产业链的企业，通过对资源整合，创造了不可替代的竞争优势，同时也是《锂离子电池石墨类负极材料（GB/T 24533—2019）》国家标准制定者之一。

深圳新宙邦科技股份有限公司始创于 1996 年，总部位于深圳市，是全球领先的电子化学品和功能材料企业。该公司专注于锂电池化学品、电容器化学品、有机氟化学品和半导体化学品的研发、生产与销售，致力于为客户提供一流的“一站式”产品解决方案。

从图 3－32 可知，专利申请量前十的绝大多数企业在 H01M10 这一技术领域进行了专利布局，其中以比亚迪、华为公司和深圳新宙邦科技股份有限公司为主，不过比亚迪在 H01M2 技术领域的专利最多，无疑是该领域的领导者。深圳新宙则主要是在 H01M10 技术领域进行专利布局，在 H01M4 也有布局，但并未在其他领域进行专利布局。相较于其他申请者，贝特瑞新材料集团股份有限公司在 H01M4 技术领域拥有较大优势。整体来看，除了华为公司在上述 9 个领域中进行专利布局外，其他申请者并未在多数技术领域进行布局。因此，若这些申请人欲开拓海外相关市场时，可考虑与其他申请人合作，但除了在 H01M10、H01M2 和 H01M4 技术领域外，也可考虑自行研发和专利布局。

（4）申请人分析

1）申请人排名分析

分析 2012—2021 年广东省新能源汽车电池技术领域内哪些申请人拥有的海外专利总量最多，可以帮助了解该技术领域内的主要申请人和竞争对手。

从图 3－33 可知，在新能源汽车电池技术领域，比亚迪和华为公司是绝对的领导者。其后的申请人所持有的专利数量相差并不大，这也意味着这些公司在相关市场上的竞争力要弱于比亚迪和华为公司。若这些企业进入其他动力电池技术市场，可考虑寻求与比亚迪和华为公司的合作，避免重复研发，导致资源浪费。

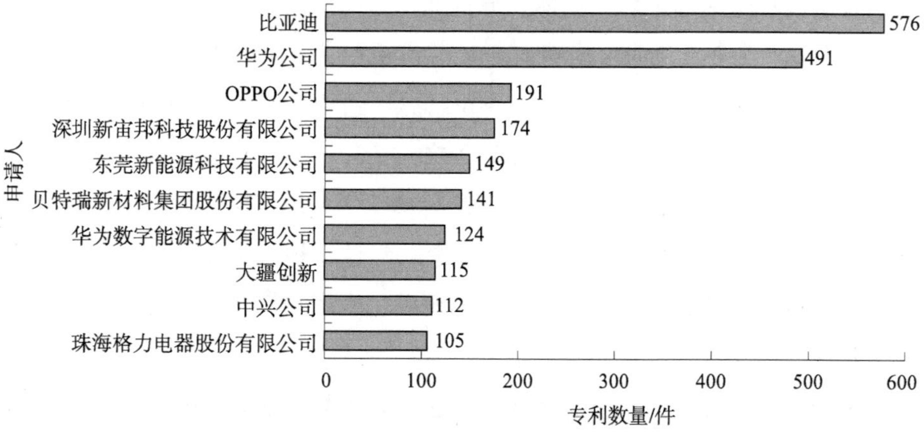

图 3－33　2012—2021 年广东省新能源汽车电池技术海外专利主要申请人排名

2）新进入者分析

通过分析广东省新能源汽车电池技术领域的新进入者，可以帮助了解该领域的新竞争态势，与此同时，这些新进入者可以被视为潜在的收购或合作对象。

从图 3－34 可知，2018—2021 年，上述十家企业是广东省新能源汽车电池技术的新进入者。其中，珠海冠宇电池股份有限公司专利申请量较为迅猛，其在 2020 年和 2021 年的专利申请量均在 20 件以上，远超其他新进入者。该公司是珠海冠宇集团下的子公司，主要致力于动力电池的研发。在动力电池领域，珠海冠宇电池股份有限公司经过多年积累已成为多家汽车厂商的合格供应商。目前已进入高端电动摩托车、汽车启动电池、储能等领域，将逐渐步入纯电动汽车和高压储能等领域。而其他新进入者，近四年的专利申请量并不多。这主要是因为新能源汽车电池技术是一种技术门槛相对较高的行业。不过，近年来新进入者数量相对较多，也说明这一技术领域在后期将会迎来较为繁荣的发展。

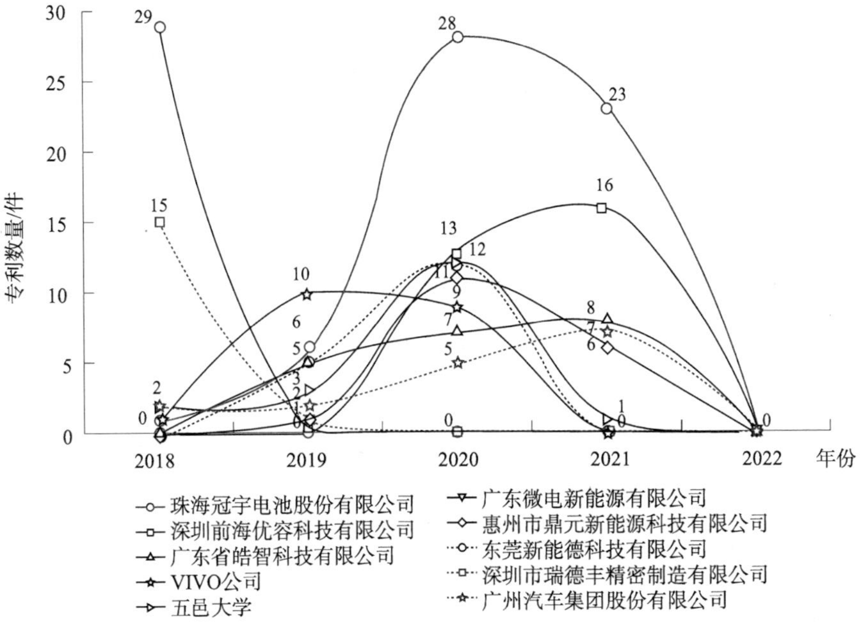

图3－34 广东省新能源汽车电池技术领域新进入者分析

3）主要申请人技术分布

通过分析广东省新能源汽车电池技术海外专利主要申请人的技术分布情况，可以帮助了解其分别专注于哪些技术分支。

由图3－35可知，总体而言，上述申请人主要关注H01M10、H01M2、H01M4和H02J7技术领域，在其他技术分支下的专利申请并不多，甚至申请量前五名的企业在很多技术领域并未进行专利布局。这说明，新能源汽车电池技术仍有很多技术领域可供挖掘。就比亚迪而言，其主要在H01M10和

H01M2 这两个技术领域进行专利布局，但并未在 H02J50、H02J3、H02J9、H02J1 技术领域进行布局，相反，华为公司除了在 H01M10 技术领域进行布局，在其他技术领域也进行了较多专利申请。

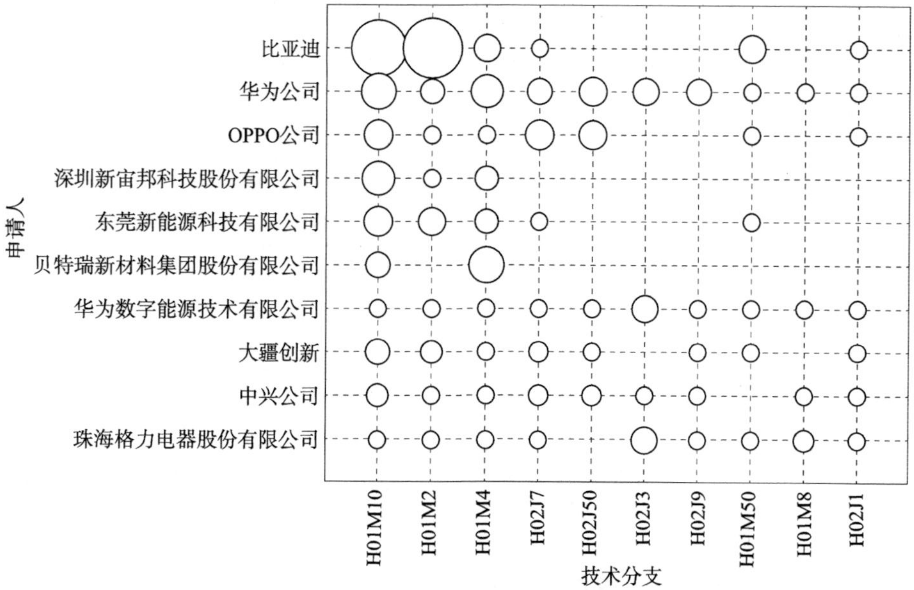

图 3－35　广东省新能源汽车电池技术领域主要深入技术分布

注：图中圆圈大小表示申请量多少。

4）主要申请人申请趋势

分析主要申请人的申请趋势。帮助了解广东省特定企业在新能源汽车电池技术领域的申请趋势变化。

由图 3－36 可知，2012—2020 年，专利申请量排名前十申请人的专利年申请量呈增长趋势，比亚迪和华为公司申请增长幅度较大。主要申请人在 2017 年之后迎来新能源汽车电池产业专利申请的高潮，主要原因在于广东省发展和改革委员会、广东省财政厅、广东省经济和信息化委员会、广东省科学技术厅在 2018 年 1 月 25 日联合发布了《关于印发做好广东省新能源汽车推广应用地方财政补贴工作的通知》，在 2017—2020 年继续实施新能源汽车推广应用补贴政策，同时对 2016—2020 年充换电基础设施建设予以补贴，激发了广东省企业申请人的专利申请热情。

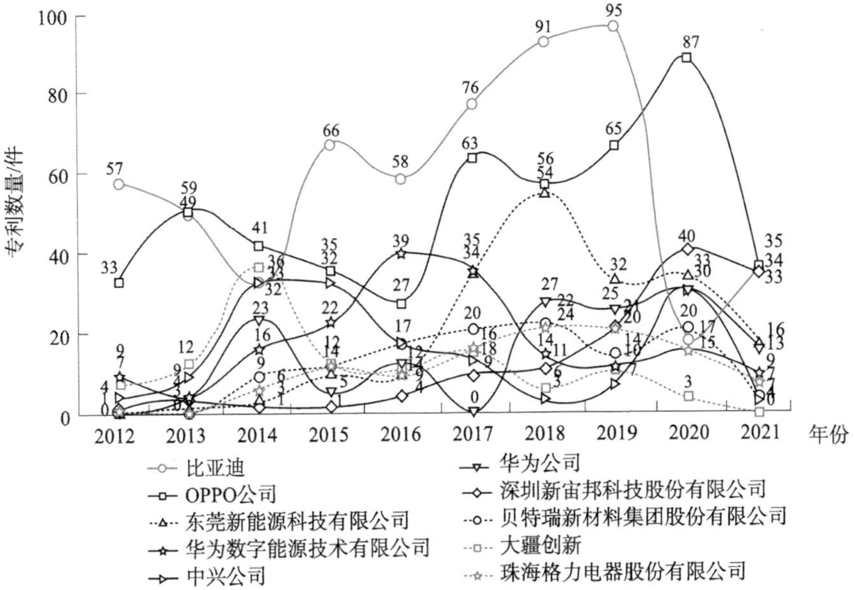

图 3-36　2012—2021 年广东新能源汽车电池技术海外专利主要申请人申请趋势

5）主要申请人地域分布

通过分析广东省新能源电池技术海外专利主要申请人的地域布局情况，可以帮助了解其主要申请人在地域布局的相关情况。

如图 3-37 所示，在新能源汽车电池行业，对广东省专利申请量排名前十的申请人海外专利申请地域进行统计，可以发现世界知识产权组织受理了大多数企业的海外申请。广东省的企业更偏向于在美国、欧洲、韩国和日本进行布局，源于这些地域的技术创新情况和经济优势。近年来，各国均开始注重碳排放量的问题，要求以新能源汽车取代燃油汽车的要求和规定日益增多，新能源汽车的市场正逐步扩大，也是竞争的中心地带。美国、欧洲、日本和韩国等国家、地区和组织的相关技术和市场较为发达。比亚迪和华为公司在上述国家、地区和组织都申请了较多的专利，说明这两家企业的海外布局意识较强且专利质量较高。贝特瑞新材料集团股份有限公司、东莞新能源科技有限公司等在海外就新能源汽车电池的布局较少，说明这些公司的技术还不够完善，更偏重开拓中国市场。广东省企业向世界知识产权组织申请了一定数量的专利，这说明我国企业越来越重视专利技术的国际保护。

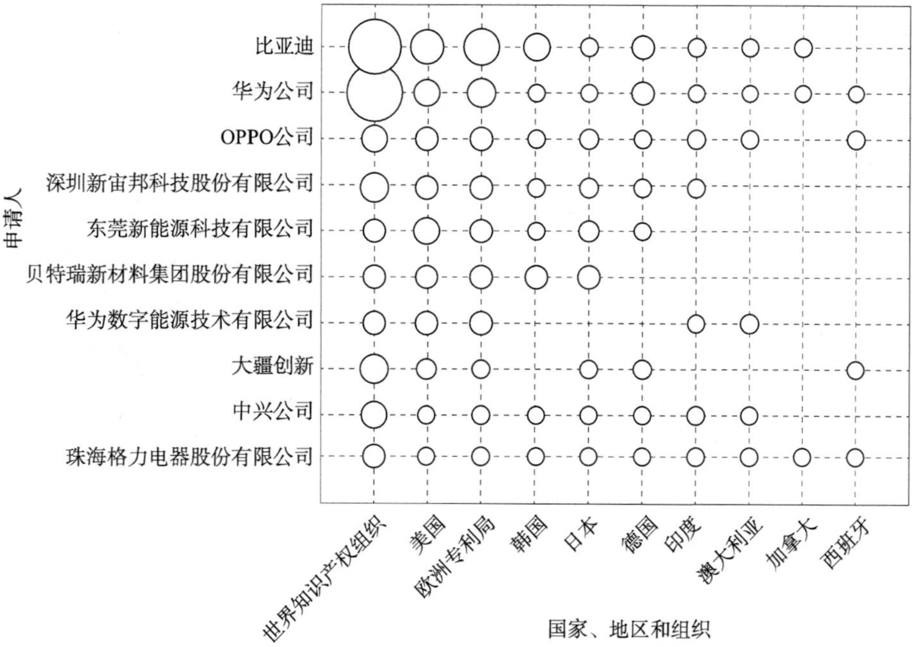

图 3－37　2012—2021 年广东省新能源汽车电池技术海外专利主要申请人地域分布

注：图中圆圈大小表示申请量多少。

6）专利地图

领域地图显示了广东省新能源汽车电池技术领域内主要企业的专利关键词，有助于了解该技术领域主要企业相关的技术概念，借此区分不同企业的技术焦点。

图 3－38 和表 3－16 显示了广东省新能源汽车电池技术领域内主要企业的专利关键词对应的专利数量，可以看出，比亚迪在各个领域都有涉及，在锂离子电池、电池组、电连接和动力电池等领域占据重要地位，业务市场十分广泛。值得注意的是，比亚迪在电子设备、二次电池、无线充电等技术领域缺少研究，而华为公司和 OPPO 公司焦点则落在无线充电和电子设备的研发上。深圳新宙邦科技股份有限公司在锂离子电池、电解质、电解液这 3 个技术领域的研发中取得了不错的成绩。在新能源汽车电池技术领域内，不同的企业有不同的研发重点，研究水平也不相同。从新能源电池技术领域地图可以看出，锂离子电池、电池组、电连接、电子设备、等介质、电解液技术

是目前的研发热点也是未来的发展趋势，因此各个企业可以根据自己的专利关键词，明确技术焦点，制定符合企业发展的研发策略。

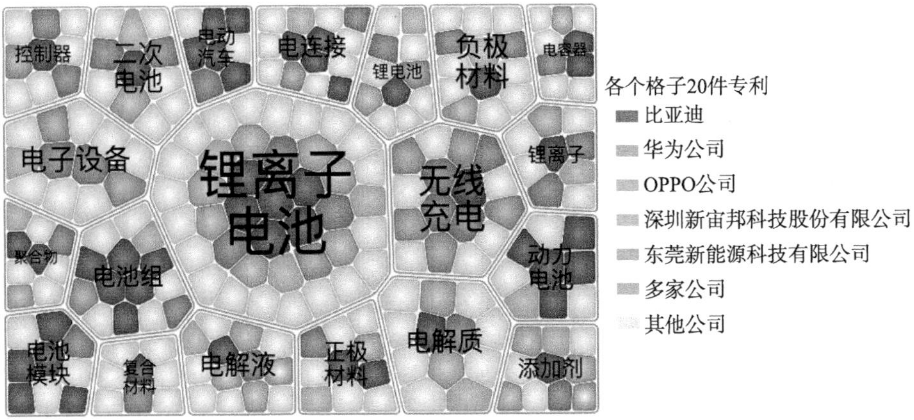

图3-38　2012—2021年广东省新能源汽车电池技术主要申请人海外专利领域地图

表3-16　2012—2021年广东省新能源汽车电池技术

主要申请人海外专利关键词及对应专利数量　　单位：件

申请人	锂离子电池	无线充电	电池组	电连接	电解质	电子设备	负极材料	电解液	二次电池	动力电池
比亚迪	105	1	113	67	14	0	9	6	3	94
华为公司	54	69	10	14	9	35	22	12	34	0
OPPO公司	4	89	2	2	0	37	0	0	0	0
深圳新宙邦科技股份有限公司	132	0	0	0	38	0	5	56	9	0
东莞新能源科技有限公司	48	0	13	6	19	4	3	5	9	2
多家公司	0	0	0	0	0	0	0	1	0	0
其他公司	387	113	82	123	123	128	156	111	120	57

2. 电机技术

新能源汽车具有环保、节约、简单三大优势。在纯电动汽车上体现尤为明显，以电动机代替燃油机，由电机驱动而无需自动变速箱。电机，泛指能使机械能转化为电能、电能转化为机械能的一切机器。相对于自动变速箱，电机结构简单、技术成熟、运行可靠。传统的内燃机高效产生转矩时的转速限制在一个窄的范围内，而电动机可以在相当宽广的速度范围内高效产生转矩，在纯电动车行驶过程中不需要换挡变速装置，操作方便，噪音低。电动汽车中的燃料电池汽车、混合动力汽车和纯电动汽车三大类都要用电动机来驱动车轮行驶，选择合适的电动机是提高各类电动汽车性价比的重要因素，因此研发或完善能同时满足车辆行驶过程中的各项性能要求，并具有坚固耐用、造价低、效能高等特点的电动机驱动方式显得极其重要。驱动电机系统是新能源车三大核心部件之一。电机驱动控制系统是新能源汽车车辆行驶中的主要执行结构，其驱动特性决定了汽车行驶的主要性能，它是电动汽车的重要部件。电动汽车的整个驱动系统包括电动机驱动系统与机械传动机构两个部分。电机驱动系统主要由电动机、功率转换器、控制器、各种检测传感器以及电源等部分构成。

由于电动汽车采用动力电池作为车载能源，其容量受到限制，为延长续驶里程，大多数驱动系统都采用了能量回馈技术，即在汽车制动时，通过控制器将车轮损耗的动能反馈到电池中，并使电机处于发电状态，将发出的电输送到电池中。因此，电动汽车的驱动机应该称为电机。电机通常由定子、转子和机壳三部分组成，如表 3－17 所示。

表 3－17　电机的分类

一级分支	二级分支	三级分支	四级分支	五级分支
电磁型电机	直流电机	电磁铁型直流电机	—	—
		永磁直流电机	带电刷直流电机	—
			无刷直流电机	—
	交流、直流两用电机	交流整流式电机	—	—
	交流电机	感应电机	三相感应电机	笼式
				绕组式
			二相感应电机	—
			单相感应电机	分相起动电机
				电容起动电机
				反拨起动电机
				电容电机
				电容起动式电容电机
				有屏蔽极电机

续表

一级分支	二级分支	三级分支	四级分支	五级分支
电磁型电机	交流电机	同步电机	绕组磁场型电机	—
			永磁磁铁型电机	—
			磁阻电机	同步磁阻电机
				开关磁阻电机
			磁滞电机	—
	步进电机	可变磁阻型	—	—
		永磁型	—	—
		混合型	—	—
非电磁型电机	超声波电机	—	—	—
	压电执行器	—	—	—
	磁致伸缩执行器	—	—	—
	静电执行器	—	—	—

在广东省 2002—2021 年海外专利数据的基础上，本节选择结合《国民经济行业分类（GB/T 4754—2017）》相应的分类号和《国际专利分类与国民经济行业分类参照关系表（2018）》中的 IPC 分类号，得到 2012—2021 年电动机海外专利 3211 件。

（1）专利概况

1）专利趋势

分析 2012—2021 年广东省新能源汽车电机技术领域的申请趋势，得到图 3－39。其中专利授权率表明申请的有效率以及最终获得授权的申请成功率。空白柱代表申请量，灰色柱表示当前时间段申请专利的被授权量。

从图 3－39 可知，2012—2019 年（2020—2021 年数据不完整），广东省新能源汽车电机技术海外专利申请总体趋势是逐渐增长的，国家和广东省近年来也一直大力推动新能源汽车的研发。

2020 年 10 月 9 日，国务院常务会议通过《新能源汽车产业发展规划（2021—2035 年）》，要培育壮大绿色发展新增长点。提出鼓励企业核心技术攻关，落实充换电、加氢等基础设施建设，加强新能源汽车领域国际合作，

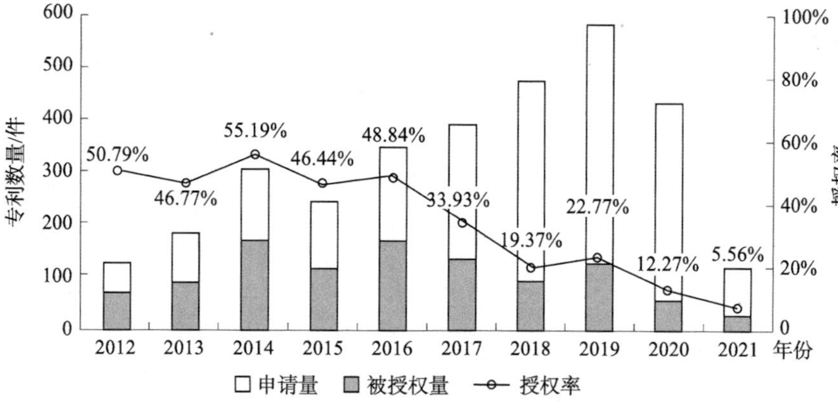

图 3-39　2012—2021 年广东省新能源汽车电机技术海外专利申请、授权及授权趋势

加大支持公共服务领域使用新能源汽车。2021 年 2 月 2 日，国务院发布《关于加快建立健全绿色低碳循环发展经济体系的指导意见》，要求推广绿色低碳运输工具，淘汰更新或改造老旧车船，港口和机场服务大巴、城市物流配送、邮政快递等领域要优先使用新能源或清洁能源汽车，要加强新能源汽车充换电等配套基础设施建设。2021 年 3 月 16 日，工业和信息化部发布的《2021 年工业和信息化标准工作要点》提到，要大力开展电动汽车和充换电系统、燃料电池汽车等标准的研究与制定；推进动力蓄电池回收利用等相关标准研制；根据技术进步和产业快速发展、融合发展的需求，修订电动汽车、锂离子电池等标准体系建设指南或路线图。2021 年 4 月 22 日，国家能源局印发《2021 年能源工作指导意见》指出，按照“源网荷储一体化”工作思路，持续推进城镇智能电网建设，推动城镇电动汽车充换电基础设施高质量发展，加快推广供需互动用电系统，适应高比例可再生能源、电动汽车等多元化接入需求。

广东省人民政府于 2018 年 6 月 6 日发布《关于加快新能源汽车产业创新发展的意见》，为加快新能源汽车产业创新发展，促进汽车产业向电动化、智能化方向战略转型，持续增强新能源汽车产业核心竞争力，要加快新能源汽车规模化生产、强化研发创新能力建设、加快新能源汽车充电和加氢基础设施建设、加强新能源汽车推广应用、推进产业聚集发展等措施。2020 年广东省工业和信息化厅对省内汽车产业进行深入研究、分析论证，牵头制定《广东省发展汽车战略性支柱产业集群行动计划（2021—2025 年）》，要求到 2025 年，世界级汽车制造产业集群培育取得实质性进展，全省汽车制造业营业收入超过 11000 亿元；到 2025 年，新增 1—2 家汽车整车企业进入世界 500 强企业名单，培育 3—4 家独角兽汽车企业，形成 2—3 家产销量突破 100 万辆规模的整车企业，自主品牌汽车出口及海外制造基地建设实现大发展；培育一批具有全球竞争力的关键配套企业，新增 2—3 家百亿级零部件龙头企业，培育 2—3 家汽车零部件独角兽企业；汽车制造产业生态体系和创新体系进一步优化，新能源及智能网联汽车共性与前瞻性技术研究取得突破，国家级汽车研发检测公共平台及产业化发展平台建设取得实质性进展。

正是因为在新能源汽车电池技术尚未取得较大技术突破的情形下，应当注重新能源汽车电机和电控技术研发，激发广东省企业就新能源汽车电机技术进行大力研发，进而申请更多的专利。

2）法律状态

从图 3－40 可知，有 1169 件专利申请处于 PCT 指定期届满的状态，占比 36.40%；有 977 件专利处于有效状态，占比 30.43%；有 434 件专利申请处于审查中状态，占比 13.52%；有 367 件专利处于失效状态，占比 11.43%；有 237 件专利申请处于 PCT 指定期内，占比 7.38%；有 27 件专利申请未获得法律状态信息，占比 0.84%。

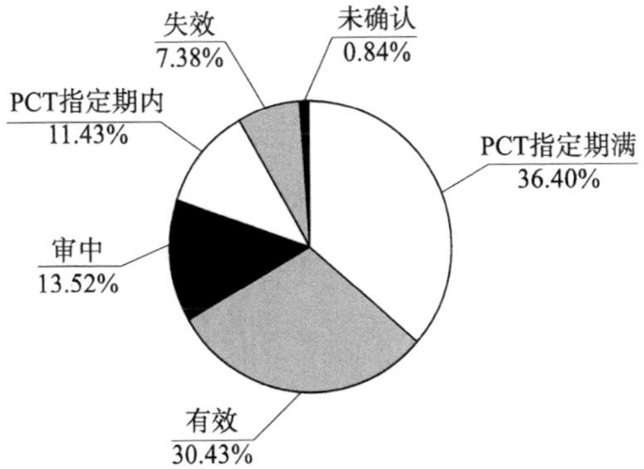

图 3－40　2012—2021 年广东省新能源汽车电机技术海外专利法律状态

新能源产业是各国的未来产业，也是未来发展的趋势。汽车作为人们生活必需品，开发新能源汽车电机系统是各国都面临的重大课题。近年来，各国均在培育新能源汽车市场，那么电机市场需求也就日益旺盛。正因如此，广东省企业在海外申请专利，更多是以 PCT 途径进行。以 PCT 专利申请进入国家阶段，不仅简化了提出申请的程序和期限，还可以让申请人利用此优势，争取更多的时间进行市场调研、资金筹备和完善申请文件等工作。

可以看出，审查中的专利大于失效法律状态专利数量，这也意味着在未来，广东省企业新能源汽车电机技术的后续发展前景良好。

3）专利类型

2012—2021 年广东省新能源汽车电机技术海外布局专利类型如图 3－41 所示。

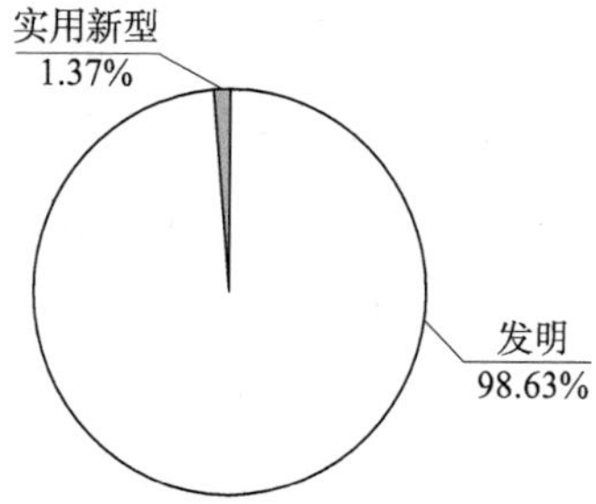

图 3－41　2012—2021 年广东省新能源汽车电机技术海外专利类型

从图 3－41 和表 3－18 可知，广东省新能源汽车电机技术海外申请专利并不涉及外观设计。这主要是因为电机一般装载于汽车底盘之上，难以通过观察汽车外部情况获得了解，所以通常并不重视外观设计。在电动汽车上，驱动电机替代了传统汽车上的发动机和发电机，传统汽车通常是化学能转换为机械能驱动车辆行驶，而驱动电机既可以将电能转换为机械能驱动汽车行驶，也可以作为发电机将机械能转换为电能，存储在动力电池内；电机控制器将动力电池的高压直流电变换为驱动电机的高压三相交流电，使驱动电机产生力矩，通过传动装置将驱动电机的旋转运动传递给车轮，驱动汽车行驶。因此，整个电机技术主要是为了产生驱动转矩等，解决更多的技术问题，因此，该领域的专利申请主要集中在发明专利，少有涉及实用新型。

表 3-18 2012—2021 年广东省新能源汽车电机技术海外专利类型及发明占比汇总

单位：件

申请年份	发明	实用新型	发明占比
2012	121	5	96.03%
2013	184	2	98.92%
2014	298	10	96.75%
2015	236	3	98.74%
2016	342	4	98.84%
2017	386	3	99.23%
2018	474	1	99.79%
2019	576	8	98.63%
2020	429	3	99.31%
2021	121	5	96.03%

4）技术生命周期

利用专利申请量与专利申请人数量随时间的推移变化来帮助分析新能源汽车电机技术领域生命周期所处阶段。通过图 3-42 可以帮助评估技术发展的阶段，用来判断是否需要进入当前技术领域。

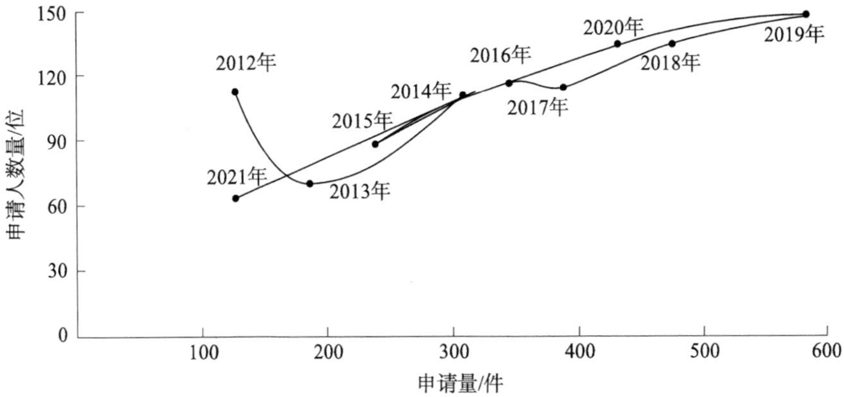

图 3-42 2012—2021 年广东省新能源汽车电机技术海外专利技术生命周期

从图 3-42 可知，广东省新能源汽车电机技术的年申请量逐年上涨（2020—2021 年数据不完整，不纳入分析），但申请人数量表现出波动的局面，且数量并不大。从整个申请阶段的申请人数和申请量来看，尽管新能源电机技术的专利申请量逐年上涨，但申请量和申请人数均不多，这也意味着新能源电机技术尚处于发展早期，相关市场的竞争者不多。

（2）地域分布

1）目标市场排名

选取了2012—2021年广东省企业在10个目标市场的新能源汽车电机技术领域专利申请数量进行统计与分析，如图3－43所示。

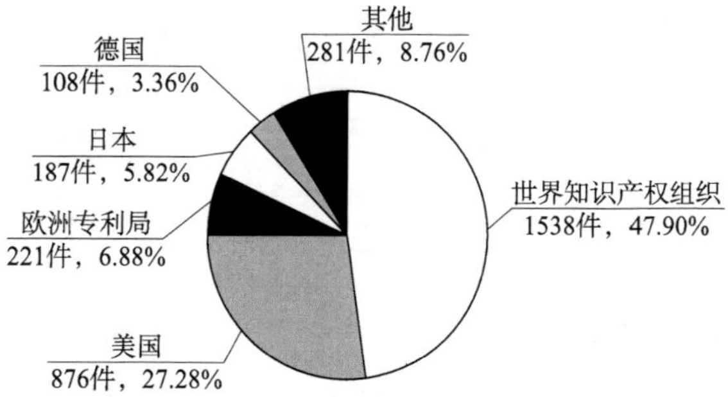

图3－43　2012—2021年广东省新能源汽车电机技术海外专利目标市场分布

从图3－43可知，正如在新能源汽车电池技术领域一样，广东省企业新能源汽车电机技术海外专利主要是通过PCT途径申请。这是因为新能源汽车是全球应对燃料汽车的重要举措。此外，广东省企业新能源汽车电机海外专利主要在美国、欧洲、日本和韩国等国家、地区和组织，这些目标市场的新能源汽车行业和市场也相对发达，正因如此，广东省企业才瞄准其进行专利布局。

2）目标市场申请趋势分析

分析主要目标市场的申请趋势，可以帮助了解在新能源汽车电机技术领域随时间变化的地域布局情况。

从表3－19可知，2012—2021年，广东省新能源汽车电机技术海外专利主要是通过世界知识产权组织进行全球布局，也分布在美国、欧洲专利局、日本、德国和韩国等国家、地区和组织。整体而言，广东省企业在美国布局的新能源汽车电机专利较多，基本呈现逐年上升的态势。美国作为新能源汽车的重要市场，具有较为先进的技术，同时也是主要的竞争市场。但是，广东省企业在澳大利亚、印度、墨西哥和加拿大并未就新能源汽车电机技术进行较多专利布局，未来可在上述国家进行更多布局。

表 3-19 2012—2021 年广东省新能源汽车电机技术海外专利目标市场申请趋势分析

单位：件

目标市场	2012 年	2013 年	2014 年	2015 年	2016 年	2017 年	2018 年	2019 年	2020 年	2021 年
世界知识产权组织	43	67	105	95	143	199	259	291	270	66
美国	60	45	78	66	134	102	96	149	97	49
欧洲专利局	5	13	21	13	15	28	50	53	21	2
日本	2	6	26	23	17	18	35	45	14	1
德国	8	12	27	11	12	10	9	12	3	4
韩国	0	4	13	7	9	8	21	23	11	0
加拿大	4	18	8	2	3	2	0	2	3	0
墨西哥	0	16	4	3	3	0	0	0	0	0
印度	1	0	0	1	2	9	1	3	5	2
澳大利亚	1	0	2	1	1	2	1	2	7	1

（3）技术主题分析

1）技术构成分析

分析广东省新能源汽车电机技术领域主要技术分支的占比情况，可以帮助了解电机各技术分支的创新热度，以及当前技术布局的空白点。

从表 3-20 可知，2012—2021 年，广东省新能源汽车电机技术海外专利主要集中在 H02K1、H02K7、H02K5、H02K33、H02K11，分别有 744 件、485 件、484 件、369 件和 331 件，占据海外新能源汽车电机专利数量的 70% 以上。但是，广东省企业在 H02K3、H02P6、H02K41、H02K9、H02K15 5 个技术分支的专利布局较少。主要是因为新能源汽车电机技术仍处于发展早期，技术尚未得到较大突破。这也从侧面说明，广东省企业在前 5 个技术分支进行研发的同时，也在注重后 5 个技术分支的研发，说明广东省企业在电机技术领域的研发较为广泛，且海外专利布局意识较强。

表 3－20　2012—2021 年广东省新能源汽车电机技术海外专利技术构成

分类号	定义	专利数量/件	占比
H02K1	磁路零部件（继电器磁路入 H01H50/16）	744	21.91%
H02K7	结构上与电机连接用于控制机械能的装置，例如结构上与机械的驱动机或辅助电机连接	485	14.29%
H02K5	机壳；外罩；支承物	484	14.26%
H02K33	有往复、摆动或振动的磁体、电枢或线圈系统的电动机（结构上与电动机相连的用于控制机能的装置入 H02K7/00，例如入 H02K7/06）	369	10.87%
H02K11	电机结构上与电元件或屏蔽设备、监测或保护设备连接（机壳、外罩或支撑物入 H02K5/00）	331	9.75%
H02K3	绕组的零部件	233	6.86%
H02P6	控制同步电动机或其他使用依赖转子位置的电子换向器的机电电动机的装置；电子换向器（矢量控制入 H02P21/00）〔3，4，6，2016.01〕	229	6.75%
H02K41	由于物体与沿着一路径行进的与磁场之间的相互电动作用，而使刚体沿该路径移动的推进系统	205	6.04%
H02K9	冷却或通风装置（磁路部件中的通道或导管入 H02K1/20，H02K1/32；导体中或导体间的通道或导管入 H02K3/22，H02K3/24）	158	4.65%
H02K15	专用于制造、装配、维护或修理电机的方法或设备	157	4.62%

2）技术分支申请趋势

分析 2012—2021 年广东省新能源汽车电池技术中主要技术分支的申请趋势，得出图 3－44。

从图 3－44 可知，广东省新能源汽车电机技术海外专利申请基本呈增长态势。其中，H02K1 的申请量自 2012 年开始增长，2017 年之后呈爆发式增长，可见广东省企业在此技术分支下的专利申请数量最多；同时，在 2016 年后，H02K7、H02K5、H02K33 和 K02K11 这 4 个技术分支的专利申请量增长较为明显，尤其是 2019 年广东省企业在 H02K33 技术领域的专利申请量达到 114 件，较 2018 年增长近 7 倍。说明广东省企业在上述技术领域的研发积极

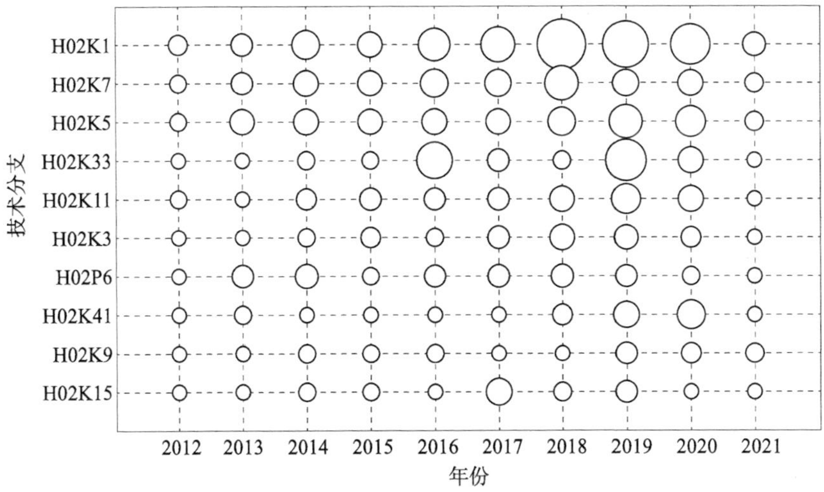

图 3-44　2012—2021 年广东省新能源汽车电机技术海外专利技术分支申请趋势

注：图中圆圈大小表示申请量多少。

性较高，也说明近年来新能源汽车电机技术得到了较大发展，但需要注意在 H02P6、H02K41、H02K9 和 H02K15 等技术分支的投入，未来其可能是新的竞争领域。

3）重要技术分支地域分布

分析 2012—2021 年广东省新能源汽车电机技术重要技术分支地域分布情况，可以帮助了解这项技术在哪些市场被商业化。

从图 3-45 可知，广东省企业就新能源汽车电机技术在海外布局而言，除 H02K41（广东企业在该技术分支主要进军美国市场，在美国有 115 件专利布局，远超其他国家或地区的专利申请量），其他申请量排名前十的技术分支主要是通过 PCT 途径在全球进行布局，其中 H02K1 通过 PCT 途径申请的专利达 348 件，远超其他技术分支的 PCT 申请和在其他国家、地区和组织的专利申请。就美国市场而言，广东省企业除 H02K9 和 H02K15 两个技术分支申请量较少外，在其他申请量排名前十的技术分支所申请的专利数量均较多，可见广东省企业非常重视美国新能源汽车电机市场。此外，在欧洲、日本和韩国等国家、地区和组织，广东省企业也布局了不少专利。正如前文所述，新能源汽车的全球市场主要是美国、欧洲、日本和韩国等国家、地区和组织，广东省企业的专利布局情况也反映出此种趋势。但在这些国家或地区，本土新能源汽车电池技术企业也较多，所以竞争激烈很多。

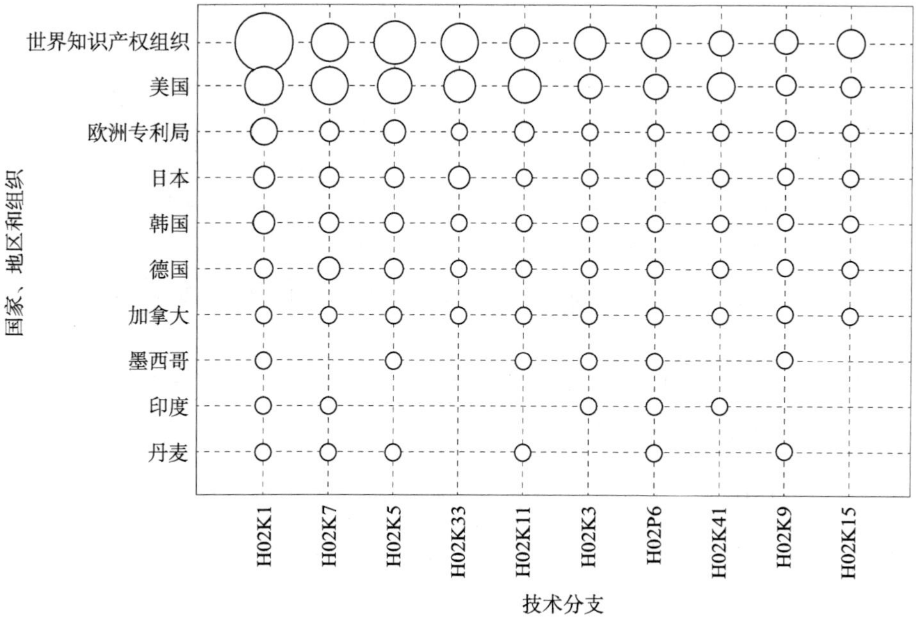

图3－45　2012—2021年广东省新能源汽车电机技术海外专利重要技术分支地域分布

注：图中圆圈大小表示申请量多少。

当前，广东省企业新能源汽车电机技术专利在加拿大、墨西哥、印度和丹麦等国家、地区的布局并不多。从新能源汽车市场看，这些国家或地区的竞争相对缓和，在未来，广东省企业可考虑在澳大利亚等国家加强专利布局。

4）重要技术分支主要申请人分布

分析各技术分支主要申请人的分布情况。可以帮助主要申请人发现不同技术领域的潜在合作对象。

从图3－46可知，专利申请量排名前十的申请人均在H02K1这一技术分支中进行了专利布局，其中尤以珠海格力电器股份有限公司申请的专利数量最多。作为广东省新能源汽车主力的比亚迪在电机技术方面并未布局太多专利，尤其是在H02K33、H02K15这两个技术领域。瑞声声学科技（深圳）有限公司和瑞声科技私人有限公司在H02K33领域申请了大量专利，占有绝对优势。若未来比亚迪等申请人在新能源汽车电机技术进入此技术分支，可考虑与这两家公司合作，避免重复研发。总体而言，除了H02K1、H02K7、H02K33和H02K5等技术分支外，广东省企业在其他技术分支中的专利布局并不多，未来可在这些领域进一步研发和布局。

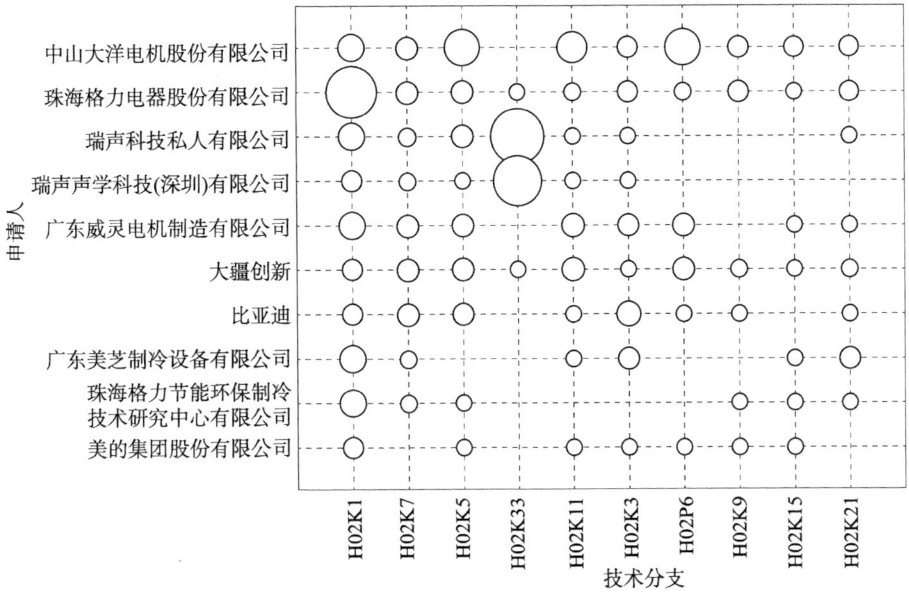

图3－46　2012—2021年广东省新能源汽车电机技术海外专利重要技术分支主要申请人分布

注：图中圆圈大小表示申请量多少。

（4）申请人分析

1）申请人排名分析

分析2012—2021年广东省新能源汽车电机技术领域内哪些申请人拥有的专利总量最多，可以帮助了解该技术领域内的主要申请人和竞争对手。

从图3－47可知，2012—2021年，广东省新能源汽车电机技术海外专利申请量前十名的申请人中，中山大洋电机股份有限公司申请的专利数量最多，达258件，超过第二名41件。

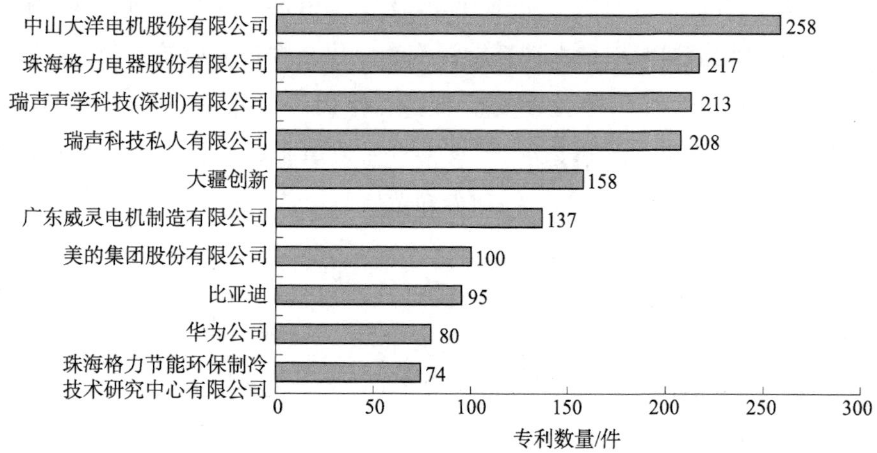

图 3－47　2012—2021 年广东省新能源汽车电机技术海外专利主要申请人排名

中山大洋电机股份有限公司是全球建筑及家居电器电机、车辆旋转电器、新能源汽车电驱动系统等行业的龙头企业之一，是我国微电机行业龙头企业之一，是全球同类电机产品的大型领先供应商。其电机产品广泛应用于家电、汽车、摩托车、电机机车、面包机、自动控制等行业，涉及单相电容异步电动机、罩极电机、直流电动机、单相串激电动机、外转子电容运转单相异步电动机等六大系列、500 多个品种。中山大洋电机股份有限公司主营业务为微电机的研发、生产和销售，主要产品包括风机负载类电机（如空调电机）、洗涤类电机（如干衣机电机、洗衣机串激电机和洗衣机三相变频电机）、无刷电机、新能源电动汽车电机及驱动系统，以及车库门电机、水泵电机、缝纫机电机、搅拌机电机、健身摇摆器电机等。

珠海格力电器股份有限公司成立于 1991 年，是一家集研发、生产、销售、服务于一体的国际化家电企业，拥有格力、大松（TOSOT）、晶弘三大品牌，主营家用空调、中央空调、空气能热水器、手机、生活电器、冰箱等产品。尽管该公司的主要业务并非新能源汽车电机业务，但近年来一直关注电机技术的研发与生产，其在电机方面申请了大量专利。

申请量排名第三的瑞声声学科技（深圳）有限公司和排名第四的瑞声科技私人有限公司均属于瑞声科技控股有限公司的子公司，瑞声声学科技（深圳）有限公司成立于2004年，利用强大的研发团队与先进的制造技术，结合大数据管理，持续为移动终端、机器人、无人驾驶汽车等智能设备提供硬件、软件高度结合的技术解决方案。

大疆创新是全球领先的无人飞行器控制系统及无人机解决方案的研发和生产商，客户遍布全球100多个国家和地区。尽管其主要业务结构并不涉及新能源汽车，但因大疆创新在农业、无人机等领域也会涉及电机技术，因此其在海外进行了较多电机技术专利布局。

广东威灵电机制造有限公司成立于1992年，是中国较大的机电部件产品制造商，专业研发生产各类家用电器用AC/DC类电机、中小型工业电机、工缝电机、汽车电机、办公设备电机、微波炉变压器、空调电抗器、罩极电机等机电部件产品，年综合产能微电机类产品19800万台，工业电机720万KW。因此，也进行了较多电机技术的专利布局。

相反，作为广东新能源汽车“领头羊”的比亚迪在电机技术方面的专利申请要逊色于前述5家公司。这主要是因为比亚迪在新能源汽车领域的技术优势更多体现在电池技术上，在电机方面尚无法与电池技术相提并论。不过，近年来，比亚迪正逐步推进对电机技术的研发，相信在不久的未来，比亚迪也会在电机技术领域持有数量可观的专利。

2）新进入者分析

通过分析2018—2021年广东省新能源汽车电机技术领域的新进入者，可以帮助了解该领域的新竞争态势。与此同时，这些新进入者可以被视为潜在的收购或合作对象。

从图3－48可知，2018—2021年，在新能源汽车电机技术领域，广东省有较多企业踏足海外市场。其中，较为显眼的就是瑞声声学科技（深圳）有限公司，该公司虽然属于瑞声科技控股有限公司的子公司，但其在2019年的电机技术专利申请量高达126件，远超同时期的其他新进入者，且在2020年的专利申请量依旧可观，高达87件。可见，该公司是未来新能源汽车电机技术的主要竞争者之一。相比之下，其他新进入者在电机技术方面的专利申请量并不多，但新进入者数量较多。意味着新能源汽车电机技术领域研发较为活跃，未来相应的竞争也会增大。之所以在近几年出现较多广东省企业进入技术领域，一方面是因为新能源汽车是未来汽车行业的主要方向，当前该产业尚处于早期阶段，此时进入相对容易；另一方面也与国家和广东省在新能源汽车行业的支持政策等有较大关系。

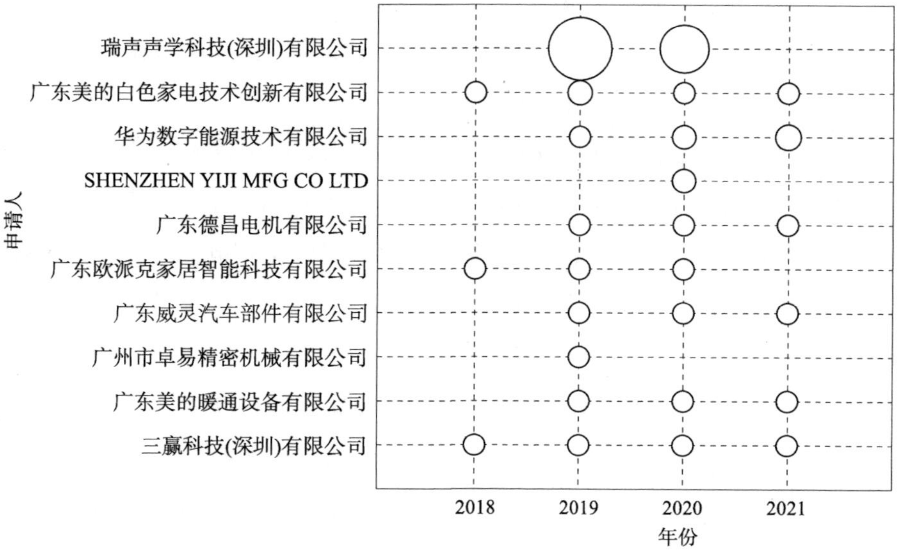

图 3－48　2018—2021 年广东省新能源汽车电机技术海外专利新进入者分析

注：图中圆圈大小表示申请量多少。

3）主要申请人技术分布

分析 2012—2021 年广东省新能源汽车电机技术海外专利主要申请人的技术分布情况，可以帮助了解这些申请人分别专注于哪些技术分支。

从图 3－49 可知，2012—2021 年广东省新能源汽车电机技术海外专利申请量前十的申请人，主要关注 H02K1、H02K5、H02P6 和 H02K7 这几个技术分支，其中瑞声声学科技（深圳）有限公司主要关注 H02K33 这一技术分支，并取得了绝对的优势。若其他公司欲进军该技术市场，可考虑与瑞声公司合作。在 H02K1、H02K5 和 H02K7 这三个技术分支，电机技术领域专利申请量前十的企业均有专利布局，而在其他技术分支中申请量前十的企业并非均有专利布局。尤其是在 H02K9、H02P25 和 H02P27 等技术分支，申请量前十的企业并未布局较多专利，未来或许可对此进行研发。

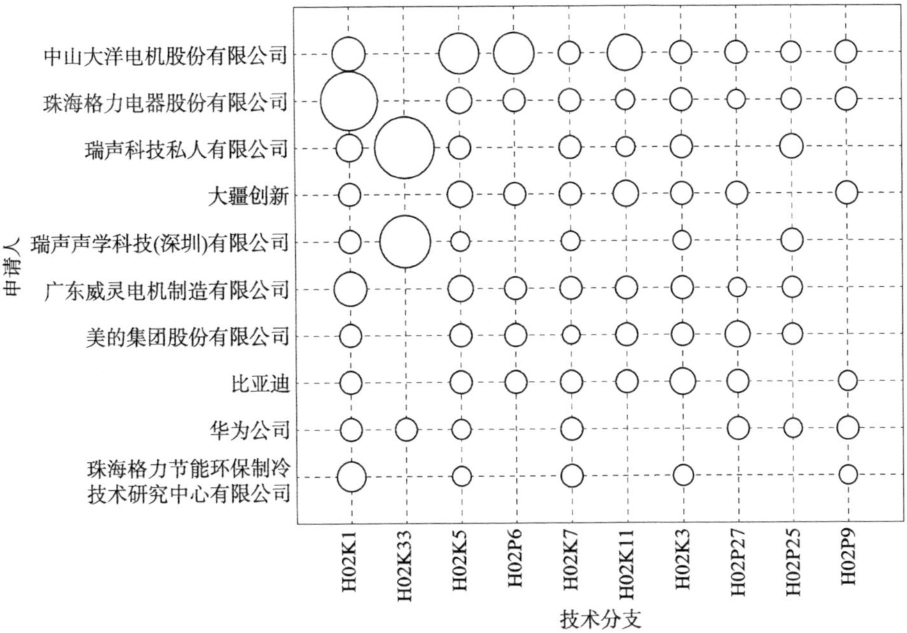

图 3-49　2012—2021 年广东省新能源汽车电机技术海外专利主要申请人技术分布

注：图中圆圈大小表示申请量多少。

4）主要申请人申请趋势

分析 2012—2021 年广东省新能源汽车电机技术主要申请人的申请趋势，可以帮助了解其申请趋势。

从图 3-50 可知，申请量前十的申请人中，只有中山大洋电机股份有限公司和比亚迪自 2012—2021 年均有提交电机专利申请，而其他企业在某些年度并未申请相关专利。尤其是瑞声声学科技（深圳）有限公司更是在 2019—2020 年才开始申请相关专利。不过，总体而言，自 2014 年起广东省企业针对新能源汽车电机技术领域在海外进行了较多专利布局，可以看出，上述公司近年来在此技术领域内的研发热情较高。这主要得益于新能源汽车市场的开拓及国家和广东省的政策支持。

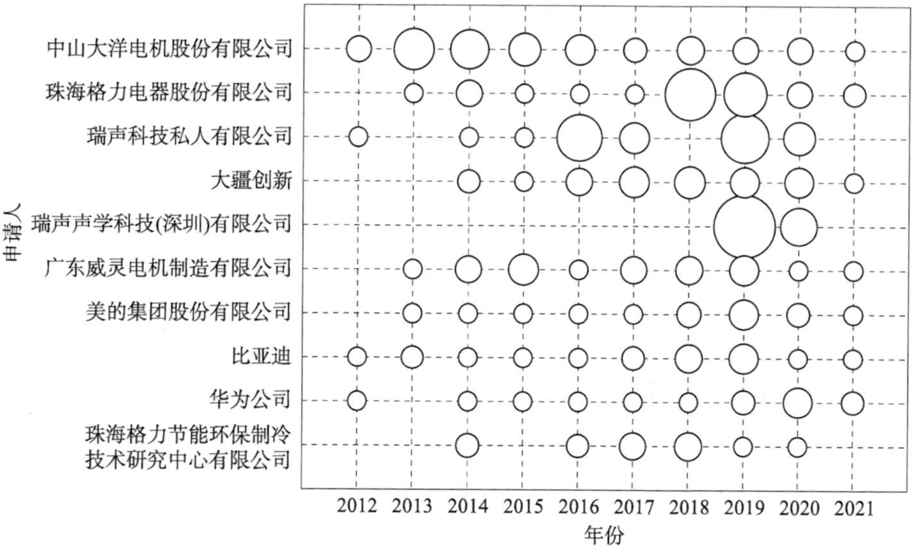

图3－50　2012—2021年广东省新能源汽车电机技术海外专利主要申请人申请趋势

注：图中圆圈大小代表申请量多少。

5）主要申请人地域分布

分析2012—2021年广东省主要申请人的地域布局情况，可以帮助了解2012—2021年广东省新能源汽车电机技术主要申请人在地域布局的异同情况。

从图3－51可知，2012—2021年广东省新能源汽车电机技术海外专利申请量前十的申请人，更多选择以PCT途径进行全球专利保护，同时美国和欧洲也是广东省企业进行新能源汽车电机技术专利的重点布局对象。美国和欧洲的新能源汽车市场较为庞大，广东省企业在此进行专利布局，有利于获得更多市场份额。不过，相比之下，在日本、韩国、加拿大和德国的专利布局相对较少，而在墨西哥、印度和丹麦的专利布局则更少。未来，广东省企业或许可重点关注这些国家，进而提前进行专利布局，以获得更好的市场竞争优势。

6）专利地图

领域地图显示了2012—2021年广东省新能源汽车电机技术领域内主要申请人的专利关键词，有助于了解该技术领域内主要申请人相关的技术概念，

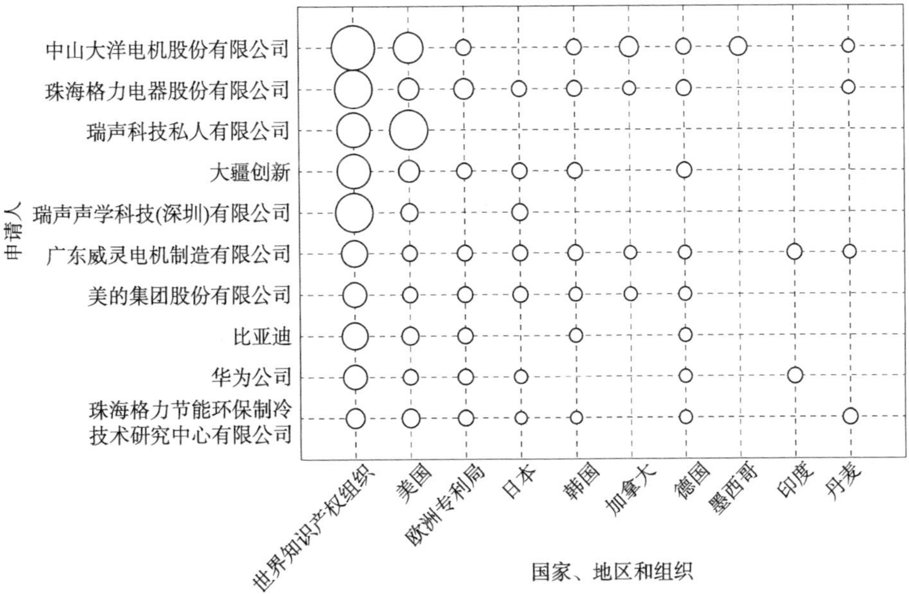

图 3－51　2012—2021 年广东省新能源汽车电机技术海外专利主要申请人地域分布

注：图中圆圈大小表示申请量多少。

借此区分不同申请人的技术焦点。关键词使用最新的 5000 条专利计算得出，如图 3－52 所示。

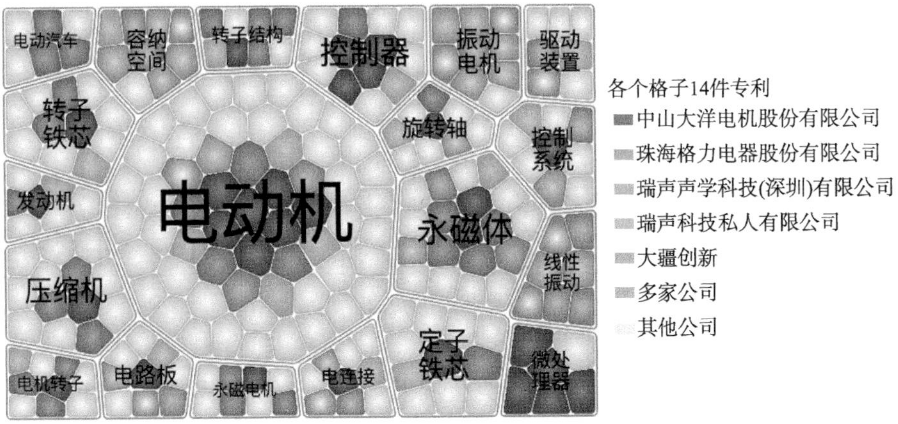

图 3－52　2012—2021 年广东省新能源汽车电机技术海外专利地图

图 3－52 和表 3－21 显示了 2012—2021 年广东省新能源汽车电机技术领

域内主要申请人的专利关键词对应的专利数量。可以看出，中山大洋电机股份有限公司和珠海格力电器股份有限公司作为新能源汽车电机技术领域的主要参与者，均在电动机、永磁体、压缩机、控制器、定子铁芯、转子铁芯和永磁电机技术领域进行了较多专利布局。瑞声声学科技（深圳）有限公司则主要在电动机、永磁体、振动电机、容纳空间和线性振动技术领域进行了专利布局。大疆创新在电动机、控制器两个技术领域进行了较多布局。在新能源汽车电机技术领域内，不同企业有不同的研发重点，研究水平也不相同。从图3－52可以看出，电动机、永磁体、压缩机、转子铁芯和定子铁芯等技术是目前的研发热点也是未来的发展趋势，因此各个企业可以根据自己的专利关键词，明确技术焦点，制定符合企业发展的研发策略。

表3－21　2012—2021年广东省新能源汽车电机海外技术专利关键词及专利数量

单位：件

申请人	电动机	永磁体	压缩机	控制器	定子铁芯	转子铁芯	振动电机	永磁电机	容纳空间	线性振动
中山大洋电机股份有限公司	92	21	2	45	14	8	0	4	0	0
珠海格力电器股份有限公司	47	44	39	2	9	24	0	34	0	0
瑞声声学科技（深圳）有限公司	20	16	0	0	0	0	12	0	16	42
瑞声科技私人有限公司	6	4	0	0	0	0	58	0	52	22
大疆创新	45	1	0	11	3	1	0	0	2	0
多个公司	1	0	0	0	0	0	22	0	4	23
其他公司	525	121	119	92	106	86	2	54	14	0

3. 电控技术

新能源汽车电机、电控系统作为传统发动机（变速箱）功能的替代，其性能直接决定了电动汽车的爬坡、加速、最高速度等主要性能指标。同时，电控系统面临的工况相对复杂，需要能够频繁起停、加减速，低速、爬坡时要求高转矩，高速行驶时要求低转矩，具有大变速范围；混合动力车还需要处理电机启动、电机发电、制动能量回馈等特殊功能。

狭义上的电控指整车控制器（VCU），但是新能源汽车的“电控”较多，还有电机控制器（MCN）与电池管理系统等，这些控制器通过控制器局域网（CAN）网络等来通信。

整车控制器主要是采集油门、制动踏板等各种信号，并作出相应判断与给出指令，在新能源汽车上协调各个控制器的通信。整车控制器是实现整车控制决策的核心电子控制单元。整车控制器通过采集油门踏板、挡位、刹车踏板等信号来判断驾驶员的驾驶意图；通过监测车辆状态（车速、温度等）信息，由整车控制器判断处理后，向动力系统、动力电池系统发送车辆的运行状态控制指令，同时控制车载附件电力系统的工作模式；整车控制器具有整车系统故障诊断保护与存储功能。

电机控制器的作用主要是接收整车控制器的扭矩报文指令，进而控制驱动电机的转速与转动方向，另外，在能量回收过程中，电机控制器还要负责将驱动电机副扭矩产生的交流电进行整流回充给动力电池。电机控制器通过接收整车控制器的车辆行驶控制指令，控制电动机输出指定的扭矩和转速，驱动车辆行驶，实现把动力电池的直流电能转换为所需的高压交流电并驱动电机本体输出机械能。

电池管理系统相对比较“年轻”，其主要功能包括：电池物理参数实时监测、在线诊断与预警、充放电与预充控制、均衡管理和热管理等。在汽车电控系统中，整车控制器、电机控制器和电池管理系统是核心技术，对整车的动力性、经济性、可靠性和安全性等有重要影响。是对电池进行管理的系统，主要负责监测和管理整个电池组的政策工作，主要功能包括估测电流的电荷状态、检测电池的使用状态、管控电池的循环寿命、在充电过程中对电池进行热管理、启停锂电池冷却系统，同时管理单体电池间的均衡，防止单体电池过充过放产生的危险。电池管理系统作为保护动力锂离子电池使用安全的控制系统，时刻监控电池的使用状态，通过必要措施缓解电池组的不一致性，为新能源车辆的使用安全提供保障。

本报告并未严格区分上述三种控制系统，而是以新能源汽车作为限定，在已经检索的广东省海外专利中，结合《国民经济行业分类（GB/T 4754—2017）》选取相应分类号和《国际专利分类与国民经济行业分类参照关系表（2018）》中的 IPC 分类号对与电控技术相关的专利进行分析。需要注意的是，当前存在混合动力汽车，因此在相应专利检索中无法完全剔除，故有相当部分专利体现了汽车的混合动力控制系统技术。

（1）专利概况

1）专利趋势

分析 2012—2021 年广东省新能源汽车电控技术领域的申请趋势，得到图 3 -53。其中专利授权率表明申请的有效率以及最终获得授权的申请成功率。空白柱代表申请量，灰色柱表示当前时间段申请专利的被授权量。

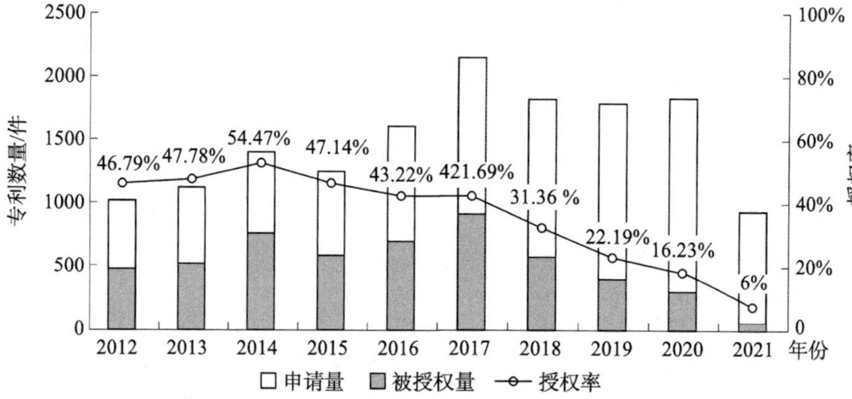

图 3 -53　2012—2021 年广东省新能源汽车电控技术海外专利申请、授权及授权率趋势

从图 3 -53 可知，广东省新能源汽车电控海外专利申请趋势可分为两个阶段。

① 增长期（2012—2017 年）。自 2012 年开始，广东省企业新能源汽车电控技术海外专利申请自 1028 件增长至 2017 年的 2162 件，5 年的时间增长了一倍多。尤其是 2017 年出现了较大幅度的增长，涨幅高达 547 件。专利申请量出现大幅度增长的原因是，一方面，财政部、工业和信息化部、科学技术部、国家发展和改革委员会发布了《关于开展 2016—2020 年度新能源汽车推

广应用补助资金清算的通知》，2016 年 12 月，国家发布《“十三五”国家战略性新兴产业发展规划》，要求到 2020 年实现新能源汽车当年产销 200 万辆以上，累计产销超过 500 万辆，整体技术水平保持与国际同步，形成一批具有国际竞争力的新能源汽车整车和关键零部件企业；另一方面，广东省发布《广东省电动汽车充电根本设备计划（2016—2020）》《广州市新能源汽车发展工作方案（2017—2020 年）》，这些政策不仅体现了国家和广东省对新能源汽车的大力支持，也激发了广东省企业在新能源汽车产业的投入，使得 2017 年新能源汽车电控技术专利申请量剧增。

② 平缓期（2018—2021 年）。除了 2020—2021 年的数据，2018—2020 年广东省新能源汽车电控技术专利申请量较 2017 年有所回落，但依旧保持在 1800 件左右。这反映出我国新能源汽车电控技术发展较为缓慢，主要原因是作为能源变换与传输的核心器件的绝缘栅双极型晶体管（IGBT）元器件，国内技术发展较慢，尖端科技基本依赖进口。由于 IGBT 对设计及工艺要求较高，而国内缺乏 IGBT 相关技术人才、工艺基础薄弱且企业产业化起步较晚，因此 IGBT 市场长期被大型跨国企业垄断。不过，随着 2021 年 10 月 30 日国家电网有限公司自主研发生产的 3300 伏 IGBT 经过连续两天 2 次 12 小时 40 万 kW 功率大负荷连续试运行，在福建省厦门市柔直鹭岛换流站完成调试，意味着我国新能源汽车电控技术迎来新的发展时期。

2）法律状态

通过专利有效、失效、审查中等状态的占比分析，帮助衡量 2012—2021 年广东省新能源汽车电控技术领域的专利活跃程度。通常情况下，审查中状态的专利占比越大，反映企业近期创新活力越高。其中，未确认状态为无数据的情况。

从图 3 – 54 可知，广东省新能源汽车电控技术海外专利中，处于有效状态的专利共有 4965 件，占广东省新能源汽车电控技术海外专利总量的 33.07%；处于 PCT 指定期满状态的有 4750 件，占 31.65%；处于审查中状态的专利有 1910 件，占 12.73%；处于失效状态的专利有 1840 件，占 12.26%；处于 PCT 指定期内的专利有 1389 件，占 9.26%；而处于未确认状态的专利有

154 件，占 1.03%。总体而言，处于广义有效法律状态的专利有 13014 件，占 86.71%，但遗憾的是，处于审查中状态的专利数量同处于失效状态的专利数量相差不大，意味着广东省企业在新能源汽车电控技术方案的后续发展不足。

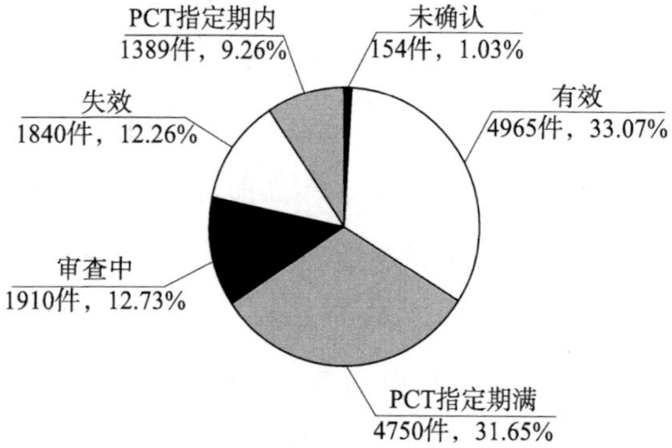

图 3 – 54　2012—2021 年广东省新能源汽车电控技术海外专利法律状态占比

3）专列类型

专利类型的分布反映新能源汽车电控技术领域的申请人专注于保护创新的功能还是外观。其中，通常情况下，发明专利相对于实用新型的占比，反映该领域的创新程度高低。

从图 3 – 55 可知，广东省企业就新能源汽车电控技术在海外申请的专利，并不涉及外观设计专利，主要是发明专利，有 14571 件，实用新型专利有 437 件，发明和实用新型专利之比约为 33 : 1，说明在电控技术领域，广东省企业的创新能力较强。

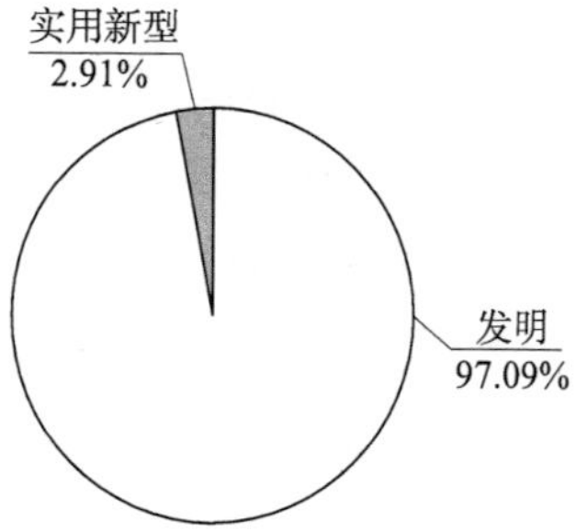

图 3 – 55　2012—2021 年广东省新能源汽车电控技术海外专利类型

4）技术生命周期

利用专利申请量与专利申请人数量随时间的推移而变化来分析当前技术领域生命周期所处阶段。通过图 3 – 56 可以帮助评估技术发展的阶段，用来判断是否需要进入当前技术领域。

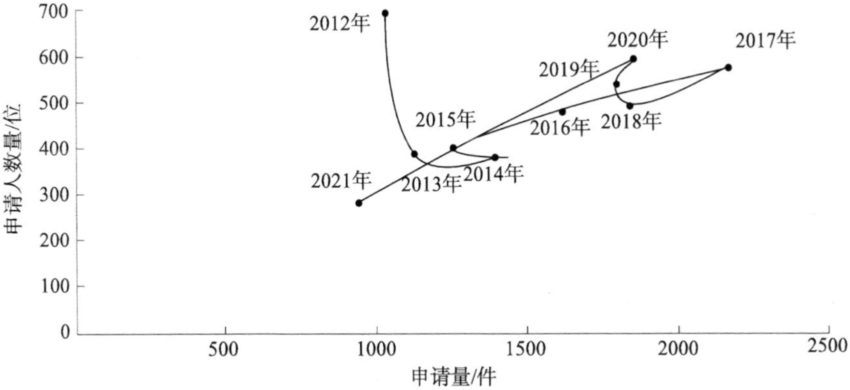

图3－56　2012—2021年广东省新能源汽车电控技术海外专利年度申请量和申请人数量

从图3－56可知，2012—2021年，广东省新能源汽车电控技术海外专利年度申请量及申请人数量有所起伏。首先，就申请量来说，2012—2017年，专利申请量增加了一倍有余；2018—2021年，相关专利申请数量有所回落，但仍保持在1800件左右。其次，就申请人数量而言，2012年相关技术领域有695位申请人申请电控技术专利，但到2013年大幅度减少，减幅达到44.32%；但在2014年后，相关申请人数量又开始增加。这说明广东省新能源汽车电控技术仍处于发展早期阶段，相关技术尚未得到较大突破。正因该领域当前技术的集中度并不好，对拟进入该领域的企业来说，尽早进入并申请相关专利，有助于积累自身优势。相信在未来，广东省企业新能源汽车电控技术海外专利将迎来较大幅度的增长。

（2）地域分布

1）目标市场

分析广东省新能源汽车电控技术主要布局在哪些国家和地区，专利申请量的多少在一定程度上反映了该目标市场的受关注程度。这可以帮助企业进行技术战略布局时，评估哪些是需要主要关注的国家和地区，以及哪些国家和地区未被布局，是否可能成为潜在的布局地。

从图3－57和表3－22可知，广东省新能源汽车电控技术海外专利主要通过世界知识产权组织来寻求全球专利布局与保护，即以PCT途径申请的专利有6171件，占专利总数的41.12%。此外，广东省企业在美国、欧洲、日本、德国和韩国等国家和地区的专利布局也较多。正如前文在新能源汽车电池和电机技术专利分析部分所述，美国、欧洲、日本、德国等国家和地区的新能源汽车市场规模较大，同时在相应国家和地区的新能源汽车技术也相对较为先进，广东省企业在这些国家和地区进行专利布局，可以在上述新能源汽车市场中分一杯羹。

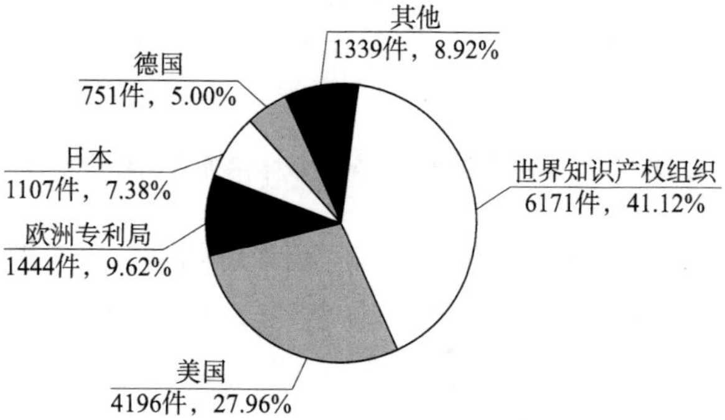

图3-57　2012—2021年广东省新能源汽车电控技术海外专利目标市场分布占比

表3-22　2012—2021年广东省新能源汽车电控技术海外专利目标市场排名

目标市场	专利数量/件	目标市场	专利数量/件
世界知识产权组织	6171	韩国	554
美国	4196	印度	184
欧洲专利局	1444	澳大利亚	155
日本	1107	西班牙	68
德国	751	加拿大	62

广东省企业在印度、澳大利亚、西班牙和加拿大等国家和地区并未布局很多新能源汽车电控技术专利。但随着新能源汽车的逐步推广和碳排放量降低要求的落实，上述国家和地区也将有较为广阔的市场前景。因此，广东省企业应当注重印度、澳大利亚、西班牙和加拿大等国家和地区的新能源汽车电控技术市场。

2）目标市场专利申请趋势分析

分析主要目标市场的申请趋势，帮助了解2012—2021年广东省在新能源汽车电控技术领域随时间变化的地域布局情况。

从图3－58可知，广东省新能源汽车电控技术海外专利主要是通过PCT途径寻求国际保护，且呈现逐年增加的趋势。同样，广东省企业在美国、欧洲、日本和德国等国家、地区和组织的专利布局呈现增长态势。这说明，美国、欧洲、日本和德国等国家、地区和组织仍然是广东省企业的重要市场。相比之下，广东省企业在韩国、印度、澳大利亚、西班牙和加拿大等国家和地区的专利布局相对较少，说明广东省企业目前并不是很重视这些目标市场。随着新能源汽车市场的进一步发展，广东省企业应注意当前专利布局不多的目标市场。

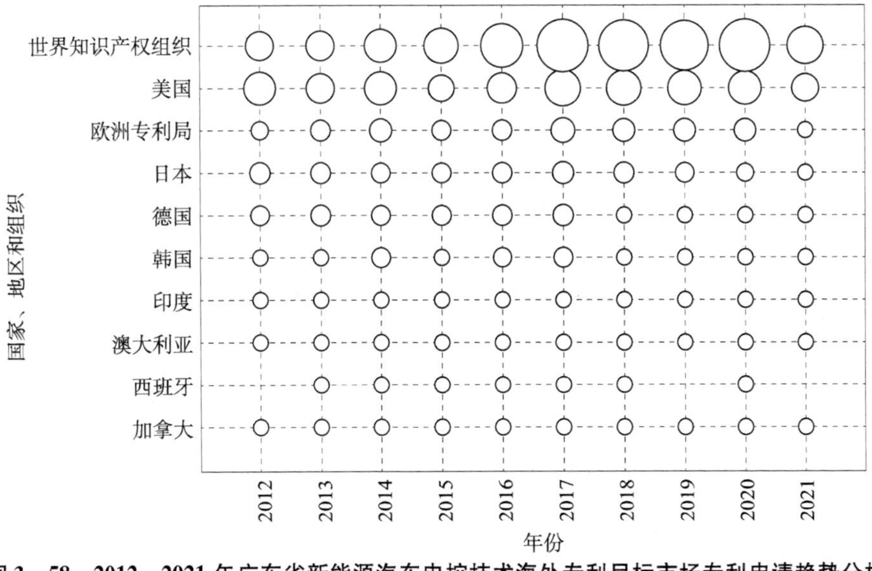

图3－58　2012—2021年广东省新能源汽车电控技术海外专利目标市场专利申请趋势分析

注：图中圆圈大小表示申请量多少。

（3）技术主题分析

1）技术构成分析

分析2012—2021年广东省新能源汽车电控技术领域主要技术分支的占比情况，可以帮助了解各技术分支的创新热度，发现当前技术布局的空白点和潜在机会。

从表 3-23 可知，2012—2021 年广东省新能源汽车电控技术海外专利主要集中在 H01M10、H01R13、H02M3 和 H02J7 等技术分支，前 4 个技术分支的专利数量分别是 2786 件、2198 件、1710 件和 1633 件，共同占专利总数的 57.36%。上述 4 个技术分支代表了当前该行业的重要基础技术和重要研发动向。相比之下，H02M1、H01M2、H01M4、H02M7、H01R12、H03K17 等技术分支的专利数量相对均衡，这些分类号主要涉及部件转换或制造方法、电极、交流功利输入变换为直流功利输出等，作为新能源汽车电控技术的重要技术分支，这也反映出广东省企业在该行业的发展潜力较大。

表 3-23　2012—2021 年广东省新能源汽车电控海外专利技术构成分析及专利数量

分类号	定义	专利数量/件	占比
H01M10	二次电池；及其制造〔2〕	2786	19.19%
H01R13	H01R12/70 或 H01R24/00 至 H01R33/00 组中所包含的各种连接装置的零部件〔1，7〕	2198	15.14%
H02M3	直流功率输入变换为直流功率输出	1710	11.78%
H02J7	用于电池组的充电或去极化或用于由电池组向负载供电的装置	1633	11.25%
H02M1	变换装置的零部件〔1，2007.01〕	1335	9.19%
H01M2	非活性部件的结构零件或制造方法〔2〕	1283	8.84%
H01M4	电极〔2〕	1189	8.19%
H02M7	交流功率输入变换为直流功率输出；直流功率输入变换为交流功率输出	1026	7.07%
H01R12	具有许多相互绝缘电连接元件，专门适用于印刷电路，如印刷电路板（PCB）、扁平或带状电缆，或具有平面结构，如端接带、端接盒的结构连接；专门适用于印刷电路、扁平或带状电缆或具有平面结构的连接装置；专门适用于接触或插入印刷电路、扁平或带状电缆或具有平面结构的连接端子（与印刷电路或其间印刷连接的入 H05K1/11）〔7〕	726	5.00%
H03K17	电子开关或选通，即不通过通断接触的（选通放大器入 H03F3/72；使用静态器件的交换系统的开关装置入 H04Q3/52）	635	4.37%

2）技术分支申请趋势

从图 3－59 可知，2012—2021 年，广东省新能源汽车电控技术海外专利主要集中在 H01M10、H01R13、H02M3、H02J7、H02M1、H01M2、H01M4、H02M7、H01R12、H03K17 等技术分支，基本呈现逐年增长的态势，且在 2016—2020 年进入专利申请爆发期。在 2016 年之前，广东省新能源汽车电控技术海外专利申请集中在 H01M01 和 H01R13 两个技术领域，主要是二次电池及其制造，以及电机中的零部件或连接装置。进入 2017 年后，这两个技术分支仍是主要的研发领域，同时，H02M3、H02J7、H01M2 等技术分支的专利申请量也有较大上涨。新能源汽车电控技术申请呈增长趋势说明该产业还存在较大的研发空间，市场竞争者可尝试加大在该领域的研发投入。

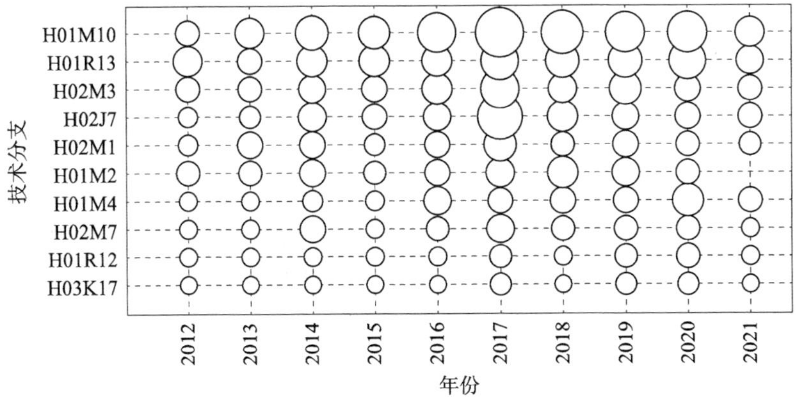

图 3－59　2012—2021 年广东省新能源汽车电控技术海外专利主要技术分支申请趋势

注：图中圆圈表示申请量多少。

3）重要技术分支地域分布

分析 2012—2021 年广东省新能源电控技术海外专利各技术分支地域分布情况，可以帮助了解这项技术在哪些市场被商业化。

从图 3－60 可知，广东省企业就新能源汽车电控技术在海外申请的专利，主要是通过 PCT 途径寻求国际保护。从整体上分析，虽然不同技术分支在各国家、地区和组织的布局情况不同，但在美国和欧洲的专利申请数量相对较多，在澳大利亚和西班牙等国家的布局较少。美国和日本等国家进入新能源汽车行业较早，技术实力强劲，资源、资金和需求优势较大，吸引广东省企业进行重点技术布局。H01MJ7、H02M1 和 H01M2 等技术分支在美国的专利申请较多，意味着日本和美国在上述领域的技术发展较好，广东省企业针对上述技术分支在美国进行布局，很有可能被商业化。广东省企业就 H01R12 和 H02M3 两个技术领域在加拿大的专利布局相对其他技术分支略少，就 H03K17 技术领域在西班牙布局较少，说明加拿大和西班牙对该技术分支的创新都有待提高。

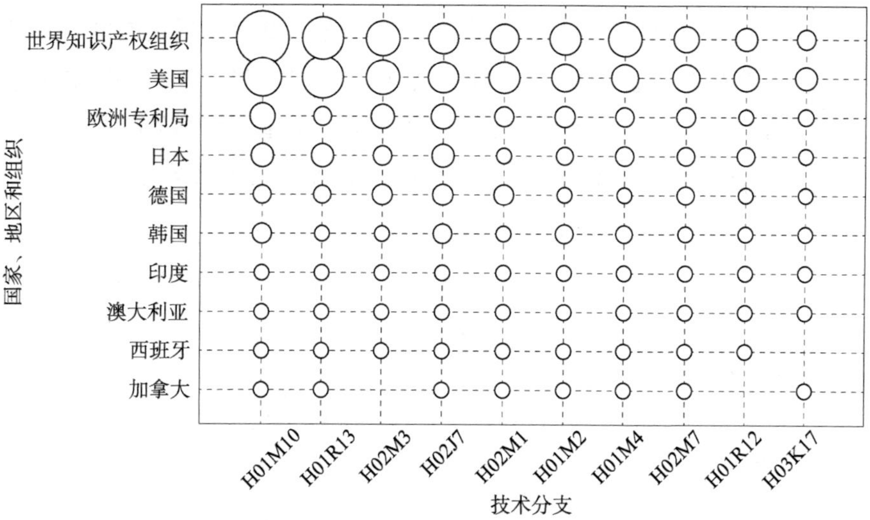

图 3-60　2012—2021 年广东省新能源汽车电控技术海外专利重要技术分支地域分布

注：图中圆圈大小表示申请量多少。

4）重要技术分支主要申请人分布

分析 2012—2021 年广东省新能源电控技术海外专利各技术分支主要申请人分布情况，可以帮助其寻找在不同技术领域的潜在合作伙伴。

由图 3-61 可知，华为公司在 H01R13、H02M3、H02M1 和 H02M7 4 个技术分支具有较大优势，尤其是在 H01R13、H02M7 两个技术分支具有绝对优势。OPPO 公司则在 H02J7、H02M3 和 H01M10 技术分支布局较多，在 H02J7 具有绝对优势，但在 H01M4 并无专利申请，说明在 H01M4 的创新水平不高。比亚迪则在 H01M10、H01M2 具有绝对优势，但在 H01R12 无专利申请。贝特瑞新材料集团有限股份公司在 H01M4 有较大优势。广东省企业可以寻找相应技术分支领域研发水平高的公司进行合作，避免重复研发，这样可以使投资效益最大化，有利于促进公司的整体长远发展。主要申请人在 H01M4、H01R12 和 H03K17 这 3 个技术分支上的研发较少，可能更多地是由中小型企业在进行研发，主要申请人可以考虑在上述技术分支上加大投入。

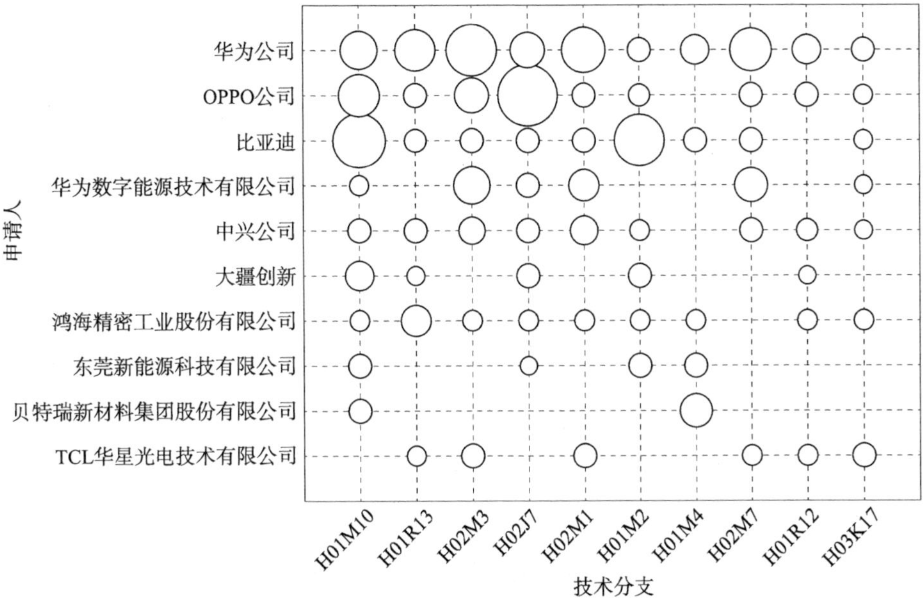

图 3-61　2012—2021 年广东省新能源汽车电控技术海外专利重要技术分支主要申请人分布

注：图中圆圈大小表示申请量多少。

（4）申请人分析

1）申请人排名分析

分析 2012—2021 年广东省新能源汽车电控技术主要申请人拥有的专利总量多少，可以帮助了解该技术领域内的主要申请人和竞争对手。

从图 3-62 可知，华为公司在电控技术领域在海外申请的专利数量最多，有 1685 件，高出比亚迪近 660 件专利。申请量排名前三的申请人有两家主要从事电子通信行业，但近年来不论是华为公司还是 OPPO 公司均宣布要进军汽车行业，并且基于其自身优势，在汽车电控方面具有较大优势，这也是为何二者会在电控方面拥有如此大量专利的原因。比亚迪作为广东省新能源汽车的领头羊，其在动力电池方面具有较大优势，在电机和电控方面也表现不俗。除了华为公司、OPPO 公司和比亚迪，其他申请人尽管也在新能源汽车电控方面有一定数量的专利布局，但仍无法与前三者相提并论。新能源汽车作为战略性新型产业，尚处于发展早期，广东省有不少企业在此领域深耕细作，表现出广东省企业的创新精神和战略眼光。相信在不久的以后，广东省企业在新能源汽车电控技术领域的专利会越来越多。

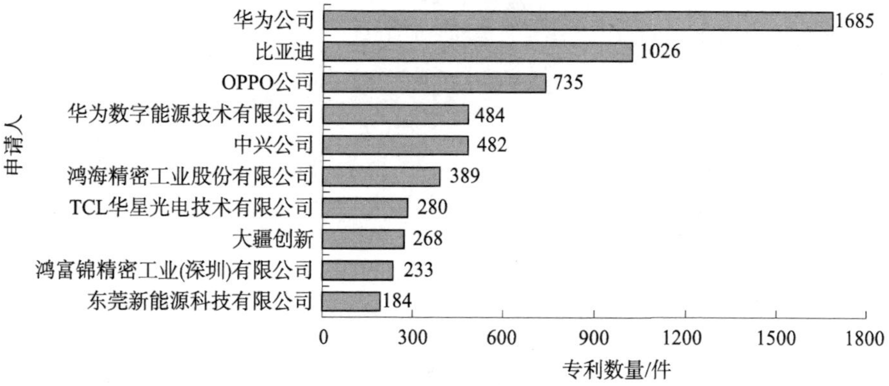

图 3－62　2012—2021 年广东省新能源汽车电控技术海外专利主要申请人排名

2）新进入者分析

主要选取了在 2018—2021 年提出专利申请的企业，以此来判断广东省企业在新能源汽车电控技术领域有哪些是新进入者，进一步了解相关技术发展的情况。

从图 3－63 可知，在国家政策的引导下和国家资金的扶持下，广东省越来越多的申请人看到了新能源汽车及其电控产业的发展潜力，纷纷加入该领域的竞争中。东莞立讯技术有限公司成立于 2017 年 4 月，隶属于立讯精密工业股份有限公司，其生产经营范围之一是生产和销售自动化设备、模具、治具。该公司自 2018 年开始申请专利，但在 2020—2021 年的申请量较大。珠海冠宇电池股份有限公司成立于 2007 年，是一家专门从事研发、生产和销售动力镍氢电池、锂离子电池、新能源汽车动力电池等高技术绿色电池、相关设备和原材料，并提供相关技术服务的企业。深圳威迈斯新能源股份有限公司成立于2005年，致力于电力电子与电力传动产品的研发、生产和销售。广东省皓智科技有限公司成立于2019年4月，主要经营范围是电池制造及销售、资源再生利用技术研发等，该公司尽管成立时间较短，但自其成立的第二年就申请了不少专利。深圳前海优容科技有限公司成立于2016年6月，但该公司仅于2018年申请了29件专利，此后的三年并未提交专利申请。这些新加入者表明在新能源汽车电控技术领域的一些细分行业和新兴行业形成了新竞争，相关技术值得关注。新进入者的发展对该领域的龙头企业来说意味着挑战与风险并存，一方面龙头企业要注意风险防范，加强关键技术的研发；另一方面这些新进入者可以被视为潜在的收购或合作对象。2020年新进入者的专利申请量明显增加，也表明该行业尚处于发展阶段，仍有较大的技术领域可供挖掘和进行专利布局。

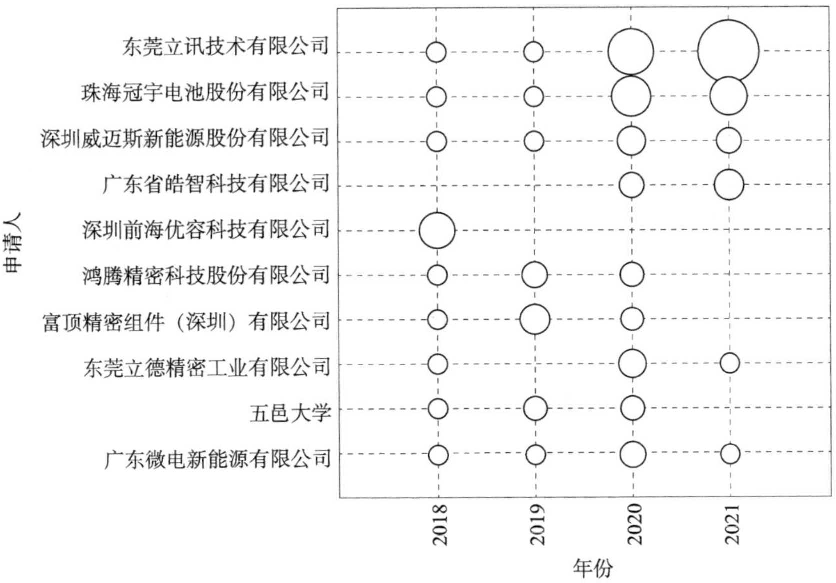

图3－63　2018—2021年广东省新能源汽车电控技术海外专利技术领域新进入者分析

注：图中圆圈大小表示申请量多少。

3）主要申请人技术分析

从图3－64可知，2012—2021年，广东省企业在新能源汽车电控技术领域的海外专利布局主要集中在 H01M10、H02M3 和 H02J7。其中，华为公司在 H02M3、H02M1 和 H02J7 有较多专利布局，并具有较大优势，但在 H01M50 则未进行专利布局。相反，比亚迪恰恰在 H01M50 进行了大量专利布局，相对于其他申请人具有绝对的优势，同时比亚迪在 H01M2 和 H01M10 的专利也较多，且在 H01M2 具有绝对优势。OPPO 公司则在 H01M10、H02M3 和 H02J7 3 个技术分支进行了大量专利布局，但在 H021M4 和 H01M50 并未有专利申请。总体来看，广东省企业在新能源汽车电控技术领域进行了大量的专利布局，但在 H01M4、H01R12 和 H01M50 的专利申请仍然不多。

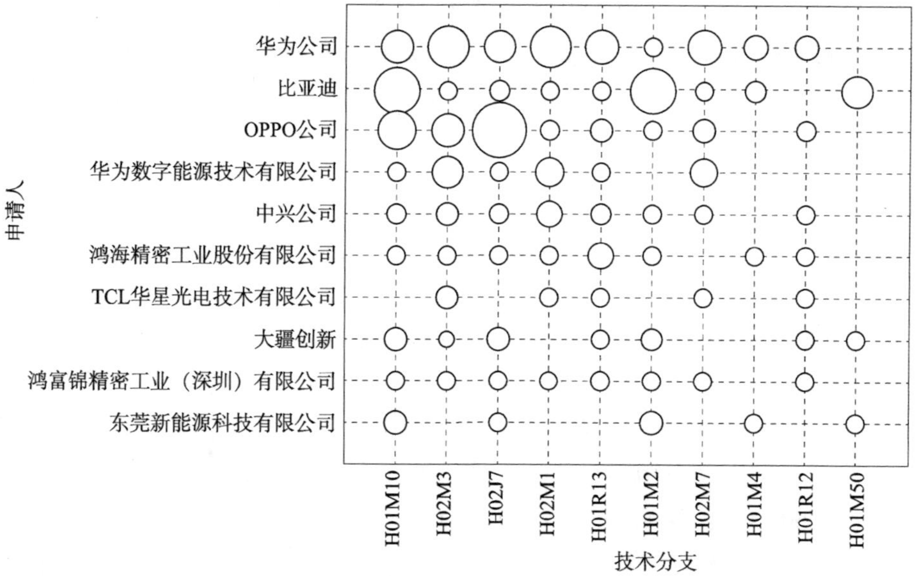

图 3－64　2012—2021 年广东省新能源汽车电控技术海外专利主要申请人技术分析

注：图中圆圈大小表示申请量多少。

4）主要申请人申请趋势

由图 3－65 可知，2012—2021 年，在专利申请量排名前十的申请人中，华为公司、比亚迪和大疆创新的专利年申请量呈增长趋势，华为公司和比亚迪申请趋势增长幅度较大，大疆创新在 2014 年才开始出现专利申请。OPPO 公司在 2017 年出现大量申请后，申请量锐减。同样，申请量逐年减少的企业还有鸿海精密工业股份有限公司、中兴公司、TCL 公司和鸿富锦精密工业

（深圳）有限公司。近年来国家和广东省均出台了很多政策鼓励企业投身于新能源汽车行业的研发中，正是在此背景下，华为公司和比亚迪等的专利申请量才逐年提高。但遗憾的是，也有不少企业在新能源汽车电控技术的专利申请量呈减少趋势，这也意味着当前新能源汽车电控技术并未有较大突破，尤其是在主要元器件仍高度依赖进口时，广东省企业在电控技术方面发展仍有较长路要走。

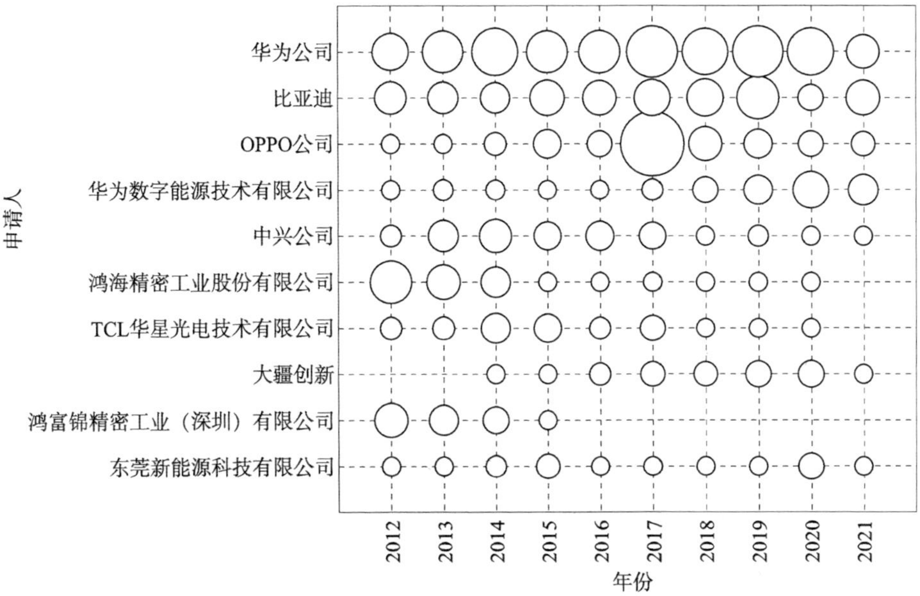

图 3－65　2012—2021 年广东省新能源汽车电控技术海外专利主要申请人申请趋势

注：图中圆圈大小表示申请量多少。

5）主要申请人地域分布

在新能源汽车电控技术行业，对广东省专利申请量排名前十申请人的海外申请地域进行统计，可以发现世界知识产权组织受理了大多数申请人的海外申请。如图 3－66 所示，广东省的企业更偏向在美国、欧洲进行布局，这些国家、地区和组织的技术创新情况和经济优势吸引了相关企业进行布局。美国和欧洲新能源汽车市场巨大，且相关的技术也具有较大竞争力，自然成为广东省企业进行海外布局的重点之地。排名前三的申请人在多个国家申请了较多的专利，这说明华为公司、比亚迪和 OPPO 公司海外布局意识较强，且专利质量较高。其他主要申请人在海外布局较少，说明这些公司的技术还不够完善，更偏重开拓中国市场。排名前十的广东省企业向世界知识产权组织申请了一定数量的专利，这说明我国企业越来越重视专利技术的国际保护。

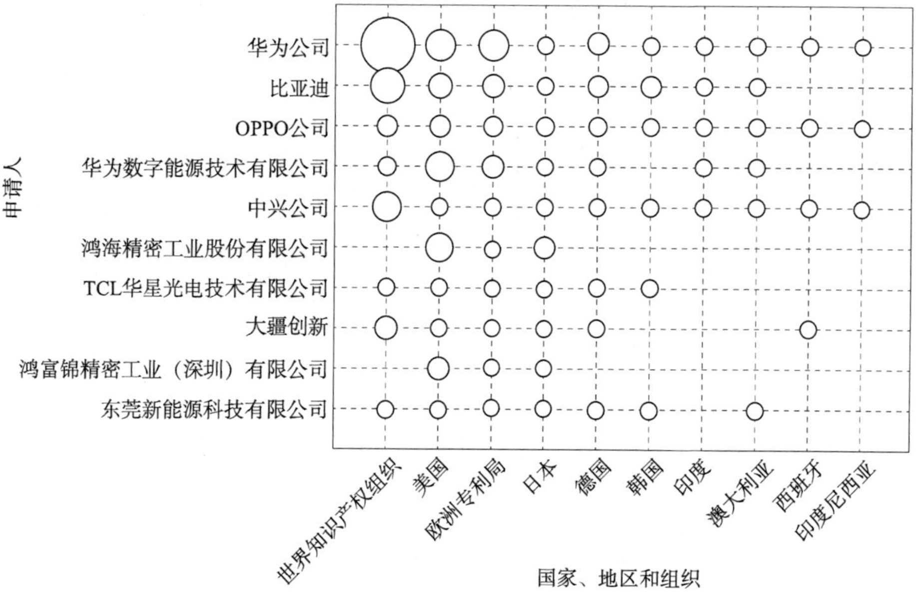

图 3－66　2012—2021 年广东省新能源汽车电控技术海外专利主要申请人地域分布

注：图中圆圈大小表示申请量多少。

6）专利地图

领域地图显示了 2012—2021 年广东省新能源汽车电控技术领域内主要申请人的专利关键词，有助于了解该技术领域内主要申请人相关的技术概念，借此区分不同申请人的技术焦点。关键词使用最新的 5000 条专利计算得出，如图 3－67 所示。

图 3－67 和表 3－24 显示了在新能源汽车电控技术领域内主要申请人的专利关键词，可以看出华为公司在各个领域均有所涉及，且在电子设备、电连接、连接器和逆变器等领域占有重要地位，业务市场十分广泛。值得注意的是，华为公司在锂离子电池领域研究较少，比亚迪则在该领域占有较大优

势。比亚迪作为广东省新能源汽车的领先者，其主要是在先动力电池方面具有较大优势，进而在电池控制技术上的专利布局较多，如其专利关键词为锂离子电池、电池组、电池包、电动汽车、电连接和电池单元等。在新能源汽车电控技术领域内，不同的企业有不同的研发重点，研究水平也不相同。从图3-67可以看出，锂离子电池、电连接、电子设备、连接器、电池组等领域的技术是目前的研发热点，也是未来的发展趋势，因此各企业可以根据自己的专利关键词，明确技术焦点，制定符合企业发展的研发策略。

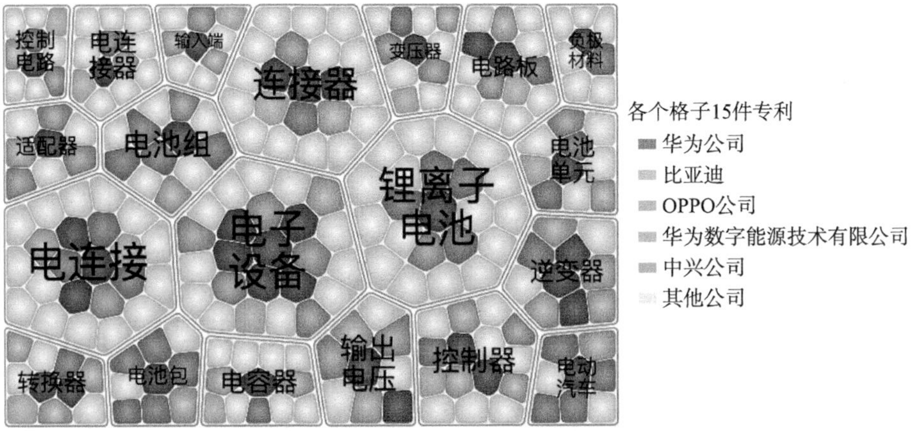

图3-67　2012—2021年广东省新能源汽车电控技术海外专利地图

表3-24　2012—2021年广东省新能源汽车电控技术

海外专利关键词及相应专利数量

单位：件

关键词	华为公司	比亚迪	OPPO公司	华为数字能源技术有限公司	中兴公司	其他公司
电子设备	83	0	61	11	8	160
锂离子电池	6	50	5	0	0	238
电连接	31	31	11	8	2	206
连接器	42	2	2	5	4	208
控制器	22	5	1	32	2	96
电池组	9	56	1	6	0	72
电路板	17	2	9	2	2	108

续表

关键词	华为公司	比亚迪	OPPO 公司	华为数字能源技术有限公司	中兴公司	其他公司
电容器	12	4	0	28	2	92
电连接器	9	1	0	1	2	109
逆变器	37	2	0	60	0	20
转换器	24	7	0	43	1	39
变压器	12	1	17	14	1	68
输出电压	22	0	17	28	0	45
控制电路	15	2	3	9	5	66
电池单元	4	26	11	1	1	53
电池包	5	68	0	1	0	20
输入端	15	0	1	18	4	56
电动汽车	10	50	0	8	0	22
适配器	10	0	42	3	0	33
负极材料	7	4	0	0	0	76

四、建议与展望

本章作为《广东涉外知识产权年度报告（2021）》的一部分，以广东省近20年以来海外专利数据作为研究样本，侧重于从时间分布、目标市场地域分布、技术构成、申请人和新进入者进行分析，呈现出近20年广东省企业对外进行专利布局的总体态势；同时，根据党中央、国务院关于统筹推进新冠肺炎疫情防控和社会经济发展的决策部署，结合《广东省人民政府关于培育发展战略性支柱产业集群和战略性新兴产业集群的意见》（粤府函〔2020〕82号），选择物联网技术、新能源汽车（分为电池、电机和电控技术3个技术分支）产业作为本章报告分析的重点产业。

从总体情况分析来看，2021年广东省企业海外专利布局平稳增长，无论是专利申请量、授权量均没有出现减少的迹象，这说明新冠肺炎疫情期间，专利的投入和产出并没有受到影响。广东省企业海外专利布局力度大，重视程度高，优势企业和示范企业海外专利布局依然位居我国前列。并且，广东省企业的海外专利布局中，通过 PCT 途径申请专利的比例约 40%，这表明高价值、高质量的专利组合正在从量变到质变。广东省海外专利中，86% 以上的专利属于发明专利，外观设计和实用新型专利占比较低，说明广东省企业在海外市场的创新能力较强。同时，广东省企业海外专利主要分布在美国、欧洲、日本、韩国等国家和地区，在印度和新加坡等国家的专利申请量也日益增长。广东省企业在海外专利布局的领域仍然主要是电学、电路、通信领域，其中数字交换网络、本地资源管理、电子电路和系统、无线通信的专利数量占比超过 70%。华为公司、中兴公司、OPPO 公司、腾讯公司和 TCL 公司等仍是专利布局的主要领军企业。通过分析可发现，深圳前海微众银行股份有限公司、深圳雾芯科技有限公司和广东美的白色家电技术创新中心有限公司也是新进入者。

从分析的两个重点产业布局来看，可以明显地发现广东省企业在这两个产业中的布局力度在加强，但在各自基础科学和关键核心技术的细分领域，两个产业的专利布局态势依然处于成长期。

在物联网技术产业，广东省企业 2017 年的专利申请量较 2016 年出现了较大的增长，但 2018—2019 年的专利申请量基本与 2017 年持平。相关专利主要通过 PCT 途径寻求国际保护，就具体布局的国家、地区和组织而言，主要是在美国和欧洲，同时，在日本、印度和韩国的专利布局数量有一定增长，但涨幅并不明显。与物联网技术相关的专利主要集中在 H04W72、H04W4、H04W76、H04W36、H04W28 五个技术分支，即本地资源管理、专门适用于无线通信网络的业务、连接管理等领域，而在无线信道接入、专门适用于无线通信网络的设备和为传输通道提供多用途的装置等技术分支的专利数量略少。在物联网技术领域，广东省的华为公司、OPPO 公司、中兴公司和 VIVO 公司是主要的申请人，占据了物联网技术领域 80% 以上的专利。同时，该技术领域的新进入者较少。

在新能源汽车产业，考虑到电池、电机和电控技术是新能源汽车技术领域中的关键核心技术，因此本报告从上述 3 个具体技术分支考察广东省企业的海外专利布局情况。

就电池技术而言，自2016年后，广东省企业的海外专利申请量显著增加，但在2017—2020年的专利申请量并无明显变化，由此可见，广东省企业在新能源汽车电池技术上处于瓶颈期，在接下来需要针对性地进行技术攻关。广东省企业在新能源汽车电池技术领域近半的专利申请是通过PCT途径进行保护，除此之外，相关专利主要集中美国、欧洲、日本、韩国等国家、地区和组织；在西班牙、加拿大和印度等国家，广东省企业并未就新能源汽车电池技术进行较多布局。从技术分支看，广东省企业主要集中在二次电池及其制造、非活性部件的结构零件或制造方法、电极3个技术分支，共占广东省新能源汽车电池技术海外专利的65%以上，且相关专利申请量呈现出逐年增长的态势；而在燃料电池及其制造、直流干线或直流配电网络的电路装置等技术分支的专利申请较少，专利申请量并未出现明显的增长。就申请人而言，比亚迪作为国内新能源汽车的领先企业，在新能源汽车电池技术领域也独领风骚，具有极大优势；不过，近年来华为公司也进军新能源汽车技术领域，该公司基于电子设备电池技术，在新能源汽车电池技术上也颇有建树，甚至在一定程度上可与比亚迪竞争。此外，诸如深圳新宙邦科技股份有限公司、东莞新能源科技有限公司、贝特瑞新材料集团股份有限公司等也是新能源汽车电池技术的重要申请人。而珠海冠宇电池股份有限公司、深圳前海优容科技有限公司、广东省皓智科技有限公司等新进入者表现也颇为不俗。由此也可看出，广东省企业在新能源汽车电池技术上的研发活力较强，尽管新能源汽车电池技术处于瓶颈期，但相信在不久的将来，广东省企业在该技术领域会大放光彩。

以电机取代燃油机，是新能源汽车区别于传统燃油车最显要的特征。就电机技术而言，广东省企业电机海外专利申请量呈上升态势，截至2022年4月，广东省企业处于审查中的海外专利申请数量远高于失效专利数量，意味着广东省企业在电机技术领域的后劲十足。从主要目标市场来看，广东省企业电机海外专利同电池海外专利一样，有近50%的专利申请是通过世界知识产权组织提交的，除此之外，专利主要布局在美国和欧洲；相比之下，在澳大利亚、印度、墨西哥和加拿大的专利布局较少。从技术分支来看，广东省企业主要集中在磁路零部件，结构上与电机连接用于控制机械能的装置，机壳，有往复、摆动或振动的磁体、电枢或线圈系统的电动机等技术领域，共占专利总数的60%以上，且自2016年起，上述4个技术分支的专利申请量增长较为明显；不过，广东省企业在H02K41、H02K9、H02K15申请的专利数量较少，除了H02K41，其余技术分支的专利申请量并无明显变化。从主要申请人来看，中山大洋电机股份有限公司持有的电机专利最多，珠海格力电器股份有限公司、瑞声声学科技（深圳）有限公司等虽是主要的申请人，但专利持有量小于中山大洋电机股份有限公司；近五年，在新能源汽车电机技术领域，广东省有较多企业踏足海外市场，这也意味着新能源汽车电机技术是广东省企业关注的重点技术，这与国家和广东省的政策支持紧密相关。

就电控技术而言，2012—2021年广东省企业在新能源汽车电控技术领域的专利申请量虽呈现增长态势，但增长幅度较小，而且处于审查中状态的专利数量同处于失效状态的专利数量相差不大，意味着广东省企业在新能源汽车电控技术方案的后续发展不足，主要原因是并未有相关技术突破，尤其是作为能源变换与传输的核心器件的IGBT，仍然依赖进口，广东省企业在新能源汽车电控技术领域仍有较长的路要走。从目标市场来看，广东省企业依然主要是通过PCT途径申请专利，主要布局在美国、欧洲和日本，而在加拿大、西班牙和澳大利亚等国家的专利布局数量较少。从技术分支来看，广东省企业新能源汽车电控技术主要集中在H01M10、H01R13、H02M3、H02J7 4个技术分支，其专利数量共占总电控技术海外专利的55%以上；但在H01R12和H03K17技术分支的专利申请数量较少。从主要申请人角度看，华为公司、比亚迪和OPPO公司是该技术分支的主要申请人，其中，比亚迪主要从事新能源汽车的研发和制造，而华为公司和OPPO公司基于其在电子设备电控技术的优势，近年来也开始从事新能源汽车的研发，尤其是与新能源汽车控制系统方案上拥有巨大的基础优势。不过，像东莞立讯技术有限公司、珠海冠宇电池股份有限公司和深圳威迈斯新能源股份有限公司等是该行业的新进入者，2018—2021年上述公司的专利申请量增长较为明显，这意味着广东省企业在新能源汽车电控技术领域具有较强的竞争活力。

从广东省2012—2021年的海外专利数据看，广东省是我国创新大省，省内企业的创新活力强，这得益于国家的大力支持与广东省政府的政策扶持。从本报告中所选定的两个产业来看，物联网技术是广东省的优势技术产业，且相关技术较为成熟；相比之下，新能源汽车产业不仅属于战略型新兴产业，也是当下及未来应着重关注的方向。但从上述专利数据看，新能源汽车产业下的电池、电机和电控技术并未取得较大突破。若想进一步优化广东省企业的海外专利布局，广东省政府应当出台相关政策或文件予以引导，可由广东省科学技术厅对重点技术设置课题，组建团队进行技术攻关，以促进技术的突破；同样，广东省企业也应当重视新能源汽车的国内和国外市场，积极投入相关技术的研发，并尽早开始进行专利布局，以便为开拓海外市场奠定基础。